梦 山 书 系

"梦山"位于福州城西，与西湖书院、林则徐读书处"桂斋"连襟相依，梦山沉稳、西湖灵动、桂斋儒雅。梦山集山水之气韵，得人文之雅操。福建教育出版社正坐落于西湖之畔、梦山之下，集五十余年梓行之内蕴，以"立足教育、服务社会、开智启蒙、惠泽生命"为宗旨，将教育类读物出版作为肩上重任之一，教育类读物自具一格，理论读物品韵秀出，教师专业成长读物春风化雨。

"梦"是理想、是希望，所谓"梦想成真"；"山"是丰碑，是名山事业。"积土成山，风雨兴焉"，我们希望通过点点滴滴的辛勤积累，能矗起教育的高山；希望有志于教育的专家、学者能鼓荡起教育改革的风雨。

"梦山书系"力图集教育研究之菁华，成就教育的名山事业之梦。

梦山书系

"生命·实践"教育学论著系列二

［当代中国基础教育学校变革研究丛书］

丛书主编：叶澜

"新基础教育"研究手册

张向众 叶澜 \ 著

海峡出版发行集团｜福建教育出版社

"生命·实践"教育学论著系列二

[当代中国基础教育学校变革研究丛书]　获得国家"十二五"出版规划资助

丛书主编：叶　澜

副 主 编：李家成　吴亚萍

编委会（按姓氏拼音字母排列）：

　　　　卜玉华　李家成　李政涛　庞庆举　彭正梅

　　　　吴黛舒　吴亚萍　吴玉如　叶　澜

主　编：叶澜，华东师范大学终身教授，"新基础教育"研究与"生命·实践"教育学派创始人。

副主编：李家成，华东师范大学教育科学学院教授，硕士生导师；教育部人文社科重点研究基地、华东师范大学基础教育改革与发展研究所研究员。主要研究领域为：班级建设、学校变革等。

副主编：吴亚萍，华东师范大学教育科学学院副教授，硕士生导师；教育部人文社科重点研究基地、华东师范大学基础教育改革与发展研究所研究员。主要研究领域为：基础教育改革、教育研究方法等。

本书为教育部人文社会科学重点基地——华东师范大学基础教育改革与发展研究所"十二·五"重大项目："基础教育改革与'生命·实践'教育学派创建研究"（11JJD880034）的研究成果之一

总　序

"当代中国基础教育学校变革研究"论著系列，是"'生命·实践'教育学论著系列"三套丛书中的第二套，作者均是华东师范大学"新基础教育"研究中心的研究员和通讯研究员。与第一套以学派基本理论研究为主的丛书和第三套以"'生命·实践'教育学合作校变革史"为主的丛书相比，本套丛书的鲜明特点是理论与实践深度结合与互生的产物，作者中的大部分是"新基础教育"研究中某一领域的担纲者，在每一"新基础教育"发展阶段所出成果的系列报告中，几乎都能找到他们的名字，他们是我的亲密同道，是"新基础教育"的共同创造者。我们诚以此套论著系列，纪念"新基础教育"研究 20 周年，表达我们对中国基础教育学校变革的深切关注和深切思考。

"新基础教育"用自己的理论探索和实践创造，用研究者自己的生命投入，写出了"生命·实践"教育学的现实版本，尽管其只是一群致力于当今中国教育学发展和学校改革的研究者的研究实践，但因其研究主题与视野和当代中国教育理论与实践的密切关联，我们有理由把它视作当代中国基础教育学校变革研究的组成。当然，它不可能穷尽，更不是唯一，但它在特殊中体现出普遍，呈现出个性，是这个时代的中国基础教育学校改革独特经验的重要组成部分。所以，我们珍爱它，愿意把它奉献给一切学校改革的志同者，同时随着研究的一次次深入，通过写作也实现着我们自身的理论提升与超越。

丛书共计八本，涉及"新基础教育"的研究传统、课堂教学与班级日常生活重建以及教师发展四个重要领域。与以往已发表的相关著作相比，这些论著在视野和深度上有了大的扩展和推进。有关两门学科改革的论著，是作者20年深入课堂研究，不断总结、毕其全部专业积累与修养的提炼，可以说，书中所写的每句话，都是他们体验和思考的产出。《"新基础教育"研究手册》是我们为有意向开展"新基础教育"的学校提供的一本带有观念变革、路径指导和关键节点分析的指导书，旨在让一些学校能在没有我们团队参与的情况下，有一个可参照的"地图"，或称"导航仪"，以便自行探索创造。正在美国作访学研究的彭正梅教授为我们提供了来自异域的参照系。在此，我以主编的名义，向副主编李家成、吴亚萍教授和全体作者致以最诚挚的谢意。

福建教育出版社承担了"'生命·实践'教育学论著系列"中的两套丛书，成知辛编辑认真、细致的敬业精神给我留下深刻印象，在此向他和出版社表示深谢！

叶　澜
2014年5月21日

目　录

第一章　"新基础教育"研究简介 \ 1

　　一、什么是"新基础教育"研究 \ 2

　　（一）"新基础教育"的目标与性质 \ 2

　　（二）"新基础教育"研究历程 \ 10

　　（三）"新基础教育"研究成效 \ 19

　　二、"新基础教育"研究的难与不难 \ 30

　　（一）什么样的学校可以开展"新基础教育" \ 31

　　（二）开展合作研究的要求及原则 \ 35

第二章　学校开展"新基础教育"研究全程 \ 38

　　一、启动：从学习开始，校长是第一责任人 \ 39

　　（一）谁要学 \ 40

　　（二）学什么 \ 45

　　（三）怎样学 \ 55

　　二、准备：形成愿景，组建队伍 \ 61

　　（一）统一愿景，形成核心力 \ 61

（二）建立学校支持系统 \ 62

（三）选择率先进入的教师 \ 66

三、初试：策划先行，培育实践研究新质 \ 68

（一）制定学校发展规划，启动学校领导管理变革 \ 68

（二）培养第一批骨干，形成教育教学实践变革经验 \ 75

四、推进：以"中期评估"促学校整体转型 \ 78

（一）全员参与，开展纲要系列学习 \ 78

（二）放大节点的过程价值，全面推进学校转型 \ 81

（三）深入解读、践行评估指标体系 \ 83

（四）借助中期评估，促进学校整体转型 \ 85

五、初步成型：在"全、实、深"中追求"精、特、美" \ 95

（一）学校整体转型初步完成的标识 \ 95

（二）基础和高标："全、实、深"与"精、特、美" \ 96

（三）开展学校普查，在"全、实、深"中涌现"精、特、美" \ 103

（四）推出"精品课"研讨 \ 110

第三章 学校领导与管理改革研究 \ 114

一、学校领导与管理改革目标 \ 115

（一）常见问题的反思 \ 115

（二）改革目标的重建 \ 116

二、制定学校发展规划：重心下移，校本自觉 \ 118

（一）制定学校发展规划的目的 \ 118

（二）学校发展规划的主要内容及要求 \ 118

（三）修订发展规划的过程及其价值 \ 123

三、随程推进学校组织、制度、机制与文化建设 \ 124

（一）组织结构扁平网络化 \ 125

（二）学校管理制度改革 \ 129

（三）学校管理机制创生 \ 132

（四）学校新文化建设 \ 136

四、"成人·成事"：培养核心骨干，引领团队发展 \ 142
（一）培养具有生命自觉的新型骨干教师 \ 143
（二）教师群体协同发展的策略与路径 \ 147

第四章 课堂教学改革与改革主体的发展研究 \ 154
一、课堂教学改革目标 \ 155
（一）课堂教学常见问题的反思 \ 155
（二）课堂教学改革目标的重建 \ 157
二、课堂教学改革阶段及任务 \ 160
（一）"捉虫"和"喔"：诊断问题，做好"还" \ 160
（二）开放—生成：提升资源意识进行重组 \ 163
（三）"课堂生活"：日常化研究性变革实践 \ 169
三、教学设计、过程与反思重建 \ 174
（一）教学设计：基于"两个解读"开发"育人价值" \ 174
（二）实施过程：基于"有向开放"的预设与生成 \ 191
（三）反思—重建："发现问题就是发现发展空间" \ 202
四、课型研究与教师发展 \ 204
（一）课型研究的内涵：类结构 \ 204
（二）课型研究的开展：专题系列 \ 206
（三）课型研究对教师发展的价值 \ 212

第五章 学生工作改革研究 \ 221
一、学生工作改革目标 \ 222
（一）学生工作常见问题的反思 \ 222
（二）学生工作改革目标的确立 \ 225
二、学生工作改革阶段及任务 \ 228
（一）加强学习，落实班级建设的独特价值 \ 229
（二）研究成长需要，形成具体的主题活动系列 \ 232
（三）多元融通，实现学生工作的常态化综合育人 \ 237
三、班级建设实践 \ 240

（一）增设班级岗位 \ 240

（二）培养班级委员 \ 243

（三）建设班级文化 \ 245

（四）开展系列主题活动 \ 246

四、学校整体性学生工作实践 \ 249

（一）学生仪式活动 \ 249

（二）学校活动系列 \ 251

（三）跨班级、年级活动 \ 252

（四）校内外多元融合 \ 254

附录1："新基础教育" 研究中心简介 \ 257

附录2："新基础教育" 成型性研究中期评估标准及评分规则 \ 258

主要参考文献 \ 295

后　记 \ 301

第一章

"新基础教育"研究简介[①]

20年来,"新基础教育"研究为创建21世纪新型学校而开展的学校整体转型性变革[②]的教育思想与行动,逐渐为人所熟知、认同、接受,并有"同行者"不断加入研究共生体,与"新基础人"一道进行实践并创造着。众多学校校长与教师,通过相关著作、论文或其中的精华观点,逐渐走近"新基础

---

① 本章主要参考以下资料:(1) 叶澜. "新基础教育"论——关于当代中国学校变革的探究与认识 [M]. 北京:教育科学出版社,2006. (2) 叶澜、李政涛等. "新基础教育"研究史 [C]. 北京:教育科学出版社,2010. (3) 叶澜. 在现实中走出建设新型学校的创业之路 [A]. 叶澜、李政涛等. "新基础教育"研究史 [C]. 北京:教育科学出版社,2010:1—142. (4) 叶澜. 个人思想笔记式的十五年研究回望 [A]. 叶澜、李政涛等. "新基础教育"研究史 [C]. 北京:教育科学出版社,2010:143—204;(5) 叶澜. "新基础教育"探索性研究报告集 [R]. 上海:上海三联书店,1999. (6) 叶澜. "新基础教育"发展性研究报告集 [R]. 北京:中国轻工业出版社,2004. (7) 叶澜. "新基础教育"成型性研究报告集 [R]. 桂林:广西师范大学出版社,2009. (8) "新基础教育"研究中心简介,内部资料.

② "新基础教育"的学校整体转型性变革的主要内容包括:学校领导与管理改革研究、课堂教学改革与改革主体的发展研究和学生工作改革研究,其中学校领导与管理改革研究是第一个层面,课堂教学改革与改革主体的发展研究和学生工作改革研究是第二个层面,简称"两层面三领域"。

教育",愿意在自己的学校日常教育实践中开展相关研究,进入"新基础教育"。

对于任何一位期望开展"新基础教育"的新人,必然会问"什么是'新基础教育研究'?""我们有条件开展这项研究吗?"本章对以上两个问题作个简要回应,以便大家作出是否开展这项研究的选择。

一、什么是"新基础教育"研究

真正深入、全面理解"新基础教育",必须认识到这项研究提出的现实背景和改革针对性,需要阅读其历史、已有著作和现实的存在,且是相互参照式地阅读,由此把握、体悟其内在特征与创新之处。

(一)"新基础教育"的目标与性质

"新基础教育"的研究目标有显性与深层之分。其显性目标是,在"成事"意义上,创建"新基础教育"理论和现代新型学校;深层目标是,在"成人"意义上,改变师生在学校的生存方式。两层目标相互作用与生成,合称"成事成人"。其展开表达和目标确定的依据阐述如下:

1. 培养"主动、健康发展"的新人

"新基础教育"研究以认识当代中国社会变革作为开篇。这一选择真实地反映了"新基础教育",以教育学立场、从育人意义上积极应对当代社会变革,把教育生活中的人——教师与学生发展置于其生存的当下生境中,将中国教育变革和学校转型放在当代社会变革的大背景中认识。

(1) 现代中国社会中人的生境之剧变

全球化、信息化与后现代是当代社会格局、现代人的生境。[①] 自20世纪70年代以来,在关于当代人类社会特性的描述中,"全球化"、"信息化"、"后现代"属最多见的一类。"全球化"、"信息化"是对当代人类社会显著特征的概括,而"后现代"则是对时代变化性质的总体性概括。

当代中国社会正处在一个全球和本土都急剧变动且交互影响的大时代,呈现出全方位的变革势态,既激烈迅猛又复杂深刻,其变革的主题被聚焦为"社会转型与民族复兴"。这是中国历史上一次伟大的社会变革,当代中国的教育变革是它重要的内在构成。开发中华民族精神的内在生命力、创建美好富强的中国、为每个中国人的幸福生活提供可能与社会保障,这是中华民族伟大复兴的必行之事,也是身处大时代的当今中国教育改革与发展的社会历史使命。

生存于其中的每个人能真切地感受到,变革对社会发展和个人发展的影响具有双刃性、弥漫性和深刻性,从总体上认识一个缓慢、稳定、相对封闭和单一的社会形态正加速成为过去。不确定性、复杂性、多元互动性、开放性正在成为越来越多的中国人必须面对的生存环境,且潜移默化地通过日常工作和生活等实践形态改变着个体,尤其改变着青少年。中国社会真正进入了社会的繁荣发展,同时需要以更多个体的富有时代性的充分发展作为条件的时代,社会发展与个体发展从来没有像今天这样具有直接的联系。

这正是当前中国学校教育需要转型性变革的最重要和具有根本性、前瞻性的社会依据,也揭示了学校实现转型的社会意义与个体意义。

(2) 自觉把握时代精神,明晰未来新人特质

新基础教育正是在当代中国社会变革的现实背景下,有针对性地提出反映21世纪中国社会发展对新人及培养新人的教育的要求。它是面向未来的,但又必须建立在对现实、时代精神、社会发展的深刻认识的基础上;它需要体现社会需求,但又必须落实到对人的要求和对教育本质深刻认识的基点上。

[①] 叶澜. 全球化、信息化背景下的中国基础教育改革研究报告集 [R]. 上海:华东师范大学出版社,2004.

如何把握时代精神,寻找时代精神与教育改革本质的相关点?首先要认识物质生产和经济领域变化的实质。这种变化对人的要求的变化,则是时代精神与教育改革本质的相关点。"新基础教育"研究得出的基本观点是:当今中国社会生产力发展面临着高科技挑战,经济领域中社会主义市场经济体制的确立,使时代在各方面都呈现出变化速度加快和价值多元化的倾向,人所生存的环境变得变动不居,社会的发展越来越依赖于人的潜力和主体性的发挥。每个人要想在社会中生存和得到发展,不仅需要基础性的知识与一般能力,更需要有对环境变化的判断能力,在多种可能性面前选择的能力,把握时机、敢于迎接挑战的勇气和决策能力,迅速适应环境变化、主动改造环境和不断超越自身局限的发展意识与决策能力。所有这些归结起来,就是要求人以积极主动的态度并有能力参与对周围世界的变革和实现自身的发展。也可以说,一个要求每个人学会掌握自己命运的时代在中国的大地上来临了,21世纪"中华民族伟大复兴"的希望寄托在体现这种时代精神的人身上。

以未来社会发展的这一时代精神来反观今日中国基础教育,可以看出其根本的弊病在于忽视学生主动性的培养,忽视学生自主意识和能力的培养。在学校中强调的是统一和服从、规范和秩序,忽视的是多样和创造、灵活和变化。教师或成人在儿童、少年的学习世界和生活世界中基本上是主宰者,学校教育在相当程度上抑制学生多方面的生动活泼的发展。这种状态不变,教育就无法适应21世纪社会发展的需要。

(3)"新基础教育"目标:培养主动、健康发展的人

基于上述分析,"新基础教育"研究主持人叶澜教授,在1994年首先提出了"新基础教育"的育人目标:培养"主动、健康发展"的时代新人。

培养目标是任何学校首先需要清晰的办学第一问。"新基础教育"结合对时代精神的剖析,提出"主动、健康发展"的理想新人(即学校培养目标)在认知、道德和精神力量等三个维度的要求。

表1—1 面向21世纪理想新人形象中体现时代特征的主要方面

	关于外部世界	关于内部世界	思维方式
认知方面	善于捕捉、组织和判断各种信息的能力；善于发现问题，综合运用知识、解决新问题的能力，即创造能力。	认识自己的反思能力，自觉进行自我调控的能力。	立体、多维、动态的思维方式，直觉、领悟的思维方式
道德品质	自觉遵守社会公德（含法律、制度与纪律等具有社会公律意义的公德）和履行职业道德。	独立选择、综合、形成积极的价值观，形成责任感、义务感，自尊与尊重他人相结合，在保持独立人格的同时善于与他人协调、对话。	发展个性与促进社会发展道德价值取向的统一。
精神风貌	在身处不利环境下具有奋斗精神，有迎接挑战的冲动与勇气。	自信，不怕挫折，敢冒风险，有开拓、创造精神，能实现对自身的超越与完善。	在有缺憾的人生中追求完美，在改造外部世界的同时改造主观世界。

"新基础教育"关注每一个学生，将学生"主动性"、"潜在性"、"差异性"聚集到"具体个人"的概念上，要求把学生当作"具体个人"去认识和研究，"要承认人的生命是在具体个人中存活、生长、发展的"。① 把教育价值观聚焦到为每一个学生的终身学习与发展、实现幸福人生奠定基础上。

"健康"不只是指身体健康，还指学生个体的精神和心理健康，以及思想品德和社会性的健康发展。其中，道德要求是基础性构成。② 人的健康发展包含着对人的发展的价值导向。

人的"主动"发展，是"新基础教育"研究始终关注的核心问题。培养

---

① 叶澜. 教育创新呼唤"具体个人"意识[J]. 中国社会科学，2003，(1)：92.
② 叶澜. 试析我国当代道德教育内容的基础性构成[J]. 教育研究，2001，(9)：3—8.

主动发展的人,是对学校教育现实中忽视"人的主动发展",实际上是对大量养成以被动接受现成知识,以适应、服从、执行他人思想与意志为基本生存方式,缺乏创造精神与能力的人的一种校正与超越。主动发展观强调:个体的发展,只能在人与其相关的各种关系和本人参与的各种活动的交互作用中实现,是一种开放的生成性的动态过程。唯有采取主动方式去参与形成积极的关系与活动,在活动中实现自我发展的人,才是具有生命自觉的人,才能在复杂多变的现实中实现其生命价值,创造理想的幸福人生。

让学生学会在不确定性中,通过主动选择和积极实践,把握和创造新的确定性,是"新基础教育"提出的学校教育在培养目标中最富有当代价值和个体生命价值的选择。

2. 创建现代新型学校

新人的培养,要求学校发生转型性变革。社会变革不仅作为教育变革的外部环境存在,更是推动教育变革的力量,而且还渗透、体现在学校内部,构成教育变革的内部因素,规定着教育变革和学校发展的走向——创建现代新型学校。

(1)"学校转型性变革"的基本内涵

当代中国基础教育变革的性质属于整体转型性变革。[1]"新基础教育"研究是为实现学校整体转型性变革而开展的理论与实践互相建构的研究。21世纪初中国社会的学校"转型性变革",是指学校教育的整体形态、内在基质[2]和日常的教育实践要完成由"近代型"向"现代型"的转换。

在研究性质上,"新基础教育"突出变革的性质是"整体转型",不是

---

[1] 叶澜. 实现转型:世纪初中国学校变革的走向[J]. 探索与争鸣,2002,(7):7—14. 该文系统阐述了关于学校转型性变革的内涵。此后,就一直采用这一提法。叶澜. "新基础教育"发展性研究报告集[R]. 北京:中国轻工业出版社,2004. 载于其中的《"新基础教育"推广性、发展性研究的结题报告——世纪初中国基础教育学校"转型性"变革的理论与实践》一文明确表达了在"新基础教育"的认识框架中,教育改革的性质属于转型性变革。

[2] 内在基质是指构成学校作为教育机构的基本要素的特质,主要包括学校物质因素(含校内建筑布局、内在设施、校园环境)和教师、管理人员的素质等。

"修补"或"改进"。"整体转型"是涉及价值取向、构成学校系统的要素之基质、相互关系、结构整体框架、管理体制和运作机制等关涉系统整体性变化的各方面都发生变化，并带来整体型态的变革。

就总体目标而言，"新基础教育"是一项大的研究，落实到实践必须有具体范围的选择，不能什么都抓，结果什么也抓不好。范围选择对实践研究的开展，具有策略性的意义。"新基础教育"把实践研究的总单位定位在实施九年义务教育的学校。

教育工作者要承担教育内部改革的重任。教育改革尽管在宏观层面还有许多事情要做，但学校内部的改革不可能等外部条件都完备了才开始。事情也许可以等，但每一个孩子的生命无法等待，他们天天在长大。另外，尽管学校改革的外部环境有不少问题，学校内部还是具有须改革和可改革的空间，学校的改革只能由承担学校工作的校长、教师自己来做。

教育改革只有进入到学校内部，才可能对学生发展产生真实影响，才可能进入到培养理想新人的实践中。义务教育阶段的小学和初中的改革，基础性和涉及面最广，是人的一生、未来公民的奠基性教育，改革有效，受益面也会最广。因此，义务教育改革应该走在改革的最前面，而且在一定程度上，处在义务教育阶段的学生发展潜力和可改变性更大，学校经受社会对应试需求的直接压力也相对较小，这对改革的研究相对有利。以上是选择从基础教育的开端、承担九年义务教育的小学与初中做起的原因。

小学与初中的九年既是人生奠基和独立人格初步形成的重要时期，又是国家规定每一个中国公民所必须接受义务教育的时期。提高这一阶段的学校教育质量，无论对个体一生的发展，还是民族素质的提高都具有普遍、深刻和长远的价值。因此，"新基础教育"研究，从理论和实践两方面以及在两者结合的意义上，探索、构建面向21世纪的基础教育的新观念和学校教育新路径。

"新基础教育"之"新"主要是相对于现有状态、传统而言。教育改革的路径主要是指学生在学校中参与的基本教育活动——课堂教学与班级活动。同时，也要研究新型学校领导与管理变革，研究适应21世纪的新型教师的特征及其自我更新等。

需要说明的是,"新基础教育"研究没有把课程改革和现代化教育技术手段在学校教育领域内的运用作为研究任务,因当前的中国教育体制,课程改革集中于政府教育管理部门领导,并不是一个学校能左右,属另一个层次;教育技术手段运用的前提是硬件必须具备,师资要有培训,这些工作课题组和很多学校不能一并解决,而且,当观念系统和教育活动未能触动和发生根本变化前,现代化教育技术手段照样可为传统教育服务。所以,应率先进行观念系统和实践活动的改造,这是更为根本性的、当前学校实际中更迫切需要和有条件研究的问题,也是我们可以首先着手改革的方向。但这一选择并不等于"新基础教育"否定课程改革和校内信息技术的改革。事实上,已参与"新基础教育"研究的学校,都随着全国和当代教育改革的推进,参与在课程改革和信息技术的运用之中,有的还走在前列。

(2) 现代新型学校的基本特征

"学校转型性变革"的研究必须回答:新型学校的特征是什么?

"新基础教育"所指的现代型学校的特质,① 从总体上来说,涉及以下几个方面:

第一,价值提升。现代型学校的存在价值不再停留和满足于传递、继承人类已有知识,实现文化的"代际遗传"和社会生产力、生产关系的复制式再生,而是追求为社会更新性发展、为个人终身发展服务的存在价值,使教育成为人类社会更新性的再生系统。在近代型学校中,受教育者被视为知识的承受者,在现代型学校中,受教育者被视为自我发展的承担者。因而,从传递知识为本转向以培养人的健康、主动发展的意识与能力为本,是现代型学校价值提升的核心构成。

第二,重心下移。主要体现在三个大方面。首先是教育对象与目标方面的重心下移。学校不能只关心少数"尖子"学生,为高一级学校培养专门化

---

① "新基础教育"现代新型学校特质的相关论述,可以参阅叶澜."新基础教育"发展性研究报告集[R]. 北京:中国轻工业出版社,2004:16—18.

的、精英式的人物服务，仅以培养出获奖学生、考上名牌大学或后来成为著名人物的学生为荣（在各类校庆和校史展览中，人们最能感受这一点），而是致力于每一个学生的发展、为学生的终身学习与发展奠定坚实的基础。这不仅是教育由精英向大众的转换，而且体现了教育观念和行动中"具体个人"意识的诞生，对每一个人的幸福人生与生命价值的关爱。其次是教学内容方面的重心下移。把近代型学校中以为进入学术象牙塔做准备的学科知识为主的内容构成，移向学科领域知识与生活领域、职业实践领域、科学技术领域、人生领域等方面的沟通。这种沟通并不局限于应用和理解，而且涉及学习者知识和能力的创生，是学科与生活、社会、职业世界多向交互作用的结果。最后，重心下移还包括管理重心的下移。除了中央、地方、地区把学校管理权交给学校自主以外，还包括学校在课程开发和师资培养、教育研究等方面的不离"土"，它们与学生、学校教育的实践，教师个人的教学、教育实践，要真正做到结合、沟通与互动。这是对学校另一方面的主体——每个教师与教师群体的主动性和潜力的开发与提升。学校教育唯有教师和学生双方的主动性和潜力都被开发，并在教育教学实践中积极产生交互作用时，才能办出个性和生气，才会成为参与学校教育和教学活动的每个具体人的生存发展的有机构成。

第三，结构开放。这是现代型学校的又一特质。除了表现为整个学制的开放性和弹性化以外，在学校结构层面上，主要表现为两个向度的开放。一个是向外的，包括对网络、传媒的开放，对社区、社会的开放，以及学校间、相关教育机构的相互交流开放。另一个是向内的，在管理上向师生的开放，教育、教学活动中向学生发展的可能世界开放。结构开放不仅打破了近代型学校的基本封闭状态，也促使学校结构型态由宝塔型向扁平型转换，即减少管理的层级，在学校教育实践的不同层面之间形成积极的互动，在同一活动过程中每个参与的个体或者有组织的群体，都是信息接受者、传递者和加工者，也是信息的创造者和发送者的"角色"，人际的多向开放使结构整体呈网络态。

第四，过程互动。这是上述一系列转换对教育教学活动过程转型的要求。

它与近代型学校基本以单向传递为主的教育教学过程的状态形成鲜明的对照。过程中的互动呈现多元、多层、多向、多群的状态。教学与教育过程中的创生和师生创造力，由潜在可能向现实的发展转化，在这样积极、有目的的互动过程中实现。

第五，动力内化。发展动力的转换是最深层次的转换。动力内化意味着学校形成自己内在的发展需求、动机和动力机制。动力内化机制的主要表现是：由贯彻上级行政要求式的执行机制，转向以校本研究为动力的学校发展机制。近代型学校的发展更看重对外部社会发展、变化的回应，看重外在的标准，显性的、可计量的成果和社会舆论的承认，看重在同类学校中的地位等等。在某种意义上，可以把它统称为"应式"办学。它有时是积极的，有时则是消极的。然而，重要的是学校只有具备了内在动力，认识到教育内在的使命和力量，认识到教育是直面生命、通过生命、为了生命的，人类伟大而特殊事业时，才会把教育中具体人的健康、主动的发展，看作既是目标，还是过程，更是动力。认识到只有把内在的价值与动力调动、开发出来，才会在应对外在需求时保持主动，善于选择且不丢失自己的相对独立性。

以上学校教育的价值转型、重心转型、结构转型、过程转型和发展动力转型，构成了学校转型的综合整体，它们的关系并非是并列式的，而是由价值的重建开始，到动力内化的整体转型过程完成的逐级内化与深化，也是学校变革实践所提供的经验基础上的理性抽象的反映。

（二）"新基础教育"研究历程

"新基础教育"诞生于世纪之交的当代中国社会转型时期，又以学校转型性变革为核心问题开展研究。这项已持续开展二十多年的研究所经历的变化，在一定意义上反映了转型期的教育状态与人的生存状态，造就、涌现了一批有智慧、有视野、有担当、有作为的改革先行者。

华东师范大学叶澜教授作为"新基础教育"的首倡者、引领者，以一位身处转型社会中，又用研究行动对社会转型在相关领域作出积极回应的教育学者身份，倾注全力于"新基础教育"事业，一直在思索、策划、行动、体悟。

自 1994 年 5 月决定开展"新基础教育"研究起，叶澜教授及其研究团队就投入到了对这一课题的积极构思与策划阶段。这方面的思考集中表现在《面向 21 世纪"新基础教育"探索性研究学校改革试验总方案》[①] 中。

1. 探索性研究阶段："两条腿"走路

1994 年 9 月，该研究以上海外高桥保税区试验学校为试验基地正式启动，1995 年 9 月，上海市华东师范大学一附中、二附中、三附中，云岭实验中学和华东师范大学附属小学各有一班同时参与试验，并成立联合课题组。1996 年初向全国教育科学规划领导小组正式提出立项申请。1997 年初，"新基础教育"探索性研究课题被批准正式立项，定为国家教委重点课题，此时研究实际已进入第三年。同年 2 月，华东师大一附中因初中部改制等重大条件因素的变化而退出课题组。至此，探索性研究参与试验的学校为五所。

由于试验学校中没有九年一贯制的学校，试验研究分小学和初中两大部分，在小学先行一年后，中、小学同时进行。在小学组，各试验校的领导、组织和管理工作以校领导为主，改革涉及的专业指导包括学科教学改革、班级建设、大型活动设计等由小学指导组负责（课题组成员分为小学指导组和中学指导组）。指导组无特殊情况，每周到试验学校一天，一般上午随堂听课、说课与评课，下午研讨班级活动，与教师讨论下一阶段的研究任务。在教学进入到一个新阶段，或者教学重心发生变化时，指导组还要和老师一起备课。

此外，每学期的开学前或开学初，学期末或学期结束时，指导教师、学校领导和试验班教师要集中研讨，总结一学期研究工作、交流研究经验和体会、安排下一学期的工作，有时还在中小学两个学校分别交流的基础上进行大组交流讨论，相互学习，共同切磋。

在每学期的中期，中小学两个学校一般分别举行一些研究课，向全校或更大范围内开放，也曾组织试验中学的领导和小学的领导相互听课。每一次开放课前，要对前一阶段的试验进展作小结，看看有些什么进步，再提出问

---

① 叶澜. "新基础教育"探索性研究报告集 [R]. 上海：上海三联书店，1999.

题，明确研讨课的指导思想、探索主题，完成设计方案。课后除教师自己"说课"、自评得失外，由指导教师及参与活动的其他教师评课，指出教学行为背后的内隐理念，即"捉虫"，然后参照"新基础教育"的新观念系统进行重建。上课老师恍然大悟："哦，原来还可以这样！"，这被"新基础人"称为"喔效应"。持续介入的"捉虫"和"喔效应"，① 一方面使试验人员得到来自多方视角的反思和重建资源，促进自己进行"二度重建"（包括理念更新和实践变革），同时在试验组不同学校间进行交流学习。

中学组的研究活动，试验校领导和教师承担更多独立研究的责任，指导教师与试验教师的合作方式，主要是通过集中交流式的听课、研讨、学习、汇报总结、研制研究计划等方式进行。

"新基础教育"始终强调教学改革与班级建设"两条腿"走路，在班级层面上，对课堂教学和班级建设的实存状态进行深入反思、批判的同时，开展了持续的介入式变革实践研究，尝试建构新的课堂教学和班级建设形态，使得研究人员对"新基础教育"在培养目标、课堂教学、班级建设、教师发展和学校管理等方面的内涵之"新"，有了更为深入、系统的认识，也丰富、深化了相关教育学基本理论问题的思考和重建。②

2. 发展性研究阶段：借中期评估促"整体转型"

"新基础教育"发展性阶段的一项主要工作，就是扩大、形成发展性研究的试验学校规模，以推广"新基础教育"探索性研究成果为主，深化班级层面上的日常教学、教育实践活动变革的系统研究和教师发展研究。

---

① "捉虫"与"喔效应"，是"新基础人"十分熟悉的习惯用语。"捉虫"指捉教师头脑中妨碍教学改革的传统观念之"虫"；"喔"是指通过评课，教师有所发现和明白该如何改革时自然发出的声音，意味着产生了领悟效应。

② "新基础教育"探索性研究是全国教育科学规划"九五"国家教委重点课题，1999 年结题。结题报告和主要研究成果，汇集在下述"探索性研究"丛书中：（1）叶澜. "新基础教育"探索性研究报告集 [R]. 上海：上海三联书店，1999.（2）叶澜. "新基础教育"推广性研究教师指导用书（小学部分）[M]. 上海：上海三联书店，1999.（3）叶澜. "新基础教育"推广性研究教师指导用书（中学部分）[M]. 上海：上海三联书店，2000.

1999年5月到2000年9月，第一批试验学校确立，课题组组织校长暑期研修班，对第一批参加的学校作了普遍的实地调查，建立起"新基础教育共同体"，形成基本研究制度。在大部分学校中营造研究氛围，试验校开始学习、接触、实践"探索性研究"成果所提供的理论与经验，也产生了因推广而引起的新的问题与经验。

自2000年9月新学期始至2000年12月，第二批试验学校正式确立。同年11月25—27日上海市闵行区承办"新基础教育"共同体第三次会议。该会议既是对闵行区第一批参加发展性研究的试验校一年后改革状态的集中考察和展示，又承担向第二批自愿参加试验的学校介绍"新基础教育"和开展研修活动的任务。在新学期伊始，华东师大课题组成员对新加入学校开展基础性调查，假期进行第二轮集中培训。当时核心学校总数为56所，发展性研究规模稳定。两年后其中一所学校因校长更替，新校长自动中止与"新基础教育"研究所的联系而退出。在区域性推广地区，还有一些未作为核心学校但也在开展"新基础教育"研究的学校，还有其他未加入课题组、也在进行"新基础教育"的地区与学校，据不完全统计有50所左右。

发展性阶段的研究深化主要体现在两个方面：

一是开始了以学校为单位，以创建21世纪新型学校为目标，强化校长是学校改革的第一负责人，以学校管理和校长发展为新增重点的、学校转型性变革实践的研究。在第二阶段中，探索性阶段开始的"课堂教学改革"与"班级建设"两个任务并没有停止，而是作为学校整体变革中的基础性部分纳入其中，并提出深化的要求。这个转变率先在闵行区开展。2002年1月新学期刚开始，闵行区27所"新基础教育"试验学校的校长与副校长，在教育局长的带领下，开始了为期一年、以"学校转型"为主题共计10个专题的研修活动。同年5月，在上海市崇明县召开"新基础教育"共同体第六次会议，会议的主题为"加速、深入开展'新基础教育'，创建21世纪新型学校"，会上首次以"校长论坛"方式，为校长间的交流提供平台，把从闵行开始的第二阶段实践研究主题，推向共同体的所有学校。

二是2002年9月，课题组采用了对研究开展状态进行中期评估的方式，推进研究的深化和质量提高。中期评估前,分别在各试验地区开展以学习评估方案为内容的短期培训。评估从闵行区第一批加入试验的17所学校开始,而后推向其他地区的第一批学校,继而在闵行第二批加入试验的17所学校中开展,历时共计一年半,最后以广州第八次现场会议为终点(第二批学校参与试验时间短,评估的重点还在班级层面上,未作全面评估)。这一措施有效推进了发展性研究第二阶段学校变革的整体发展,又使评估问题以系统的方式成为新的研究领域。

此外,"新基础教育"发展性阶段还深化了课堂教学改革和班级建设的相关理论研究,加强研究实践中的重建。

同时,发展性研究突出要"成事成人",初步总结学校"研究性变革实践"对教师发展的重要意义,对教师在转型过程的发展阶段作了分析。这意味着发展性研究已经开始超越探索性阶段,把重心从"改变"学校日常教学、教育活动之"事",转向对"变事"过程中如何"变人"的研究。一批试验中取得成效的学校和教师已崭露头角,对自己的实践经验和个人成长进行总结,并在区域推广中发挥积极作用。这些都使得"新基础教育"研究,引起国内基础教育界学校校长、一线教师以及理论研究者的关注和积极反响。①

3. 成型性研究阶段:以精品课促内生长

(1) 目标:从"全·实·深"到"精·特·美"②

2004年5月,"新基础教育"发展性研究在上海市闵行区举行结题报告会和现场研讨活动,同时决定进行"新基础教育"第三阶段的研究。当时的项目名称定为"新基础教育"基地学校建设,也称"品牌学校建设"。2006年,

---

① "新基础教育"理论及推广性、发展性研究(简称"发展性研究")是全国哲学社会科学"十五"规划重点课题,2004年结题。结题报告和主要研究成果,汇集在下述"发展性研究"丛书中:(1) 叶澜."新基础教育"发展性研究报告集[R].北京:中国轻工业出版社,2004. (2) 杨小微、李家成."新基础教育"发展性研究专题论文、案例集(上)——学校管理·班级建设[C].北京:中国轻工业出版社,2004. (3) 吴亚萍、吴玉如."新基础教育"发展性研究专题论文、案例集(下)——教师发展·学科教学[C].北京:中国轻工业出版社,2004.

② "新基础教育"研究的"全·实·深""精·特·美"将在后面相关章节展开论述。

该课题进行中期评估后，改称"成型性"研究。

"新基础教育"成型阶段，基地学校要在做到改革"全·实·深"的基础上，基本达到学校转型性变革初见成效和新型学校的整体框架式呈现的预期目的，由此走向"精·特·美"。把"全·实·深"作为"成型性"研究"验收"的底线，把"精·特·美"作为高一级的要求。

（2）规模：聚集到创建基地的学校

为实现上述目标，在学校研究范围上进行调整：缩小实践研究的学校数量与分布的地域广度，加强研究深度，以建设少数基地学校的方式来实现目标。从"发展性"研究中相对成效显著的学校中选择，其中少量学校还参与过探索性阶段的研究。基地学校的创建通过双向选择确定最初的 11 所学校，其中 6 所来自上海市闵行区：闵行区实验小学、七宝明强小学、闵行区华坪小学、闵行区第四中学、闵行区马桥强恕学校、金汇实验学校，其余 5 所是：上海市普陀区洵阳路小学、浦东新区外高桥保税区实验小学、崇明县建设小学和实验中学、常州市第二实验小学。在 2006 年中期评估前后，基地学校的构成有所变化：一方面因多种原因①，外高桥保税区实验小学、崇明县两所学校退出基地学校建设；另一方面新增 2 所积极要求加入、并有一定研究条件的学校——闵行区汽轮小学和常州市局前街小学。② 形成了不同于最初确定的、共计 10 所学校的新组合，这一组合持续到本阶段研究结束。

（3）过程中的五项重点推进

首先，在学校领导与管理领域，开展学校组织调整与制度重建，这是继制订学校发展规划后，又一项涉及学校整体变革的框架式重建研究。由于这

---

① 其中主要的原因有三：一是学校领导多次更换，后续者无意参与研究，个别学校还因区级层面领导更换多次后，对学校研究的支持相对减弱；二是学校研究开展相对困难较多、进展缓慢；三是课题组在有限时间内研究力量尚不足，故进一步收缩范围，主动中止合作关系。

② 闵行区汽轮小学的加入除闵行区的区域支持外，还因该校参与过"发展性"研究。常州市局前街小学加入的条件是：该校校长李伟平原为常州市第二实验小学副校长，有 5 年"发展性"研究的经验，此外，常州市教育局在 2006 学年初，也开始了市内"新基础教育"的推广研究，形成了区域支持。

两项学校管理整体性变革与学校日常工作息息相关，采用系统研究、形成框架，不立不破、边建边改，各校自主、逐步健全的推进方式。

自2004年9月"成型性"研究启动始，在强化学校领导与管理改革的同时，坚持"新基础教育"研究传统，增强骨干教师培养；依托共同体集中活动，随教学进程探讨一些共性问题；对"发展性"研究中已形成的一些新的理论与实践经验作推广性研究；着力改变各基地学校研究中的不同薄弱点；促进学校教研和班主任工作研究的有效开展。

其次，启动、组织"新基础教育"指导纲要（以下简称"纲要"）的编写研究。

2005年初，课题组内部就提出开展语文、数学、外语和班级建设四个方面的"指导纲要"系列研究，促使课题组专题研究的深化、具体化、系统和结构化，提升课题组成员自身的研究水平和能力，并借此研究将基地学校骨干教师的力量组织起来，以跨校联合专题研究组的方式，集中优势力量，提高他们的实践水平和研究能力。

2005年下半年开学初，课题组相继启动"新基础教育"指导纲要的研究工作、分专题"指导纲要"的合作研究。同年10月18日和11月8日，语文、数学、外语和学生工作、教师发展、学校领导与管理六个专题分两次举行开题活动，建立由华东师大课题组专题研究负责人担纲，各校相关骨干教师、领导参与的研究小组，制定研究计划。各组分别从每个学校深入调查相关领域的现状开始，经集体讨论形成调查报告，进而形成组内的分项课题，由各学校认领、排出研究进程，结合日常实践逐步展开，再定期汇总交流。

第三，开展推进式中期评估。①

经过三个学期的实践推进，在一些先行学校，已呈现出新型学校建设的积极成效，创造了许多新经验，也看到基地学校领导间、教师间发展速度和水平的不平衡，课题组意识到需要增强推进的力度，增进校际的相互学习与彼此促进，决定以"中期评估"为支点，对将近过半的成型性研究历程进行

---

① "新基础教育"中期评估的相关内容在第二章中展开论述。

回顾、作出总结，并对下半阶段的研究进行具体策划。为此，华东师大课题组先行，根据改革实践的经验和对评估理论的深入研究，对"发展性阶段"制订的评估指标，作了大幅度修改，形成"推进式"的新评估方案与指标。

2006年9月，在中期评估中，各基地学校学习、内化评估方案与指标体系，先主动在校内进行自评估，完成学校自评报告、专题报告，并由校长带领学校研究团队，参加自评报告答辩；评估小组分别到参评基地学校进行现场评估。现场评估结束后，评估组根据评估报告、现场信息和日常研究状态等进行综合分析，最后形成对各校的总评意见和发展建议，并以"综合组"的方式分头到各校向领导班子作具体交流反馈，以"专题组"的方式向相关学科的组室和教师进行反馈。

第四，进行学校普查。①

中期评估之后，相关学校进入阶段性反思与调整，各校形成了"成型性"研究第三阶段的策划，决定用一年时间来"消化"中期评估的成果、经验，并针对评估中存在的问题，进一步做好"全·实·深"。

2008年是"成型性"研究最后的一年，也是整体做好、做强的一年。为了更加深入地把握各校经一年调整后发展的情况和学校生活的实存状态，课题组用一年时间开展了基地创建学校的普遍调查（简称"普查"）。根据中小学校发展的差异，"普查"先从小学开始，上半年分上海地区和常州地区两个组两期进行，主要采用课堂教学和班级建设的现场研讨，与年级组、教研组全体教师座谈等方式开展。在学期结束校长研究交流会上，对小学普查的结果作总体反馈。

第五，开展"精品课"研讨。②

此项研究活动，也是在中期评估结束后，与普查在同时段开展，主要指向精品层次的培育与提升，加深学校文化研究。2007年4月，举行以"教育美"为主题的校长沙龙。深化对"精·特·美"目标的进一步认识，并从打

---

① "新基础教育"学校普查的相关内容在第二章中展开论述。
② "新基础教育"精品课研讨的相关内容在第二章中展开论述。

造精品的角度，认识学校的基础与潜力，对新型学校的内涵加强系统构建，作出开展"精品课"现场研讨活动的决策。

2008年下半年，"精品课"现场研讨活动正式开展，它以专题为单位、而非以学校为单位。该活动共分语文、数学、外语、班队活动四个专场。由各校先推荐教师名单和课型，再按照低、中、高年级的分布，择优选出来自不同学校、属同一专场的4节课/班队活动，集中在1所小学举行。通过"精品课"专题研讨，"新基础教育"让更多人看到独特的"型"了。

事实上，"新基础教育"成型性阶段与前期的探索性阶段、发展性阶段，在研究时间上可以分段，但是在研究承继上无法分开，它们是依次深化、推进。在成型性阶段，"新基础教育"研究成效加速、集中呈现并形成系统。①

4. 扎根研究与生态式推进：内生长与内涵均衡

从"两条腿走路"到"学校整体转型"，经过探索性、发展性和成型性三个阶段的逐步创生历程，"新基础教育"在大中小学合作研究中，走出了一条区域行政、高校力量与基层学校之间深度合作、推进教育改革的路径，积累了一套在现实环境中领导、推进学校转型发展的经验，也涌现出一批具有内涵发展品质的新型学校。在此过程中，新理念系统和变革智慧，已逐渐成为学校、教师自觉发展的内动力。

---

① "新基础教育"成型性研究未作独立课题立项，但它是叶澜教授主持的两项重大研究的组成。一项是教育部社科司组织的国家重大攻关项目"中国基础教育改革与教育学理论重建"，2006年结题。另一项是国家哲学社会科学"十一五"规划（教育学科）重点课题"建设创新型国家与和谐社会背景下的素质教育研究"（2007年立项），2010年结题。结题报告和主要研究成果，汇集在下述"探索性研究"丛书中：（1）叶澜."新基础教育"成型性研究报告集［R］.桂林：广西师范大学出版社，2009.（2）李政涛、吴玉如."新基础教育"语文教学改革指导纲要［M］.桂林：广西师范大学出版社，2009.（3）吴亚萍."新基础教育"数学教学改革指导纲要［M］.桂林：广西师范大学出版社，2009.（4）卜玉华."新基础教育"外语教学改革指导纲要［M］.桂林：广西师范大学出版社，2009.（5）杨小微、李伟胜、徐冬青."新基础教育"学校领导与管理改革指导纲要［M］.桂林：广西师范大学出版社，2009.（6）李家成、王晓丽、李晓文."新基础教育"学生工作与教育指导纲要［M］.桂林：广西师范大学出版社，2009.（7）吴黛舒."新基础教育"教师发展指导纲要［M］.桂林：广西师范大学出版社，2009.

如何发挥前期改革的示范与辐射效应,实现"新基础教育"在基地学校的深扎根和内生长,并引领更多愿意改革的学校一起开展改革研究,推动区域教育的内涵式均衡发展呢?

2009年5月,基地学校创建成型时,华东师范大学新基础教育研究中心正式揭牌,开始运作。"新基础教育"研究一方面进入以基地学校校本深化的扎根阶段,研究中心的成员不再以课题组的合作方式进入学校,而是以支持者的方式,在学校主动"需求"时再介入,目的是为了提升学校主动策划和开展变革研究的能力,把"新基础教育"的价值取向、思维方式、改革策略和行为方式等系列成果之根深扎到学校的日常生活中,深扎到教师的心里,深扎到学生的成长中。另一方面,又在区域内扩大参与学校面,发挥基地校引领、辐射改革经验的作用。2011年,上海市闵行区率先组建"生态区"推进扎根研究成果,开启了"新基础教育"生态式推进的序幕。秉着自愿参加、自主选择的原则,在全区组建了以基地学校、组长学校为核心学校,面上学校为参与学校的中小学6个生态区,致力于辐射和提升"新基础教育"研究成果,以价值追求集结丰富多样的学校,变差异为资源,引导开放心态,团队学习,促进更多学校梯队联动式地实现整体变革。2012年,全国四个地区(上海市、江苏常州市、江苏淮安市和山东青岛市)分别组建了大小、数量不等,共计13个生态组,涉及近百所学校,数以万计的教师和数以十万计的学生,组建了"新基础教育"生态式推进全国共生体,创造了区域教育内涵式均衡发展的重要经验。①

(三)"新基础教育"研究成效②

"新基础教育"研究至今的成效,可简单概括为:一套教育理论,一批转型学校。

---

① 2012年10月24日在华东师范大学举行了主题为"生态式推进学校变革"的专题研讨会,它标志着"新基础教育"生态式推进研究正式开始。至今,"新基础教育"生态式推进已经在上海市、常州市、淮安市和青岛市举行了5次全国性的现场研讨活动。

② 本部分主要参考"新基础教育"研究中心简介,内部资料。

1. 一套教育理论

"新基础教育"研究历经 20 年理论与实践交互创生的过程,可以说,至今已经形成一套有关当代中国学校教育改革的理论,并在此过程中重新认识了有关教育的一系列基本问题,进而催生"生命·实践"教育学派的创建。在此,用"套"作"教育理论"的量词,意在表达"新基础教育"研究形成的理论并非单一式的,而是成层次组合状的。具体地说,至少包括如下相关的两大层次:

就当代中国学校教育变革理论而言,"新基础教育"研究所形成的当代中国教育变革理论由两个层面构成:一是基本理论层面,二是应用研究层面。

(1) 基本理论层面

基本理论层面上的代表作是在"新基础教育"研究十多年后,由叶澜教授撰写、2006 年出版的著作:《"新基础教育"论——关于当代中国学校变革的探究与认识》。[①] 从该书中可以看出,关于当代中国教育变革的基础理论之四大重要构成与特点。

一是形成了对中国教育变革的宏观、中观、微观相关的"通观"式理论。

"新基础教育"研究以"学校"为研究变革的基本研究单位,沟通宏观社会变革(以国际为背景、以中国为聚焦点)与教育系统的中观变革,着力于对教育变革当代背景的整体认识,为当代中国学校教育变革的不可规避性和反映社会发展需要的价值取向之确立,提供基于现实透析的理论依据。同时,从学校变革需要生境改善的视角,对当代中国社会和教育系统变革的历史与现状作出审视和批判性论述。我国当代诸多有关教育改革的研究,大量是从社会变革的需要——或经济、或政治、或文化等等,来对教育、学校变革提出要求,或者主要关注学校内部变革的某些方面,很少有从学校变革与发展的需要,对社会变革提出要求和评论。《"新基础教育"论》作出以"教育之眼"系统地看待、评论"世界"的尝试,改变了机械决定论式地研究社会与

---

① 叶澜. "新基础教育"论——关于当代中国学校变革的探究与认识 [M]. 北京:教育科学出版社,2006.

教育的关系，以生态学的观点探讨当代中国教育与社会的关系；阐明教育在社会变革中作为"更新性的社会系统再生产"的独特重要功能和不可取代的育人价值。这样的通观式研究不能说是唯一的，但至少在此之前是并不多见的。

二是构建了新的教育变革主体论。

研究提出教育变革多元主体的地位、作用与利益关系的理论，不同于教育变革单一主体论，或仅把学校教育工作者定为改革的被动接受者、执行者的观点；深入辨析三类主体的不同关系，突出不同类变革主体，在不同层次、不同阶段、面对不同任务时，角色与主体关系的多重变化；突显"教育变革主体的状态和积极力量的激发、聚集、现实化，是教育变革能否取得成功的决定性因素"。指出教师与学校领导人员对学校工作的策划、领导拥有无人能取代的权力，他们有自己的"作为空间"，坐等外部环境改革完成才进行学校改革是不现实的、也是不可能的。主体自身发展价值的实现和利益的获得，须通过主体自身的创造性变革实践。教育变革主体研究中，渗透了"生命·实践"教育学的基本立场。

三是提出了当代中国学校内涵发展的理论。

1999年，"新基础教育"第一次明确提出："在一个正处于重要转型时期的社会里，教育不可避免地本身也要转型……21世纪的中国教育要转型，要实现'转型式'的发展。"① 2002年又进一步勾勒了学校转型中追求的新型学校的整体特征，即价值提升、重心下移、结构开放、过程互动和动力内化。在《"新基础教育"论》中，对当代学校变革的转型性质作了系统和专章的深化论述，并进入到学校内部变革的基本领域做阐述，形成对当代中国学校在转型变革中需要实现的发展新质之内涵的、学校形态的结构性认识：

在学校领导与管理层面，主要关涉的是组织结构的扁平化和网络化；制度系统的人文价值取向和为学校与师生发展作出保障；管理机制上，建立了

---

① 郝克明. 面向21世纪我的教育观［A］. 叶澜. 把个体精神生命发展的主动权还给学生［C］. 广州：广东教育出版社，1999：333—334.

校长负责与民主参与的治校机制、分工负责与协作推进的实施机制、评价反馈与激励完善的发展机制、常规保证与研究创新的动力机制。上述组织、制度、机制的改革及其新指向，构成学校管理系统内涵发展的"硬件"组合。该领域中的"软件"是指学校的文化建设，学校领导自身及教师个体与群体（领导团队、教研组和年级组等）的基本素养、专业素养及专业生活的内涵发展。

在学校基本教育实践层面上，完成两大类相关联又相区别的、直接关系到学生发展的、每天都在进行着的教学工作与学生工作的内涵式发展（包括观念系统、活动系统和行为系统），最终实现师生在校生存方式的内在变化。

这一理论的形成，揭示学校教育的价值和办学理念之"魂"，与学校各种机构、活动、人员之"体"的内在关系。建构"魂体相附"、"形神皆备"的当代中国学校内涵发展的理论，体现出关于教育变革理论研究由批判走向建设的转换，呈现出学校内涵发展理论整体、综合、多层次、内在关联与相通的系统建成。

四是揭示了学校教育变革过程的多重转换、互化、生成的创新本质。

"新基础教育"理论的重要特征是过程研究，在过程研究中又特别关注相关的人、观念、事物、活动之间的转化与生成。这是教育活动的过程本质，也是人的生命成长发展的过程本质。这两个"过程本质"的协调，是实现教育目的的保证。教育不能没有转化与生成，不管是灌输论还是自生论，都不是教育过程本质。

"新基础教育"持续研究了教育过程中一系列转化与创生：社会发展外在需求向教育内部目标的转化与生成；教育研究人员的观念理论向学校教育工作者内在需求和认识的转化与生成；学校教育工作者的认识向教育实践中创造性设计与实施的转化与生成；教育、教学过程中师生交互作用及其内在逻辑的转化与生成；变革学校内部的教育实践向人之发展自觉的转化与生成；改革研究中学校教育工作者的智慧与创造向教育研究人员的理论认识形成的转化与生成。

可以说，离开对转换、互化与生成的创新过程之研究，就不会有《"新基础教育"论》的一系列理论创新，也不会有"新基础教育"试验学校的真实发展。在一定意义上，人们也不易理解"新基础教育"研究及其理论的独特。而所有的转化与生成都在变革实践和研究变革实践的过程中完成。进入变革实践是转化生成发生的最基本条件。研究转化双方的区别与联系、研究不同阶段转化的关节点，并满足相关要求，则是转化与生成有效性的重要保证。

（2）应用研究层面

构成关于当代中国教育变革理论第二层面的成果，是一系列贴近学校改革"地面"的应用性理论著作。它们以"'新基础教育'成型性研究"书系的方式呈现。[①] 这是我们研究团队在15年的改革实践中，与试验学校领导、教师一起反复探索提炼而成的作品。其中六本著作都以"新基础教育"为书名之首、以"指导纲要"为书名之尾，呈现内在的一致性。书名中间部分则是各书涉及的专业领域的表达。上述六本著作在各自的领域中都体现了其研究的深度与特殊性，同时又以该领域的研究问题为载体，反映出"新基础教育"的共性，由此构成相对于其他教育变革应用研究而言的本套丛书的特性，主要有以下四点。

一是以各领域国内外主要研究状态和实践中基本状态的分析与判断为出发点，系统梳理本研究领域中的一些重要问题，寻找研究的新视角、新的切入点、新的深化层次，并追求一定意义的补充与突破，努力体现研究价值。

二是实现"新基础教育"变革理论在本领域研究中的具体化与特质化，在相关研究中呈现创造力。比如，在语数外三门学科指导纲要的研究中，都专门研究各门学科独特的"育人价值"[②] 问题；在领导与管理改革的研究中，阐明办学价值观在学校变革与发展中的重要导向意义，以及如何渗透体现在具体的学校管理各方面；学生发展专题论著中，深入研究学生工作如何才能

---

① 该书系包括"新基础教育"成型性研究丛书的7本著作。

② "育人价值"在此并非等同于德育价值，而是指每一门学科可能对学生的身心、精神世界、个性、人格、思维方式等产生的积极和发展性的影响。它内含在学科之中，但并非自发产生，而是需要通过教育、教学实践有意识地开发和转化才会从"可能"变为"现实"。

促进青少年主动发展，促进其发展需要与能力的提升；教师发展专题则分析、研究教师角色理想和审视自己教育、教学行为参照系的变化，对于当代教师参与变革、发挥创造精神和提高自我更新能力的前提性作用，等等。

三是研究和形成了各自研究领域中独特的变革实践发展演变过程与综合结构系统。如在学科教学改革中，不仅详细分析各学科内容的结构系统，而且研究综合学生学习发展需求与问题的、更为综合与具有动态生成性的课型结构系统，还进一步形成不同课型展开的教学结构系统。在学生发展中，学生成长发展的阶段系列研究与学校不同年级、主题的活动研究，形成具有双方相互观照特征的学生工作的设计系列。教师发展研究则着重分析不同基础和状态的教师，在变革中可能经历的阶段及其内在关联性等。有关本领域内实践总转型的发生、发展过程的阶段性和连续性的分析，表现出研究人员对转型之"转"与"型"之生成过程的认识。因而，转型的阐述不只停留在概念上，而是有载体的具体而理性的表达。

四是在对本领域中系统改革及关键问题作理论阐述的同时，都插入"新基础教育"相关研究中形成的典型案例或课例分析，还指出推进不同领域变革的过程中，我们遇到的、他人也可能出现的障碍、问题与误区。这使专著既呈现"纲要性"，又对实践者具有一定的"指导"作用，也体现作者对学校领导和教师在"新基础教育"改革研究中的创造与经验的尊重。

就推进当代中国教育学理论的更新而言，有关当代中国教育变革的理论与实践的持续研究，尤其是长期深入中小学一线的变革研究，促使我们重新认识教育学原理中的一系列基本问题，如：什么是教育及其价值，社会、人类为什么需要教育，社会转型时期与平缓发展时期教育功能的变化，教育的价值与事实形成的关系，教育中教师与学生、教与学、预设与生成、目标与过程的交互作用过程，教学的基本单位与过程展开逻辑，学生的生命实践与学校教育实践、社会实践的内在关系，学生发展在学校教育中的特殊性，学校各种因素与活动的相互作用如何有效促进学生发展，教育评价理论的变革等等。

对这些问题的研究，使我们逐渐加深并体验到从教育学立场出发，研究教育的特殊性、内在过程及其逻辑的重要性与不可替代性；意识并体验到我国当代教育学的发展，必须在厘清教育系统与外部环境的多元、复杂和交互作用关系的同时，深入教育内部，以丰富的人类社会与我国教育研究的理论积淀为历史资源，以教育实践为鲜活的原始资源，形成揭示教育活动之本源性价值、内在关系与结构、活动过程与转化的实质等方面的系统理论。

自然，关于当代中国教育学理论的更新性研究，不是从"新基础教育"研究开始的，也不是只在"新基础教育"研究中形成的，它是一个开始更早、发展时间更为长久和需要更多的历史、理论与学科、学术发展史研究的过程。然而，"新基础教育"催生了我们以"生命·实践"作为教育学理论基因式构成的、称之为"生命·实践"教育学派的面世。[1]

2. 一批转型学校

"新基础教育"研究的成效不只是理论的，也许为更多人所知的是实践的，即有一批参与研究的试验学校在发展和成长。

作为"新基础教育"研究基地学校，他们在一开始就呈现一个共同的特点：学校领导都有在改革时期通过"新基础教育"研究实现学校发展和提高教育教学质量的愿望，尽管强烈程度、动机水平尚存差异，但他们都自愿并坚持参与这项研究至今，且在研究中表现出越来越强的主动性、自主性和创造性，不断增强解决现实问题的能力、创建新型学校的信心和能力，以及追求自身发展的生命自觉。研究结果表明，上述初始条件都会在不同程度上影响转型进程的快慢、成效的大小和质量的高低，尤其在研究的开始阶段。但这些都还不是转型成败的决定性因素。真正的决定性因素是"人"，是学校领导及其教师群体，是他们的价值取向、心志、认识、作风、专业基础、学习

---

[1] 关于"生命·实践"教育学的建设，近五年来的研究，主要汇总在叶澜主编的"'生命·实践'教育学论丛"（共四辑）中。书名分别为：（1）叶澜. "'生命·实践'教育学论丛"（回望）[M]. 桂林：广西师范大学出版社，2007.（2）叶澜. "'生命·实践'教育学论丛"（立场）[M]. 桂林：广西师范大学出版社，2008.（3）叶澜. "'生命·实践'教育学论丛"（基因）[M]. 桂林：广西师范大学出版社，2009.（4）叶澜. "'生命·实践'教育学论丛"（命脉）[M]. 桂林：广西师范大学出版社，2009.

能力、研究的自觉与坚持，惯于反思和善于重建，认识自己和改变自己的意识与能力。

不管怎样，10所学校都已走在学校转型的路上，大部分已呈现出新型学校的构架与品质。他们与其原初状态相比都已发生了具有新质的变化，形成了亮点、生长点和积极的发展势态。从学校型态变化、学校成员发展和学校质量提升三个具体方面，可以看出"成型性"阶段实践方面的研究成效。

（1）主动、健康发展着的学生

学校型态变化方面，各基地校先后都确立了为学生主动、健康发展和终身发展奠基的办学理念。在学校的各项工作中普遍关注这一理念的落实，努力克服以升学率高低论成败的盛行标准，但并不放松对学校教育教学质量的分析、诊断与提高，而且全面加强学生工作。

各校普遍增设班级组织中的干部职责和管理岗位，并实现轮换制，其中岗位轮换的人次，在大多数学校和班级中，多于干部轮换的人次约2~3倍，少数班级可多至5倍。这使班级日常生活的管理，成为培养学生群体意识、服务观念和锻炼工作能力的构成。这在"新基础教育"基地学校中，成为较为普遍、日常化的改革实践。

以上改变，在"新基础教育"骨干教师任教和担任班主任的班级表现得更为充分。学生在校精神面貌、学习能力与水平、对学校和班级的认同感及参与活动的主动性和成长都有明显提高。

令人欣喜的是，在与常州第二实验小学某位家长的交谈中偶然得知，该校第一批参与试验、由许倩老师任班主任（自1999年~2005年夏）的学生（共计53名），在2008年的升高中考试中，竟有28名考上省高中、前黄高中（两所均为江苏省五星级高中）和常州市第一中学（江苏省四星级高中）。这在常州第二实验小学的历史上是从未出现过的，就普通小学的总体来看，出现这种比例的概率也不高。2008年暑假，我们请许倩老师召开了相关的10名学生和部分家长的座谈会。学生的普遍反映是：小学阶段的教育使他们有好的心态、自信、工作能力；学会了自己安排时间，对于不同的环境适应调整能力强；自主学习的综合素养和课外阅读面广，能较快地从挫折中走出。① 虽然我们没有时间作大规模的追踪调查，但这一个班级的例子，至少反映出认真开展"新基础教育"的班级，给学生留下的印迹和发展后劲。而且至少也说明，改革丰富学生的学校生活，加强学生自我教育和自我管理的能力，并不是必定以牺牲升学率为代价的。就基地校总体来看，各校多年的升学考试成绩也证明这一点：10所学校中，原先成绩好的3所保持高端稳定；原先处于全区上1/3偏中（或下）的学校，现已有2所进入到区内前列，还有1所维持原状；有2所学校与以前比有明显提高，进入到上1/3的中（下）层次，尚有2所因多种原因（包括骨干师资的流失等）成绩处于波动状态。但学校并没有把此归因到参与"新基础教育"研究上。

这一点打破了校长、教师的此种担心：搞改革试验会影响学生的学习成绩。"新基础教育"认为，改革不以学习成绩的提高为唯一目的，但不能影响学业成绩，降低学业成绩的改革不是有生命力的改革。学生的主动、健康发展是"新基础教育"研究期望达到的最终成效。

（2）自觉成长着的新型教师队伍

教师发展是学校转型能否最终实现的根本性和持续性保障。"新基础教育"研究为促进教师学习、反思、重建的意识与能力发展，提升教师对教育、教学工作意义的认识和相关工作的整体把握，花大量时间进入教育教学一线，开展面对面、跟踪式、针对问题和改革目标的现场研讨。各校领导更是做了大量工作，为教师发展创造条件、提供平台、加强交流和及时指导。这使"新基础教育"基地校教师的学校生活从内容到质量都发生了重要变化，使"研究性变革实践"成为广大教师职业生命质量提高的重要途径。与以往教师主要按照教学参考书统一备课、上课、批改作业，做大量无须创造和研究的操作性劳动的生存状态相比，由于增加了研究性新质和日常研讨频率而产生重要和深刻的变化，也加深了教师对自我更新式发展的体验。

---

① 许倩. 追寻学生发展性成长的动力——"新基础教育"研究实验班学生成长追踪分析报告（内部资料），2009。

在这五年中由于多方面研究活动的开展，基地学校的教师队伍总体水平的提高超过了本校以往及同类学校。从职称看，7所小学，特级教师增加1名，高级教师增加72名，中级教师增加48名。初中学校特级教师增加2名，高级教师增加75名，中级增加71名。在获奖方面，得到全国性教学奖项的教师增加47名、市级的增加64名、区级的增加11名。中小学不但表现为奖项增加，而且表现为得奖层次从大量区级得奖上升到全国奖。就研究课题而言，大部分学校都有了区级教育研究课题，有3所学校已经获得市级和全国性课题。有些学校实现了论文发表零的突破和数量的大幅度增长。这些对基地学校中的大多数非名牌学校来说，都是超越式的。①

（3）具有内涵发展品质的新型学校

学校管理改革的过程，锻炼了一支以校长为首的管理队伍。他们在办学的价值取向和理念上发生重要转换，并善于凝聚人心，全校教职工在学校各项工作中合力实现教育价值，与学生一起成长，故校长在教代会上的认同率极高。在管理内涵的人文与科学、规范与发展、刚性与弹性等一系列矛盾的合理处理上的长足进步，反映出校长在认识学校和策划发展的思想方法上有了质的变化。

在学校领导与管理新构架的构建方面，10所基地学校中，共重组10个中层组织和新增了10个组织，重组的组织以功能整合为主，新增的组织主要是具有加强年级领导与管理功能、学科研究与调查功能，以及校内督查和校外联合功能的组织。

在制度重建方面，学校在删减、归并的同时，也新增一系列制度，每校平均增加35项。

"新基础教育"变革在实现办学质量和学校等级提升的同时，也实现领导群体与成员个体的发展，包括专业水平和职级提升。"新基础教育"追求的"成事"与"成人"统一的发展目标，在学校管理与领导层面上也得到较充分

---

① 叶澜．"新基础教育"成型性研究报告集［C］．桂林：广西师范大学出版社，2009：32．

的实现。

据统计，10所学校的校长中，2位被评为上海市特级校长，3位为特级教师，1位为上海市十佳优秀青年校长，1位为优秀校长培养的市候选人才，所有的校长都是中高职称，其中5名是在这5年里提级的。他们中有的10年前才担任校长；有的尽管是老校长，但在这几年实现了跨层次的发展。在中层干部的职称变化上，与5年前相比，10所学校中层领导里增加了2名特级教师、35名获中高和6名获小高职称的成员。①

10所基地学校在参与"新基础教育"研究中获得的整体发展，在一定意义上是"新基础教育"研究存在价值及其可行性的最为现实、生动、有力的表现与证明。他们的发展引起海内外关注，也带动所在地区"新基础教育"研究的开展。上海市闵行区和江苏省常州市是其中的典型。这些学校以积极开放、合作沟通的心态和其他学校交流互动。如常州市第二实验小学在2008年与市内相关学校多种形式的交流就达48人次。各基地校还先后接待过来自国内许多地区（包括香港、台湾）的参观访问，接待过来自加拿大、美国、日本等其他国家的代表团，也以"新基础教育"研究代表团的名义出访过加拿大、美国，与两所大学的教育学院和当地教育局领导、学校进行交流。

3. 一条变革之路

"新基础教育"研究是在当代中国变革现实中开展的一项研究，获得了国家科研项目的支持和相关市、区领导的包括经费在内的支持，但开展研究的地区和学校并没有被划为特区、给予特权。试验学校的选择也并非以基础好、条件强为前提，而是以有改革的需求和决心，有与大学专业人员合作研究的愿望为首要条件。所以这是一个在当代中国学校教育所在地的常态下开展的一项研究。在现实常态中如何走出一条学校转型性变革之路，并没有现成的足迹可循、模式可依。用20年的时间走出这样一条变革之路，形成推进学校变革的三大策略——"整体策划与分阶段实施相结合"、"日常持续开展与关

---

① 叶澜."新基础教育"成型性研究报告集[C].桂林：广西师范大学出版社，2009：33.

键节点集中交流相结合"、"重点突破与梯度放大相结合",形成以"推进性评价"为核心的综合评价体系。这些"新基础教育"研究成果的取得,主要与以下三个方面相关。

➢ 第一,当代中国社会改革开放的大背景,为研究人员相对独立地开展教育研究提供基本保证。

➢ 第二,经长期"主动、深度介入式"合作研究,大学专业人员与试验学校形成了相对稳定的研究队伍,是研究持续发展的根本保证。

➢ 第三,具有"动力"和"筑路"双重功能的日常"研究性变革实践",是变革之路成为实存的根本力量。

以下我们用图简示"新基础教育"实现转型需经历的全程。具体内容将在第二章分步展开。

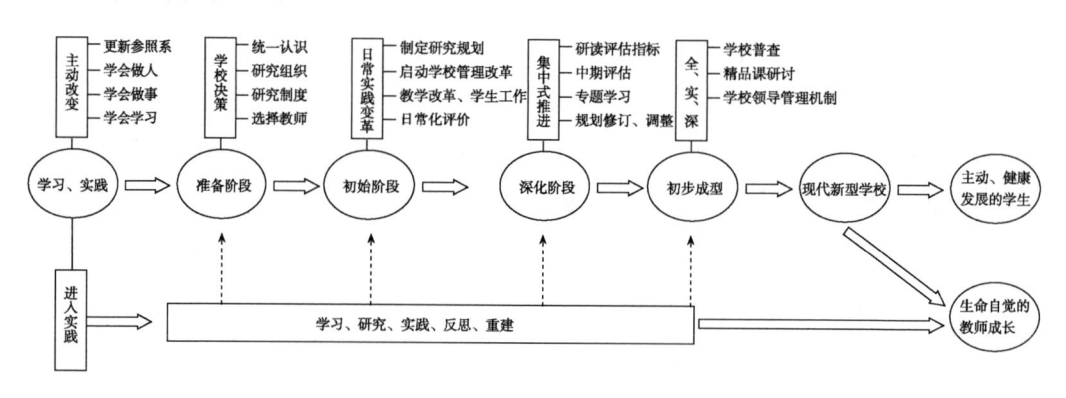

图1-1 "新基础教育"研究与学校转型过程图

二、"新基础教育"研究的难与不难

"新基础教育"的难,在于它要直面学校存在的一系列问题,在复杂的现实中实现学校整体转型,改变师生的在校生存方式。但是,"新基础教育"一路走来,已持续走了20年,越走路越宽,越走心越亮,同行者也越来越多。因为"新基础教育"就是真做教育、做真教育。对真心办学校、真心为教育的人而言，"新基础教育"不难。

（一）什么样的学校可以开展"新基础教育"

参加"新基础教育"研究有没有门槛？这是有意参与或开展这项研究的学校及其校长经常问到的问题。"新基础教育"研究并不是为最好学校准备的一项改革方略，而是为所有愿意改变自己、愿意实现更好发展、愿意完善自己的学校与教师，一起开展的合作研究。"新基础教育"研究自始至终都是以校长是否愿意改，是否具有通过改革研究推进学校发展的追求，作为选择试验学校的"第一因素"，而对校长所在校的初始条件（学校的历史、物质条件、生源、师资、所在地段、教育质量等）不作严格规定。在"新基础教育"试验学校中有百年老校，也有才创建2~3年的新学校；有地区首屈一指的名牌学校，也有无论从哪一方面都属于差的薄弱学校。就总体而言，新建学校（参与试验时校史在5年以内）和相对薄弱的学校占大多数。但校长表示愿意参与"新基础教育"试验，愿意承担学校改革的领导任务，这是加入"新基础教育"的"入门线"。所以，学校管理改革的过程，也是认真投入试验的校长带领教师并与教师一起实现自我发展的过程。

10年、5年、3年，是目前参与"新基础教育"研究10所基地学校的不同"研龄"。除基地校以外，还有一大批尚未成为基地学校，但是曾经或至今仍在参与或独立开展着"新基础教育"研究的编内、编外学校，他们也有着不同的"研龄"。

10所基地学校分布在上海和常州，在上海又有出身于市区和郊区的区别，即使在同一个区，也有靠近发达城镇和还是城乡结合部的地缘与文化区别。

学校之间还有规模大小的区别。最大规模的是闵行区实验小学，现已从一所学校发展到共有三个分处不同街道的子母学校，学生数近3000人，教职工超过200人，我们称其为"航空母舰"型学校，明强小学、常州市第二实验小学也属此类。还有一些是小型学校，教师数不足50人，学生数约在600人左右，如汽轮小学、洵阳路小学，我们称其为"娇小玲珑"型学校。

从学校历史来看，最年长的有4所（常州局前街小学、闵行区实验小学、七宝明强小学和马桥强恕学校），都已过了百年大庆；中老年的有3所：1所与共和国同龄（汽轮小学），2所建于1958年（洵阳路小学、华坪小学）。此外，还有3所尚属年轻，分别建于1972年（闵行四中）、1982年（常州市第二实验小学）和1996年，还有几乎与"新基础教育"研究同龄的学校。

学校之间的生源也有差别。其中大多数是普通市民家庭的孩子，少数学校位于市中心，相比之下，干部子女与中产阶级的子女较多。还有2~3所学校外来民工子女比例较高。10所学校中，除局前街小学原来就属市名校师资条件较好，闵行区实验小学原属区内名校师资条件也相对较好以外，其他学校大都属于中等，有3所左右的少数学校还是区内相对薄弱的学校。①

1. 校长要有"为了师生发展"的主动改革意识

"新基础教育"不挑学校，"新基础教育"挑校长。"新基础教育"从不为了研究需要，对参与学校设置严苛的标准与条件，无论办学起点高低、条件优劣，任何一所学校都可以根据自身发展需求，秉承自愿原则，独立或合作开展"新基础教育"研究，实现学校整体转型，转变师生在校生存方式。

"校长愿意"是学校做"新基础教育"研究的"入门线"，也是能做好"新基础教育"研究的三大铁律②之一。参与且能持续开展"新基础教育"研究的试验学校校长，一般具有如下鲜明特征："主动变革"、"自愿参与"、"自主做事"等，并且在研究中成为自觉的变革者。

社会处在充满变革的时代，教育也是在改革中不断调整、适应甚或创造。生存于其中，任何学校都必须思考：是墨守成规还是改革创新？是被动改造还是主动变革？"改不改"、"为什么改"、"改什么"、"怎么改"等诸问题唯有在改革中才能找到答案。

无论在经济发达地区，还是在偏远农村地区，学校在自身发展过程中总

---

① 叶澜、李政涛等．"新基础教育"研究史［C］．北京：教育科学出版社，2010：123—124．

② "新基础教育"三大铁律，是在"新基础教育"研究过程中提炼出来的，学校能做好"新基础教育"的基本要求，即：校长愿意改革；打造研究骨干；坚持日常做研究性变革实践。相关内容的具体解释，将在后面章节陆续展开。

是遇到各种现实问题，一些优质学校自喜有着"一流的办学条件"、"一流的师资"、"一流的质量"等无需改革；一些薄弱学校则抱怨"办学条件不如人"、"师资队伍不如人"、"生源质量不如人"等无法改革。同时，在"应试"的现实压力下，很多学校都在等待，认为只有等到取消中高考制度，外部制度环境改善了，才有可能开展教育改革。但是，改革创新是时代主题，每个人都无法逃避改革的进程，墨守成规只会被时代抛弃。"与其被动改造，还不如主动变革"，因此，"一定要改"。这是识时务者的决断，更是一种智慧与气魄。参与"新基础教育"研究的学校校长与教师都要体现出改革的胆略和勇气，具有强烈的改革意识。

学校改革意愿源于对自身发展的主动追求。师生发展不能等待，"为了师生发展得更好"，这是学校投身改革的根本宗旨，而且也是学校改革的动力源泉。"心中装着师生发展"的校长，总是在借助教育外部环境变革以及可以利用的各种资源，主动寻求自身的变革。随着改革深入，师生呈现出良好的发展状态，这让人兴奋，也进一步激励着学校校长和教师的改革热情，进而推进改革深化。因此，学校改革不是为了改革而改革，更不是为了装饰门面。"新基础教育"研究的试验学校，不是图其"名"，而是行其"实"，是真心诚意地在做事，直面自身发展中的问题而改革，为提升学校教育内涵而改革，为转变师生在校生存方式而改革。

学校有了自我发展的内在需求，才能自愿选择参与"新基础教育"研究。因此，学校首先要深入分析自身的优势与劣势，明确今后发展的关键所在以及可能空间，从而提出自身发展的研究问题，以此为突破开展学校的整体变革。参与"新基础教育"研究，首先要加强学习，结合自身实践学习。一方面是整体策划，通过聚焦学校发展的阶段核心问题，策划改革方案，积极推进学校领导与管理、课堂教学、班级建设等领域的改革实践；另一方面是带领团队具体落实，在理论研究指导下开展改革实践，通过改革实践总结经验，一个阶段一个阶段地扎实前行，在研究性变革实践中学会研究自我、发展自我。

在"新基础教育"研究中成长起来一批试验学校的新型校长。他们不是把校长当官做,而是当事业做;他们不满足于平安无事,而是追求有所作为。他们坚信,不管学校原来的基础如何,只要善于发现内在的积极力量与发展空间,并不断拓展,学校就会发生可喜的变化,他们是积极主动的学校发展领导者、策划者和行动者。正是在这样一批校长的带领和试验教师的共同努力下,"新基础教育"研究才走到今天,并孕育着更有发展希望的明天。

2. 教师要有"敢于改变自己"的进取精神

第一批参与研究的骨干教师,是勇敢进取的开拓者。敢于直面教育问题,迎接改革挑战;敢于直面自我问题,迎接革故蜕变;敢于为了孩子们的主动、健康发展,改变习惯了的老套路,创生学校教育新生活。这需要"开放"的心态。

首先,教师在学校日常教育实践尤其课堂教学中,要正视已有教育教学行为背后的旧思想之弊,开放心态,学习新理论,尝试"换一种思路试试看",在"试试看"中突破自我,寻求一种新思路、新方式。教师在教学实践中积累经验,逐渐形成自己的行为套路。如果年复一年重复工作,"轻车熟路"看似"省时、不费力(轻松)",但是这种教书匠生活,恰恰埋藏着"职业倦怠"的隐患。缺乏创造的生活,无法焕发生命的活力;缺乏创造的教育,无法激活成长的智慧。与之相反,主动参与改革的教师,尝试在课堂中改变自己的教师,却不断实现创造的潜能,在创造中享受教师的职业尊严与欢乐。

其次,教师要"以真实的方式呈现真实的自我",因此在课堂教学中"宁要真实的遗憾,不求虚假的完美"。学校日常教育实践中的"家常课",不可避免地存有遗憾,即使那些精心打造出来的"展示课"也难以幸免,更别说不同于自己已有经验的"研究课"了。因此,承担改革任务的教师要充分认识到,只有在常态课中呈现出自己的真实研究状态,才能找到自己发展中的真问题,解决真问题,才能真发展。

第三,教师要开放心态,倾听各种不同的声音,既然敢于迈出"在课堂教学中真实暴露自己"的第一步,就要容得下别人对自己及课堂教学的"品头论足",不只是喜欢听溢美之词,更要听取批评之声、问题分析、教学建议等。有些经验丰富、教学成绩突出的优秀教师,初始状态往往是自我感觉良好，定位较高，对待别人的点评意见不是漠然处之、充耳不闻，就是不以为然、不屑一顾，甚或以"你来上上看"之词将人拒之千里。事实上，参与研讨性评课者的评课，并非针对上课教师，而是从不同维度对课堂教学改革进行深入解读，或分析问题及其解决策略，或总结经验、提升理论，在研究意义上探索改革方向。任何教师只要能够敞开胸怀，破除自我封闭的心态，善于在倾听不同意见中智慧地学习，就会打开新视野，走出新路径，形成新观念、新生活。

第四，教师要有"发现问题就是发现发展的空间"、"解决了问题就实现了发展"的意识，这样才会积极地研究自我，自觉发现问题，研究解决问题的方略，切实开展日常研究。每位教师的日常教育实践，都客观存在着各自不同的弱点、不足之处。教师自身存在问题并不可怕，可怕的是自己有问题不知道（自负型）或不愿知道（自欺型），甚至掩饰起来不让别人发现。发现发展中的问题，是成长所必须经历和面对的。事实上，发现问题才能找出自身发展的障碍所在，由此获得来自于"旁观者清"的发展建议。

教师敢于改变自己，才能在改革中体验到"原来还可以这样！""我还可以上得更好！"这不仅是自我发展的喜悦，也是专业自信的兴奋。

我发现"新基础教育"的理论不但是全面的，而且是鲜活的。它时时在与我脑中原有的观念发生碰撞；它使我自觉地用理论指导实践，在实践中应用理论；它使我对自己的教育实践和周围发生的教育现象进行反思，从中发现问题；它使我对日常工作保持一份敏感和思考的习惯，并不断地改进自己的工作以形成理性的认识。一年中改变最大的是我的精神状态，我在实践中不断改变自己，并且在不断面对新问题中，迎接着新的挑战。[①]

（二）开展合作研究的要求及原则

学校在自愿选择、自主研究的前提下，以各种方式参与"新基础教育"

[①] 摘自一位"新基础教育"首批试验骨干老师的研究日记，详见：常州市第二实验小学王冬娟等著《合作校变革史丛书》. 越而胜己：源于坚持日常实践变革之伟力 [M]. 福州：福建教育出版社，2014.

研究。学校可以独立开展"新基础教育"实践探究，也可以根据学校实际和研究需求，主动要求与华东师范大学"新基础教育"研究中心①（下文简称"中心"）签约开展合作研究。

在学校主动要求下，为了支持学校更加有效地开展"新基础教育"研究，"中心"可以在如下方面提供专业支持、指导：

➤ 开设培训研讨班，对学校教师开展"新基础教育"进行指导，一方面进行理论研讨，另一方面可以到"新基础教育"基地学校参与现场研讨。

➤ 参与学校日常教育实践变革指导，在约定日期，进入学校开展现场研讨、指导，包括课堂教学、班级建设、学校领导与管理等方面的改革。

➤ 策划、主持中期评估和学校普查工作，以校外专家团队身份组成评估组，开展他评活动，并由此对学校整体变革状态进行深入分析、研讨，在不同层面作出反馈，给出建设性意见，最终形成本土的评估力量。

➤ 指导学校开展指导纲要的专题学习和研究。

但是，合作研究必须符合相应要求与原则。

1. 基于学校内在需求的抉择

"自己想做"是选择"新基础教育"研究的根本原则。

校长及其领导团队是一所学校的"领头雁"，他们的教育理念、价值取向，在学校发展中发挥着引领作用。校长必须带领教师，形成一支具有大胆改革、能思考、善研究的智慧型团队，把准变革与发展的时代主题，分析校情、反思问题、认真策划。这样，"要求变革、追求发展"才成为学校领导团队的共识，成为学校的内在需求。据此，学校选择"新基础教育"研究，自然是深思熟虑的选择，而非盲目跟风。对于学校而言，一定要"想清楚"后再决定做"新基础教育"。

2. 形成合力"一起改革、共同研究"、分担责任、协同发展

学校"主动、独立、自主"是合作研究中的核心原则。学校做"新基础教育"是"为了自己"的变革和发展，不是"为别人"，更不是"配合别人"，

---

① 华东师范大学"新基础教育"研究中心的介绍，详见附录1。

而是"志同道合"一起推进学校变革。

"不等待、不依赖",参与学校不能等待专家的要求,执行指令,应当主动分析问题、策划方案、开展研究,在此过程中,改革研究都是学校自己完成的。"中心"研究人员参与其中,既帮助学校及其教师做事,同时又在指导他们做成事的过程中,逐渐养成他们独立完成策划改革、研究实践的能力。

"不空谈、不做表面文章",参与学校不能在某些特定时间"做一做",在需要"展示"时"努力一下",在专家到来时"应付一下",在平时又回复原态;不能口头上说起来"新基础教育"理念、观点头头是道,行动上却不见动静,在课堂上仍是"老一套"。避免空谈、表面文章,"真做实干"是做"新基础教育"必须坚持的,也只有这样才能做出成效。

3. 明白新基础教育的不难和艰难

"新基础教育"研究是直面现实的教育改革,即在每所学校现有办学水平与基础上开展研究性变革实践。在此意义上,"新基础教育"研究不难。

正因为如此,学校只要有强烈地改变自己的内在需求,"新基础教育"研究很容易在校内做起来。这是此项研究具有强大生命力的重要原因。

其次,做"新基础教育"研究不是在"增加"的意义上,给学校增加"新负担",而是在"怎样做"的意义上形成"新内涵",诸如在原有教育基础上提出新要求、养成新思维、创造新方式;不是"以新替旧",而是"从旧到新",承认学校原有的教育基础,在已有教育行为的反思和分析上启动改革。从这个意义上,也是相对容易的一件事。

"新基础教育"研究重要的不在于"改条件",而是改变"学校日常教育实践",做"新基础教育"必须改变教师在课堂中的日常教育行为,同时也要改变校长、教师头脑里的教育观念参照系。因此,这就意味着改革不只是改一节课,改一时,而是要改变学校中的人及其生存方式。

"人"的变化是根本的,这是"新基础教育"最艰难的,也是最富长远意义和生命价值之事。不下决心、怕坚持、怕学习、怕自我改变,就难以做好新基础教育。

第二章

学校开展"新基础教育"研究全程[①]

从"新基础教育"研究走过的 20 年历程，可以看出一条学校转型之路是怎样一个个阶段走出来的：理论先行是前提；选点试验才能实现突破；由点及面才能整体转型；最后才能在变革实践的累积中，实现学校发展的内生长力。这一研究历程的长程分阶段表达，是"新基础教育"研究本身走过的路程。其中涉及的主要方面，每个参与学校都会经历。但就一所具体学校的改革，只要真诚投入，善于运用已形成的"新基础教育"改革成果，善于实践与反思、创造，则无须 20 年之长。在正常情况下，视师资和学校原有基础的不同，约经 3～5 年，就可实现学校转型的基本完成。

本章以学校为单位，就"新基础教育"在学校开展的全过程，作一个集中的介绍，以便学校从整体、长时段的角度策划研究之全程，明确每一阶段

[①] 本章重点参考：(1) 叶澜. "新基础教育"探索性研究报告集 [R]. 上海：上海三联书店，1999. (2) 叶澜. "新基础教育"发展性研究报告丛书（一套三本）[C]. 北京：中国轻工业出版社，2004. (3) 叶澜. "新基础教育"成型性研究报告丛书（一套七本）[C]. 桂林：广西师范大学出版社，2009. (4) 叶澜. "生命·实践"教育学论著系列三："合作校变革史"丛书（该系列十本）[C]. 福州：福建教育出版社，2014.

要完成的主要任务。

一、启动：从学习开始，校长是第一责任人

"新基础教育"研究是内含理论的创生性实践，是研究主体参与的理论与实践相互滋养、双向建构的过程，是在新理念的学习、实践与体悟中，主动、富有创造性地进行实践变革探索，同时又在自身亲历的、创生性的日常实践中进行经验总结、理论提升的过程。

这一特性决定了做"新基础教育"首先需要学习。新基础的学习主要包括"理论学习、现场学习和在自己的实践中学习"三种类型[①]，具有独特的品性：

首先，"新基础教育"学习，要从学会改变认识教育实践的参照系开始，要从认识自己和原有的实践状态开始。新基础的学习是理论与实践相互转化的学习，是学—思—行螺旋提升的学习。新基础看不会、听不会、说不会、写不会，怎么会？所以必须做！

其次，"新基础教育"式学习，是一个长期、系统、与实践不断交互转化的过程，是最终实现个人理论与日常行为之间交互转化的过程，这绝不只是读几本书、听几个讲座、参加几次培训、记住几个概念、说几句理论口号就行，而是要进入研究性变革实践，随着试验推进，在不断创生的实践中体悟新理论、创造新经验。

因此，校长、教师必须结合新基础教育的特殊要求，形成"新基础教育"研究的学习方式与策略，并将学习贯穿在日常教育教学的实践变革与研究中。

---

① 叶澜. 2014年1月3日在上海市闵行区11所中小学中期评估反馈交流会上的发言（内部资料）。

(一) 谁要学

"新基础教育"的第一铁律是校长愿意改，校长是领导学校改革的第一责任人。"谁需要学习"的答案首先是"学习从校长开始"。

1. 学习从校长开始

这是校长成为领导与管理"新基础教育"研究"第一责任人"的必要前提。

基础教育阶段，校长负责制下的中小学校长全面主持学校工作，校长的价值取向、思维方式、工作作风与能力以及人格魅力的差异，会带来十分不同的办学效果，也会带出一批不一样的教师队伍。可以说，校长在很大程度上决定着一所学校的未来发展方向及发展状态。校长在学校发展中的身份及其核心作用，决定了他在"新基础教育"研究中必须增强第一责任人意识，不可推卸地担当起为全校教师引路、支持、示范、指导等责任。

校长必须改变以前做课题的固有观念和惯常思路，主动认识、理解、把握"新基础教育"研究的指导思想与策略，这是第一位的学习。

除了组织人力、物力投入"新基础教育"研究之外，我还主动承担了许多区里的课题研究任务，积极参与各级各类竞赛、活动，力图包揽每一块奖牌。……由于课题繁多，我和老师们始终处于疲于应付的状态，常常是开题报告连着结题报告，把中间最重要的研究过程架空了。我面面俱到地抓了许多事，但是却没有成效。学校发展停顿，老师们处于纠结之中……

我定下心来认真研读了叶澜教授主编的《"新基础教育"探索性研究报告集》，通过反复、深入地学习，从一个个"疑惑"到渐渐理解、认同和接纳，我对"新基础教育"的理论内涵的理解也在不断提升——"新基础教育"是从人的生命高度和基础教育的整体出发开展的研究，是实实在在的研究学校的发展，具有先进性和前瞻性。同时我更被华东师大课题组老师的敬业精神所感动……

想清楚、想明白之后，我们制定了学校的三年发展规划，并制定了详细的年度措施，用创建新型学校的目标来统领实践，统领学校的各项工作，追求学校的内涵发展。①

校长带头学习，要注意克服以下问题：

一是"指挥"心态。认为自己的任务是出面争取课题，但有了课题后，开展研究的过程只需"过问"一下，具体由分管教学副校长或教务主任分头负责，组织相关教师或全校教师学习一下理论，布置几位骨干教师去做一做即可，依赖已有成功经验的教师上几节课，再用课题理论进行分析，写一二篇像是研究成果的文章就算完成任务了。"包装"的方式做不好新基础教育。

二是"轻易"心态。尤其是"名校"，认为我们已是"名校"，教师基本素质较好，做好"新基础教育"研究不在话下。未曾想，"新基础教育"深入触及人的生存方式，需要改变已经形成的"自我"。"学会改变自己"，这就是"新基础教育"的"刻骨铭心"之处，也是"攻坚克难"之处。

做"新基础学校"研究，校长首先要明确地认识到，学校工作在继承的基础上谋求改革、寻求突破，需要面对发展中的真问题，诊断问题需要新的参照系。校长只有率先认识到转变的必要和转变什么，才能用"新基础教育"研究统领改革，为学校和教师的持续发展注入新动力，才能在学习与实践中逐渐成长为一名有教育思想、管理策略和实践智慧的校长。

2. 骨干教师"带头闯"

"新基础教育"的第二条铁律是骨干先行，培养骨干带头做。骨干教师是引领、推进教育改革突破的中坚力量，也是后续持续推进与团队发展的重要依靠。"新基础教育"研究在学校管理变革方面，要求"重心下移"，将管理重心向年级组、教研组转移，形成第一责任人系列。此种更加广阔的自主空间，为教师提供一种多元的、充满创造的学习与实践氛围。

在"新基础教育"研究之初，专家们提出的很多课堂改革、班级建设的要求在很多老师看来"看看很好，想想做不到"。"思维定势"在很多教师身上表现得比较严重，常表现出：

---

① 上海市普陀区洵阳路小学朱乃楣等著"合作校变革史丛书". 寻阳之路：从选择探索到扎根内生 [M]. 福州：福建教育出版社，2014.

1. 教学多依赖教参、优秀教案集、过去的备课笔记；

2. 一堂课必须把教案走完，哪怕下课铃已经响了，也不愿意紧急刹车；

3. 教案上怎么备的，不管课堂上发生什么情况，都要把局面想办法扭转到预定答案上来；

4. 听学生的回答只选取和自己备课相关的内容；能提供正确答案的"明星"学生总是上课教师关注的焦点……

5. 在班级建设中，对班级"长治久安"的关注，优先于学生能力的培养；小干部的培养目的在于，使他们成为班主任的左膀右臂；班级文化环境建设、班级活动开展的目的更多是为了外部的评优或展示……诸如此类，"模式化"倾向非常严重。

为有的放矢地突破上述状态，学校确定了语数外和班级建设的一批核心骨干教师，这批教师当时的教龄均在七八年，具有一定的骨干引领地位，同时还有自我突破的较大潜力和自我超越的强烈愿望。作为实小"新基础教育"研究的"第一人"，他们艰辛的起步为后续每个人的跟进开辟了最初的道路，让每个实小人看到了改革最初的"曙光"。[①]

骨干带头参与改革，在做研究的意义上需要重新自我定位，改变可能存在的以下观念、思维：

一是基于成绩的"漠视甚或不屑"。有些骨干教师因已经取得的教学成就、地位以及成功的教学经验，所带班级的学生能考出好成绩，这种优越感和习惯思维使其认为自己不试验、不改革也是数一数二，而且习惯的东西已经驾轻就熟，何必要改。况且，改了未必效果好，甚至质疑"新基础教育"是否同当前的其他研究一样，"好看不中用"，不能提高学生成绩，反而打乱应试的教学秩序。

二是基于畏惧的"观望与远离"。在既有成就或地位上，有些教师要么表现为"自负"，自己的教学最好，不容挑剔，"要不你来上上看"；要么表现为

[①] 上海市闵行区实验小学何学锋等著"合作校变革史丛书". 根深叶茂：老校在变革中焕发活力[M]. 福州：福建教育出版社，2014.

"自卑",害怕暴露出自己的弱点,如果课堂教学遭受到别人的"指点","面子上很难堪"。在改革中不敢接受现实挑战,只愿观望甚或远离之,保证自己的"安全"。

为克服以上问题,骨干教师自己首先要开放心态,放下身段,主动思考,不断发现问题、寻求策略、积极重建。不仅如此,要有先拿自己"开刀"的勇气和胆魄,带头上研讨课,带领大家开放心态,为了更好发展一起剖析阻碍发展的问题;带头走在改革的前列。骨干教师理论悟化走在教师前面,问题发现走在教师前面,才能真正地与教师一起走进课堂、一起努力做实"新基础教育"研究及其改革实践。

2005年,我分管学校教科研工作,又是当时小有名气的市小学语文学科带头人,学校建议我"试水"上"新基础"研讨课。我怕自己被"捉"出很多问题来,就把当时手头有的"新基础"研究文本资料看了又看、读了又读,努力解读自己的教学现状和教学理念。课后研讨中,课题组老师肯定了这是一堂真实的课,同时"捉"出来许多"虫子":整体意识,结构设计,开放与提升等。这时我才发现,没有实践铺底的理论学习,往往易停留在语词理解,停留在概念的更新上。这节试水研讨课让我认识到:仅靠个人的新基础解读,不一定正确,要有现场实践的对话,有课题组老师的引领,才能让新的理念和日常教学实现对接,才能实现教学行为由点到面的系统重建。[①]

开放心态,加强学习;带头试验,反思重建;再学习、再实践、再重建。经过理论与实践、内力外力之间的螺旋转化,这位善于研究的语文老师,后来成为语文特级教师,现任学校领导。

3. 教师开放心态、进入实践

教师进入试验前,往往处于学习理论后获得新理念的兴奋之中;但是,一进入实践,一系列认识与心态问题也随之而来。"新基础教育"研究做起来不同于一些有现成模式和方法提供的研究,有点"难",有点"可敬而不可

---

① 叶澜,李政涛等."新基础教育"研究史[M].北京:教育科学出版社,2010:493—504.

亲"。

常见的问题有：

一是没有模式的"困惑与不适"。"新基础教育"强调教师在研究学生、研究教材的基础上，开展课堂创生性实践。这是一种充满着生命性、动态生成性以及不断互动创生的教学方式。当教师询要具体的操作模式、操作方法时，得到的回答是"新基础教育"不讲操作、模式，重视的是开发教材独特、丰富的育人价值，在解读教材和学生的基础上，制定核心目标，根据课堂状态，师生在课堂中生成资源、捕捉信息、互动推进。

二是缺乏可借鉴、可拿来就用的实践方案的"纠结与茫然"。"新基础教育"理念是在长期的教育变革实践中不断创生、提炼出来的，内蕴着丰富的实践内涵与积淀。因此，还未经历教学改革磨练的教师，在面对着厚厚的几大本"新基础教育"著作时，不知从何学起，在实际工作中也无从下手。"书里的字个个都懂，为啥连起来我就蒙了呢？"教师最喜欢阅读书中的教案、教师成长故事等，一提到其中的理论则似懂非懂。

三是对改革结果"担忧和不自信"。研究中，教师经常会出现的一些现象：如怕改革的要求与上级部门的要求与考试的要求不对口，影响考试成绩；对"新基础教育"课堂教学改革的要求不适应，包括不适应学生活跃起来的课堂，不适应没有固定教学模式的课堂。

当教师从"要我学"转向"我要学"，把成长当作"自己的事"的时候，才能在学习、实践中不断反思自我、调整自我，最后超越自我，突然有一天发觉自己"静悄悄地变化"。

几年前，学校把有关"新基础教育"的书发给我时，我脸上的表情应该是不屑的，对于一拨拨的继续教育我似乎有些"免疫"了，心想：那些高高在上的专家们是否了解学生的需要？了解一线老师的需要？那些显得高深而又美好的教育理论是否真的符合咱们中国绝大多数贫下中农的教育现状？我们这些老师们在各种飓风刮来时，似乎真有些招架不住，也没有辨别真伪，区分高低的能力，所以，唯有万变不离其宗，凭着自己与生俱来的良知坚守教育的底线。

因为学校有要求，我也只好勉为其难打开十多厘米厚的书，耐心地读着，似乎并没有自己想象中那么晦涩难懂，耐心地读着，渐渐明白这一段段文字背后有一颗怎样的赤子之心……

在今天，我不敢说，我再也不会抱怨；也不敢说，我已经很"从容"，但我相信，我不再会因孩子们学不会而责备他们，而是努力读懂他们为什么不会？他们的困难在哪里？我可以给他们提供怎样的教学帮助？哪里可以给他们更主动学习的时间和空间？①

（二）学什么

做"新基础教育"，当然要学习一些理论知识、实践案例，进而提高能力、养成智慧。但是，从一开始，更应当逐渐深入地领悟孕育于其中的教育之道。只有在"做教育之事"中，有意识地悟育人的道理、成人的追求和为师的生存方式，才能真正做实"新基础教育"。在个人成长意义上，"新基础教育"让人既学会"做事"，又懂得如何"做人"。这是"新基础教育"研究追求的独特内在统一。

1. 学"理论"：成为会反思的人

首先，教师要逐渐"读懂"一套理论。"新基础教育"研究所形成的理论，是以当代中国教育变革作为研究领域的理论。它主要由两个层面构成：一是基本理论层面，二是应用研究层面。它涉及学校办学中的基本实践和与此密切相关的学校教育基本理论变革，被合称为"新基础教育"研究中的"双基"问题，集中在如下著作中：

➢《"新基础教育"论——关于当代中国学校变革的探究与认识》②

➢ "新基础教育"探索性研究丛书（3本）（其中的报告集俗称"黑皮

---

① 上海市普陀区洵阳路小学朱乃楣等著"合作校变革史丛书". 寻阳之路：从选择探索到扎根内生 [M]. 福州：福建教育出版社，2014.

② 叶澜. "新基础教育"论——关于当代中国学校变革的探究与认识 [M]. 北京：教育科学出版社，2006.

书")①

➢ "新基础教育"发展性研究丛书（3本）（其中的报告集俗称"绿皮书"）②

➢ "新基础教育"成型性研究丛书（7本）（内部俗称"指导纲要"）③

➢ 《"新基础教育"研究史》④

学校领导首先要保障、支持和组织教师学习。以《"新基础教育"论》为统领，为每位教师提供学习材料。通过导读、荐读，例会研读、沙龙讨论、信息平台、读书交流等多种形式，结合教师课堂上、实践中的真实案例进行点评分析。个人也可通过写学习笔记，结合自己的教学实例进行思考，通过理论梗概，反思自己过去的教育教学实践和总结改革研究中的点滴体会，在独立学习基础上，再与他人交流。上述方法，都是"新基础教育"试验学校创造出的学习经验。其实，只要学校领导和骨干教师带头学习，了解教师的基本状态，激发需要，学习的方式、方法是不难创造的。

试验推进之初，只有部分中层和试验教师有《"新基础教育"探索性研究报告集》（内部俗称"黑皮书"）。为了让全体老师认识这项试验研究的价值意义，同时也能做到经常性的温故而知新，学校又想办法增购了一批，但还是无法满足人手一本的需要，于是就通过学校打印室自己加班加点进行复印、装订，直到保证每位教师都能人手一"本"。随着试验的推进，学校总是在第一时间，把"新基础教育"的最新论述、叶老师的重要报告及研究进展提供给全体教师。⑤

---

① 叶澜等. "新基础教育"探索性研究报告集［R］. 上海：上海三联书店，1999.
② 叶澜等. "新基础教育"发展性研究报告丛书［R］. 北京：中国轻工业出版社，2004.
③ 叶澜等. "新基础教育"成型性研究报告丛书［R］. 桂林：广西师范大学出版社，2009.
④ 叶澜. 李政涛等. "新基础教育"研究史［M］. 北京：教育科学出版社，2010.
⑤ 上海市闵行区实验小学何学锋等著"合作校变革史丛书". 根深叶茂：老校在变革中焕发活力［M］. 福州：福建教育出版社，2014.

学理论，首先要体悟"新基础教育"的"三观十性"①，教师需要据此判断现实教育中存在的观念问题，重新认识教育的一系列基本问题：

（1）"新基础教育"价值观的更新

价值观的更新，回答的问题是为什么要办教育，教育价值是什么。答案随时代变化、人对教育的需要和认知的变化而变化。就"新基础教育"而言，新的教育"价值观"，包括教育的"未来性"、"生命性"和"社会性"三大观念。整合上述三方面价值取向，就是要求基础教育在价值取向上要有远虑，不可只求近利。为社会的持续发展和学生的终身发展打下基础，才是教育为国、为民、为民族、为个体所值得追求的重要价值。

"新基础教育"价值观的更新，主要针对现实的基础教育中，常常忽视对象是"人"，是具有世界上最大丰富性的生命——"人"这一事实，而且是处在人生最重要的、具有奠基意义的"发展中的人"——青少年这一事实。同时，还忽视教师同样是一个有多种需要和能力、具有发展可能的人。其结果是，忽视教育作为精神生命的孕育和发展过程这一重要特质，把注意力集中在知识、手段、操作、工具，把手段异化为目的，丢失最重要的东西——生命。但正在到来的在一个重视人的主体地位的时代中，热爱个体生命、促进多方面发展，是教育不容忽视的价值取向。

具有"新基础教育"核心理念的办学价值取向，那就是，校长办学一定要静下心来，正确取舍，扎实基础，做好研究，一切真正为了教师与学生的主动健康发展，为了教师找寻到职业的尊严与快乐，为了学生有一个快乐幸福有意义的童年。在"为了孩子的发展"教育探索和创生中，每位参与其中的人，既是创造者，又是学习者；既是教育者，又是研究者；既改变旧的教育模式，也改变自己。

（2）"新基础教育"学生观的更新

学生观的更新，关系到"如何看待学生"，实际上是教育生命性在"对象

---

① 叶澜. 更新教育观念，创造面向 21 世纪的新基础教育［J］. 中国教育学刊，1998，(2)：6—11. 也可以参阅叶澜."新基础教育"探索性研究报告集［R］. 上海：上海三联书店，1999：25—30.

观"上的具体化。

"主动性"、"潜在性"和"差异性",是认识"学生"这一特殊社会角色特性时应强调和确立的三个观念,整合起来集中到一点,那就是为了使教育有助于学生的发展,就必须重新确立学生观,改变那种实际上把学生当作可按标准件去制作的"物"的形而上学的僵死看法,还学生以生动活泼,具有发展可能和主动性的、多姿多彩生命体的真相。

"新基础教育"学生观,针对习惯上和实际教育中,通常把学生看作是接受教育的被动者、缺乏独立性和创造性的、依赖或服从教师的学习者而提出。它建立在承认主动性是人的生命存在和发展的重要和特殊方式的基础上,承认学生尽管处在童年或少年期,但依然具有主动地应答、选择、发现、思考、策划、行动、反思等需要与可能。此外,学生是构成教育活动"复合主体"[①]的不可替代和缺失的一部分,不关注学生对教育活动的主动参与和教育过程中学生主动性的培养与发展,教育将类似"驯兽"。把学生主动性发展的最高水平定在能动、自觉地规划自身的发展,成为自己发展的主人,基础教育应为实现这一育人目标而努力。

(3)"新基础教育"活动观的更新

活动观的更新,涉及学校教育活动,如课堂教学、班级建设、学生工作。

以往教育实践,是在分析性思维的指导下,把学校教育分为"三育"(德、智、体)、"四育"(增加劳动教育)或"五育"甚或更多"育"。这种分析式认识方法有助于认识分解了的各部分教育,但学校整体教育是相互联系与渗透的,学校每天进行着的综合性的、一个个教育活动也是具有各育的价值,且在活动中是不可分割的存在。各育的分开界定,也带来学校内各设相关机构,其中的成员关注加强自己领域里的教育,整体被假设为只是各种工作的"和"。除造成加重老师、学生的负担外,又用许多无效、低水平重复的活动消费生命,导致教育转化效益低的弊病。

[①] "复合主体"相关论述,参阅叶澜. 教育概论[M]. 北京:人民教育出版社,2006:13—17.

"新基础教育"指向学校教育实践活动本身的特殊性，提出"双边共时性"、"灵活结构性"、"动态生成性"及"综合渗透性"四个对学校教育活动性质概括的新观念。

上述十大观念系统的提出，是"新基础教育"在观念层面上，对当前教育中存在的弊病进行批判性反思的提炼，是校长、教师开展"新基础教育"研究的观念参照系，以之为参照，认清当代社会发展需要的时代新人是能"主动、健康"发展，能把握自己命运的生命自觉的人。发生了如此改变，才有可能从生命和学校教育整体发展出发，以学生的终身学习和终身发展为宗旨，运用综合渗透、主动参与的方法，实现"新人"的培养与发展。

2. 学"做事"：成为会创造的人

(1) 读懂"实践"，形成新评课文化

学校领导带头学，既要学理论，也要学做事，学理论和学做事相互促进，才能为学校改革提供真正有力的支持和有方向的引领。校长学"做事"，首要的是学会读懂"学校教育实践"这本复杂的大书——读懂课堂、读懂教师、读懂学生。

为了读懂实践，校长必须进课堂。听课、评课，通过听评课，帮助教师形成新评课文化，为先行试验老师提供支持，同时提升自己引领学校改革的领导力。

"新基础教育"研究中"第一责任人"制度的完善与推行，让校长的思想理念和行为方式始终不离学校实践的土壤。在研究中，不管各种事务怎样繁忙，何校长每学期的听课量始终保持在 40 节左右，并力争每学期深入 1～2 门学科与教师进行深度对话。正是这项"基本功课"，使得校长本人逐渐形成了对课堂教学改革基本走向的敏锐把握能力，能始终在课堂教学的研究方面与学科教师保持着一种对话与引领的状态。[①]

首先，需要反思和改变过去形成的认识课堂的思路、原则与方式，扎进

[①] 上海市闵行区实验小学何学锋等著"合作校变革史丛书". 根深叶茂：老校在变革中焕发活力［M］. 福州：福建教育出版社，2014.

课堂,沉下去,运用新参照系,以新的视角和认识方式去认识大家并不陌生、自己从小到大活过来,至今实质上、精神上还变化不大的课堂。

其次,试验骨干要将改革实践与理论反思有机结合起来,通过上课、评课等一系列教学研究的实践,学会进行教学诊断、反思,在研究中用新观念指导实践,又不断从实践中发现新问题与经验,体悟新理论,形成新行为,创造新经验。

2000年,我上了一节"研究课",那时我对新基础了解不多,没有研究策略和依据,只是凭借经验进行活动设计,课上得热闹有趣,课后叶澜老师等在肯定之余,指出了核心问题:"教学形式多样,但实效不明显。大部分时间都是教师问学生答,学生只是被动地接受、应答,没有自主学习和交流的过程。"听了她们的一番话,我的思想受到猛烈冲击。

我开始静下心来重新思考自己的课堂教学价值观和教学观,重新审视自己习以为常的教学行为。首先要明确什么是一堂好课?其次是思考怎么样上出一堂好课?[①]

对教师而言,"捉虫"最主要的价值是提升教师自我反思的意识和能力,使教师的"教学自我"形象清晰化,"发现传统教学观念在自己教学行为中的表现,体验新教学理念如何才能转化为自己的教学实践,以及自我改变后可能呈现的新实践状态等。这是教师实现自我更新的重要前提"。[②]

第三,参照新理念,在问题的反思与经验的积聚、提升中体会新理论,以此指导课前设计,把"育人价值"落实到教学目标设计中,把"灵活结构"落实到教学内容的处理上,把"有向开放—交互反馈—积聚生成"的过程体现在过程设计中。在课前、课中、课后,贴牢学生成长进行研究,逐渐实现在新理论的指导、普及、实践中创造新实践形态。

第四,针对"改革了"的实践形态,创生新评价指标体系,由此完成实

---

① 朱明亚. 悟"本源",求更新 [A]. 叶澜、李政涛等. "新基础教育"研究史 [C]. 北京:教育科学出版社,2010:560.

② 叶澜,吴亚萍. 改革课堂教学与课堂教学评价改革 [J]. 教育研究,2003,(8):42—49.

践向理论、理论向工具形态的多重转换，同时对在现实条件下如何开展转型变革策略进行系统总结，这涉及学校制度，尤其是评价制度改革问题。

（2）研究"策划"，养成新思维方式

做"新基础教育"的人，尤其是校长，要从"事务型"成长为"领导型"，策划是重要的一环。这里的策划不仅指对学校发展的中长期策划，而且包括每个学期的学校发展计划与期末总结，还包括对各领域研究推进的方向把握与策划引领。为实现策划能力的提升，校长需要有方法论意识。方法论是一个人"做事"能力的核心品质。一般而言，几乎很少有校长、教师有明确的研究方法论意识。他们认为自己只要做好具体工作即可，方法论既高深神秘，又与己关系不大，不要也罢。其实不然，每个人在头脑中都内存着自己习惯的方法论，只不过没有意识到而已。"整体、综合思维"是"新基础教育"研究中强调的思维方式的更新，从两个层面三大领域进行实践变革，涉及学校教学、班级和管理等范围；在观念层面、目标和学校教育层面、日常实践和师生的生存状态层面实现学校教育更新。整体、综合性体现了各领域研究的相关性。

叶澜老师提出的"校长必须是学校层面推进'新基础教育'研究的第一责任人"的要求，一直深深地影响我，也正是研究中"第一责任人"制度的完善与推行，让我的思想理念和行为方式在10年不断前行的过程中不离学校日常的实践土壤。其中对我帮助最大的有：

责任之一：校长必须做好听课评课的"基本功"

10年研究推进中，我每学期听课量始终保持在40节左右，每学期深入1—2门学科和教师深度对话，与学科组教师一起分析教材、设计备课、听课重建。这项"基本功"使我一直能对课堂教学改革的基本走向有一种敏锐把握，能始终在课堂教学研究方面与教师保持一种对话或引领能力。

责任之二：每学期校长必须亲自做好计划和总结汇报

为很好完成这项任务，必须全面把握每个领域的研究推进情况，尤其是要深入了解各领域研究的经验亮点与问题不足，并要在经验亮点与问题不足中，寻找进一步变革推进的思路策略与路径办法等。正是因为有了这样一项看似常规却极具内功的基本任务,使我对日常学校整体研究工作的了解、思考与策划不敢有半点马虎,进步也就随之而生。

责任之三:校长必须亲自主持办学规划的制订

10年"新基础教育"研究,我一共主持了三次学校发展规划的制订……

尤其是第一次的制订,经历了与华东师大老师三四次来回的反复讨论、与校内领导班子成员和教师不断完善的过程……在规划制订过程中,通过华东师大老师的指导与自我感悟,我慢慢学会了如何去系统梳理和反思以往的工作,在现状中查找存在的问题,更学会了如何在现有基础上寻找发展的潜力……①

3. 学"做人":成为生命自觉的人

在自己的"生命·实践"中,成为"自觉的人",是"新基础教育"精神之本。"新基础教育"研究,培育主动、健康发展之人,同时也要育主动、健康发展之"己"。在"新基础教育"中,育人与育己是相互转化的。"育人必先育己,育人同时育己",教师要给学生"教什么",首先自己必须能够"做什么"。教师成为自觉的人,才能培育学生成为自觉的人。

"想清楚",意味着要有一份理性、有一种选择,更要有自己的人生信仰与理想。"想明白自己",这是做事之前提。一位有自知之明的人,在面临抉择、决策时,总是回到自己的内心深处,自我发问"我真正需要什么",然后在理性判断的基础上,做出毅然、决然的人生选择,"认准了,大胆干,毫不犹豫地去做"。

"做好自己",意味着要有一份自信、要有一种力量,更要有不为外界所惑的坚持。"我目前能做什么",这是做事的态度。在任何改革前,面对困难,总会听到不同层面的抱怨"生源差"、"师资弱"、"条件没法比"、"现在评价制度没有改"等。这些多为"条件论"者,期望等到外部变好了自己才去改革。新基础教育提倡"知难而上"的精神。作为一位教育者,要自信,要主

---

① 何学锋. 从懵懂到自觉[A]. 叶澜、李政涛等. "新基础教育"研究史[C]. 北京:教育科学出版社,2010:426—427.

动承担自己应尽和能尽的教育责任。

"以事业为先，不计功利"，这是做事的心境。意味着要有一份从容、要有一种清醒，更要有不为名利所蒙蔽的坦然。志同道合者，彼此静下心来，齐心协力真正"沉下去"做事。"不计功利"，并非与名、利为敌，因做事而获"名利"方可"受之无愧"。自然，这样的荣誉得来不易，由事业铸成。故凡有事业心之士，不会因获得了名利而停滞不前。收获荣誉之后对事业的态度，更是对是否真心做事的检验。

"人只能自己活"，这是人的生存方式。意味着只有每个人能对自己的人生负责，并要有一份担当，要有一种独立，更要有自主应对现实挑战的智慧。当面对着一个不确定的、变化万千的世界，我们只有学会对自己负责，养成不依赖他人、不等、不靠、不要的独立意识与能力，才能更好地生存。

"做个真人"，意味着要有一份实在、要有一种自觉，更要在无论什么时候、无论什么地方，都能始终如一地保持自己的内在品质。"不当众作秀、哗众取宠"，这就是做人的本色。"新基础教育"研究的一个基本道理，就是"人能否做成事，能否与他人合作，关键不在岗位，而在人品"。[①] 在改革中，"踏踏实实做人、实实在在做事"，充分展示出每个人的"美好人性和聪慧、能干、负责、务实"。这样，人与人在共同事业中，都能保有着真挚感情，大家乐于开放自己，完整呈现出真实状态。在实践中，做实事，言行一致；在交流中，说真话，言为心声。

如何让"新基础教育"研究的核心理念在局小这片百年沃土落地生长？

首先，开设"校长讲坛"。任何观念的改变都不可能一蹴而就，李伟平校长深知这一点，于是他开局小风气之先，开设"校长讲坛"。连续几个月，有计划、有步骤地在全校教师集会上开讲。刚开始，老师惊异于他头脑中有这么多新鲜的"想法"和"语汇"——"改变我们的思维方式"、"改变我们的生存方式"、"思考问题不能二元对立"、"我们很多时候都呈现点状思维的特

---

① 叶澜. 个人思想笔记式的十五年研究回望［A］. 叶澜、李政涛等."新基础教育"研究史［C］. 北京：教育科学出版社，2010：175.

征"……这些理念和语汇的反复出现，隐隐产生了一些作用。一小部分老师开始兴奋起来，开始以全新的视角审视自己的教育教学生活，并产生了"我是否也要变一变"的想法。此时，李伟平校长"顺水推舟"：他讲的一切都是从"新基础教育"学来的皮毛，如果要深度了解"新基础教育"研究，推荐看几本书和文章……那时，我们并不知道，这就是"新基础人"简称为"黑皮书"、"绿皮书"等系列丛书。

其次，开展"深度会谈"。在校党支部和行政的统筹规划下，学校召开了一系列的教师座谈会。新上岗教师座谈会、中青年教师座谈会、退休教师座谈会，年级组长座谈会、教研组长座谈会、中层干部座谈会……一次次座谈会，让学校的管理层更了解教师的思想动态，也为学校的很多决策提供了科学的依据。

最后，组建"试验团队"。组建"试验团队"时，学校做了大胆的尝试。打破以往惯常的"层级制"管理模式……从团队组建之日起，学校管理层就时刻关注试验团队人员的研究状态和研究走向，并共同参与，共同研究。

我们珍惜每一次外出学习的机会，学习归来，老师们都会展开热烈的讨论，并且会完成自己的学习笔记，回校后在教研组层面进行交流，并且会进行课堂教学重建，把自己的学习再次融入到真实的实践中。

表2—1　2006—2007年局前街小学"新基础教育"研究外出
学习后续活动列举

学科	时间	内容
语文	2007年10月	报告：《"新基础教育"中关于结构的一点认识》 报告教师：许嫣娜 学习：听上海明强小学俞亚琴老师的语文课有感
数学	2006年3月	重建课：《平行四边形的面积》 重建教师：吴小薇 学习：听上海闵行实小程蔚老师的数学课重建

英语	2006年10月	重建课：A purse 重建教师：陈静 学习：听上海闵行实小瞿丽蓉老师的英语课重建
班队	2007年5月	报告：《班级参与学校活动可以这么做》 报告教师：王奕 学习：听上海华坪小学陆敏老师的班队课有感

从理论学习到课堂实践，再到主题研讨，局小没有停止主动研究的步伐。①

(三) 怎样学

"新基础教育"看不会、听不会，也说不会、写不会，"新基础教育"的学习必须通过做来体悟，实现理论与实践的相互滋养。"新基础教育"研究中，最难、最关键的是，教师如何将理论内化，进而将内化了的理论，具体化为自己的教育教学行为，并将这种转变了的实践行为，渗透到日常的课堂教学和班级建设中，成为日常化的自觉行动。教师只有通过自身不断的实践体悟和反思重建，才能做到这些。

"怎样学"的基本要求是，先学习理论，边学边进入改革实践（包括节点式的现场研讨和自己日常的教育实践），结合理论进行反思、重建，再实践再学习，反复磨炼，逐渐实现头脑中的新参照系和日常化的新实践螺旋提升。

1. "学习研究、策划设计、实践反思、重建创生"的教师成长之环

教师转型的过程及其内在机制是：学习研究（形成新认识）——策划设计（新认识转化成新设计）——实践反思（新设计转化成新行动、发现发展中的新问题）——重建创生（形成新经验，产生新资源，达到新思考），螺旋递进，构成一个理论与实践相互转化的生长环路。每位教师要检验自己有没有进步，就看有没有生长，就看这四环是形式地抓还是实质落实。试验学校

---

① 常州市局前街小学李伟平等著"合作校变革史丛书". 整体化成：始于理念成于生存方式 [M]. 福州：福建教育出版社，2014.

在这些方面创生了不少新策略。

（1）"前移后续校本研修"

学校层面，建立"前移后续"的校本研修方式，保证学习的有效性。"前移"，是在研修活动开展前，让所有参与成员针对研究的内容，查阅资料或主动备课，提前做好研讨准备，以增强现场研究时每一位成员的积极参与度，促使过程中生成的"研究资源"丰富，使每位参与者的体验、收获更加丰实。

"后续"，是在现场研修活动结束后，所有参与者从不同层面针对研修活动展开系列后续学习、研讨与反思，进行后续的重建课、再建课，校内、组内专题交流等。校本研修活动后，教师的后续实践课，是教师在日常过程中提升自我实践研究能力的最关键"节点"。

（2）"二度反思与重建"

"二度反思与重建"，是教师在听取和吸纳别人的评课意见后，主动进行整合，从而提升自己在实践中的学习和领悟能力。

在改革实践推进中，学校要十分重视教师个体和群体的实践体悟和反思重建，根据实践中生成的、普遍关注的共同问题，集中分析并提炼成研讨主题。

组织"专题学习"，在全校或学科组开展专题研讨活动，让教师在有针对性的、较集中的实践活动中，进行自我体悟，相互学习，反思提高。

组织"回顾学习"，结合自己的研究性变革实践，教师对学习过的理论再次仔细研读，往往会有新的体验与感悟，这是自我意识与理念进一步清晰化、深化的过程。

为落实好"二度反思与重建"，特别提醒：

第一，学了要做，学、思、行相结合，通过学习，有了新的参照系就要行动，行动后，一定要反思、体悟。反思和体悟是传统哲学中非常重要的认识方法，是由外向内转化的核心关键环节。

第二，加强实践的频度，把日常性的听课研讨重心下移到备课组，增加每一个体每一学期上研究课的频度，有了研究频度，才能有累进后的质变。

为了促进教师对改革研究尝试的反思和在实践基础上的再学习、再认识，学校为试验教师创造了许多学习交流的平台，自主阅读、信息交换、深度会谈、学术沙龙等活动，学习——思考——研究——内化，促使观念转化为指导教师教学的行为，进而结合自己的实际情况逐步建构成自己所理解的新基础理念。

自主阅读：定期和不定期地向教师推荐"新基础教育"的重点学习内容，并把新基础研讨会的报告整理成文，让教师自主选择学习，为教师们研讨提供共同的话题。

信息交换：教师在网上写试验随笔、开理论学习交流会、组织教师学术讲座等，促进彼此间的信息交换。促进教育信息的流动，从而丰富每位教师的信息量和感性认识，为进一步学习准备条件。

深度会谈：组织试验教师在一起对某个问题畅所欲言，提出看法和意见。会谈中，每位教师都把深藏于心的看法自由表达出来，同时把支持自己意见的前提条件摆在众人面前，以便接受大家的提问或向别人提问。

学术沙龙：学校组织试验教师在一起针对某个问题展开讨论，让大家的观点相互撞击充分摩擦以达到较为一致的认识。

通过一系列活动，试验教师不断把"新基础教育"观念内化为自己的思想，一学年下来，试验教师学习、实践"新基础教育"的热情高涨。

进入了试验状态，似乎每天都是新的……[1]

2. 学习研讨：多维度促进学习能力的自觉发展

（1）提升校本学研力

首先，校长、中层领导和骨干教师带头学习，结合自己的学习心得、体会以及研究规划，开设系列讲座、专题研讨，与全校教师进行深入、广泛的学习研讨，把行政例会、教研培训等常规活动变成有学习、有研究的新例会、新教研。

为了提升"新基础教育"校本学研力，要将研修、研究和教学有机结合

---

[1] 常州市第二实验小学王冬娟等著"合作校变革史丛书". 越而胜己：源于坚持日常实践变革之伟力 [M]. 福州：福建教育出版社，2014.

在一起，形成学习研讨系列，更重要的是，实实在在地结合教师的课堂教学，结合"新基础教育"课题组的评课，开展系列专题研修活动。同时，每位教师随程完成学理论、看课堂、做反思、谋发展。在校本研修中，特别要求每位教师完成自己的发展策划，尤其是试验教师要以新理念思考自己的教育工作，重新策划自己的工作，制定个人发展规划，努力将"新基础教育"理念渗透于自己的工作和发展之中。

（2）提升现场学习力

现场学习是一种身临其境、身在其中的参与式学习，总是给教师带来非常具体的教学观感。积极组织试验教师，结合现实教学，主动思考，和专家点评进行比较，发现差异，回校上重建课，这是教师们体验更深、感悟更多、进步更快的学习方式。

在此过程中，教师要积极参与评课，开展多维度比较：将自己与开课教师的教学进行比较，将自己与其他教师的评课进行比较，将自己的建议与他人的建议进行比较，由此深入分析教学行为背后的理念，而非仅仅停留于教学方法、教学模式等具体操作层面的学习。如此，才有可能做到"在对别人的经验移植中进行改造"、"在对自主实践的经验提炼中进行创造"。

教师在学习研讨中，须避免以下问题的产生：

一是学和做没有挂钩，"眼高手低"，书读了，但行为没变；

二是在看别人做时，没有将自己融入进去，没有一种"我们"立场，"看花容易绣花难"，看的同时没有思考："如果我上这课，我是怎么想的；今天的课哪些具有启发意义，哪些我是不赞成的；评课过程中，哪些道理与我想的不一样？……"

无论是读书学习，还是看课讨论，都存在着是把"我"融入进去，把过程参与者的关系当作"我们"，还是把别人看作"他者"。两种不同的立足点，也会带来完全不同的学习效果。

现场学习既要能从别人好的方面学，也要能从别人的问题中学，意识到自己如何避免发生类似的错误。能够从别人的问题中学会自己该如何做，这是更聪明的学习！现场学习力方面主要应关注这几个方面的改进：

第一，参与的主动性。不仅指要争取机会到现场学习，更要求在现场学习中主动思考，不断对照，使思维处于活跃状态。

第二，课堂观察需要有整体视角。不是纠缠于细节、方法，而是要整体把握课的过程，这才确立了新基础的参照系。

第三，加深透析程度。好在哪里？问题在哪里？如何在互动中解决问题，在解决问题的过程中自然推进？新基础的课不是表演，不追求表面精彩，追求在互动中不断往前推，在往前推的过程中，主题不丢掉、枝权不随意修剪，主题不乱，同时枝权不断生长，最后枝繁叶茂！师生在课堂上思维积极，共同推进教学过程的进展，而且在过程中不断有生成，人人注意力被它抓住，投入其中、参与其中，这才是新基础追求的课！相反，有的课控制欲、成功欲太强，老师背教案，学生背答案，朴实、真实、流畅度不够。这不是新基础的课。

第四，追问参与现场研讨对自己有什么启发，进而推动自己今后的实践改变。现场学习最终的结果要落到自身的改变、发展上。否则，学习就没有产生意义。①

3. 进入实践：转化为个人的日常教育行为

在自己的实践中学习，包括设计、策划，反思、重建等，开放的课可以是日常的，也可以是专题研究性的。

（1）日常开放课

敢于尝试课堂变革，以不同方式自主、自愿申请上研讨课，主动开放自己的课堂。试验学校创造了许多方法。

➢"自录课"是指教师自己准备，由网络中心将课堂进行实录，然后请导师和同教研组的老师一起观看课堂实录，对照"新基础教育"的要求进行反思和重建。

➢"自报课"是指教师自己自主选择上课日期和内容，自行备课，同学科

---

① 叶澜. 2014年1月3日在上海市闵行区11所中小学中期评估反馈交流会上的发言（内部资料）。

所有老师一起听课，然后进行说课、评课研讨活动。执教者说课，反思自己教学的成功与不足，针对不足思考重建；听课教师针对上课和说课进行点评，进一步提出重建建议。

➢"互助课"，教师自主邀请同伴教师到教室现场听课，之后评课。①

（2）专题研讨课

在实践探索过程中，发现独具智慧的教学或是活动设计，极具深度的反思重建，也会出现这样或那样的问题。据此，形成不同的研讨主题，开展专题学习讨论并开展相应的实践研究，如"目标设计"、"有向开放"、"灵活结构"、"资源意识"等，也可开展"课型"研讨。

在此过程中，学校要提供制度保障或要求，开展制度化与灵活的研讨活动，包括实践、反思，日常体悟，为进一步深入实践提供助力。

"320有效教研"是围绕某个专题，由3个20分钟左右的不同教研模块组成：20分钟骨干交流；20分钟精品课回放；20分钟学科研究沙龙。研讨中教师们围绕"如何收集、判断、选择所需要的资源"、"如何正确处理资源不丰富、资源太丰富的课堂现状"、"如何引导和评价学生"、"如何挖掘学科独特的育人价值"、"如何有效选择教学策略、进行有效提问"等实际问题开展了专题研究。教师们围绕研究专题和课堂呈现的资源进行了有效互动，教师间的交流频度提高了，备课组内、组际间、教师间有了更多合作互动，更多教师乐意分享自己的见解和思考，促进了教师相互吸纳精华、反观自我。在思维碰撞和智慧涌动中，教师的反思研究能力提升了，有创新、有个性的教师一个个冒出来，爱钻研、善合作的教师也越来越多。②

---

① 上海市明强小学. 在自我更新中创建研究型学校［A］. 杨小微、李家成. "新基础教育"发展性研究专题论文、案例集（上）——学校管理·班级建设［C］. 北京：中国轻工业出版社，2004：83.

② 上海市七宝明强小学顾文秀等著"合作校变革史丛书". 生命自觉：新型教育者的成长之路［M］. 福州：福建教育出版社，2014.

二、准备：形成愿景，组建队伍

准备阶段，参与"新基础教育"的学校，领导带头进行校内动员，组织和鼓励学习，在初步的价值取向、组织准备、人员安排等方面做好准备。

这是"新基础教育"研究在学校进入实质性开展的初始保障。

（一）统一愿景，形成核心力

校长及领导班子达成共识，形成领导改革的核心力量，这是启动"新基础教育"研究的关键。

1. 形成"学校发展"意识

在学校管理层面，领导班子结合学校发展历程，对"学校自我"进行试验前的状态分析以及未来发展的思考（主要有学校文化、教育理念、教师队伍、生源、课堂教学、班级建设、教育质量等方面），找准问题、明确目标，态度坚决、情感投入地建立领导支持系统，精心组织试验教师，是迈出改革的第一步。

管理层面的积极介入，有利于形成改革的势态，逐步深入推进改革，形成"学校"自我意识，这在改革初期非常重要。

2. 形成"发展规划"意识

校长及领导班子一旦共同作出决策，在全校进行"新基础教育"研究，就要统筹学校的科研、教改、培训以及教师发展，围绕"新基础教育"研究，进行设计、策划和组织。领导班子明确以"新基础教育"研究统领办学，讨论制定新型学校的发展规划，在全校教职工大会上的校长报告中，清晰地阐述学校推进"新基础教育"试验工作计划。

校长作为"新基础教育"研究的第一责任人，必须成为教育改革的领导者，首先体现在整体策划与分步推进的决策和行动方案的设计上，以保证试验推进的有序性和实效性。

3. 形成改革"支持力"

校长及领导班子要努力形成研究氛围，强化全校范围内所有教师、所有学科逐步推进"新基础教育"研究的变革意识。校长亲自抓、领导直接参与，主要行政人员全部成为学校变革的支持系统，支持教师开展研究和进行变革实践。

为此，一方面强调管理人员要率先进入学习与实践，带领教师共同研讨与反思，工作中要善于主动捕捉各种试验信息，能敏锐地觉察到实践状态中的问题，并提炼出有价值的个案；另一方面，管理人员要注重阶段性的工作反思，要主动研究改革发展状态，善于把工作中存在或发现的问题，通过工作方案的设计与策划，转化成新的鲜活的工作研究与推进的资源。

4. 形成改革"先行力"

在学习过程中，用"新基础教育"研究凝聚教师队伍，把广大教师紧紧地团结在一起，实现在改革中整合、催生优质资源。为了让"新基础教育"落到实处，管理人员和实践教师齐心协力做研究，校长可分层、分批召开不同的座谈会，与不同层次的教师进行沟通，交流学校决策，听取不同意见和建议，形成学校改革的大观、大势，在学校改革势态中，领导先行、支持，骨干先行、突破，形成改革的"先行力"。"先行力"在日后的改革中持续发展，就可能转化为改革的"核心力"。

（二）建立学校支持系统

学校成立试验领导机构，建立试验管理制度，构建学校"新基础教育"研究支持系统，包括组织、制度、行为、人力等方面的系统支持。

1. 形成学校"新基础教育"研究组织

"新基础教育"是学校整体转型的研究性变革研究，需要学校各层面整体协调，支持研究。

（1）建立校级层面领导小组

校长任领导组组长，亲自主抓，统筹策划，作为"第一责任人"亲自组织并参与实施方案，不能只是"过问"一下，事实上交由副校长等相关教师负责。

业务副校长为副组长，中层主任具体负责日常试验进行；教研组长、备课组长等业务骨干和试验教师在改革研究中切磋互动，领导与管理、教学改革和班级建设等领域协同开展改革研究。扎实推进"新基础教育"是学校统筹推进教育教学改革、提升教育教学质量的重要抓手，而不是某个单独、另列的项目。

作为推进"新基础教育"试验的领导小组，学校领导组织既是试验有序、正常、顺利开展的保障系统，也是教师开展改革研讨活动的校级支持系统。校长、中层要定期进课堂，了解研究进展，参与业务指导。

（2）建立中层管理层面的第二支持系统

为保证研究的顺利开展，所有中层干部要重心下移，分工负责，深入到课堂第一线。为促进管理重心下移，在原有年级组、教研组或备课组的基础上，不断强化"总体规划、分块实施、相互合作、全面提高"的整合性格局，即校长决策把握方向，重视目标、理念、策略和保障的规划，工作推进重心下移，让中层领导主动策划，带领试验团队自主开展工作。

中层管理各部门在试验推进过程中，既要有学校总体的规划和发展意识，又要有各自的推进思路，发挥各部门的改革主动性，自主发现成功的经验，提出需要解决的问题，使研究和实践的资源不断生成与丰富，从而有效推进研究与实践。由此，逐步形成校级和教研组两级支持系统的交叉网络，使各领域的研究和指导落到实处。

（3）形成骨干教师团队

随着试验的推进、深入以及研究需要，选拔改革实践中脱颖而出的骨干教师，实行骨干带动策略，关注骨干教师队伍的培养，及时提炼骨干教师的改革经验和亮点，发挥骨干教师的引导和辐射作用。必要时成立骨干教师工作室，有组织地吸纳更多教师参与改革研究。

为了渗透研究意识，加强试验的专业指导，先行试验的学校以骨干教师为核心，成立学科指导组或学科委员会，以更专业的方式在学校各层面上对改革实践进行指导,是一个可借鉴的经验。在这些专业组织机构中,骨干教师借助课题研究,深入各个教研组,关注教师的随堂课,关注他们的说课、听课、评课和反思、重建情况,倾听他们的困惑、兴奋以及发展愿望,在掌握第一手资料的基础上,和教研组教师一起分析、讨论改革中的现实问题。

如,七宝明强小学根据学校教师多,教研组比较大的现状,大胆打破教研活动的组织方式,及时创造了"小教研组领衔式"、"强强工作室"等组织[①]发挥小团队自由组合的积极作用,让更多教师在教研活动中承担任务,相互碰撞,大团队在碰撞激荡中保持研究活力。闵行华坪小学根据青年教师多的状况,摒弃了定期集中听报告,死记硬背做答卷的师训传统,创造了"大家教大家"的"互动型"[②] 教研管理,将单一的大组学习改为多元的分层学习:群体学习、个体学习、专业社群学习、外出学习校内交流等。

2. 形成学校"新基础教育"研究制度

(1) 日常调研制

系统全面的日常教学调研,一方面是学校领导真正"沉"到研究中去,与教师共同学习、实践;另一方面,可以全面准确把握试验推进状态,及时调整改革策略;再者,通过调研能及时发现和捕捉到教师在日常教学实践中的教育智慧和试验"亮点",及时提升、放大亮点,向全校传播和推荐亮点,化"点"为片,连"片"成"面"。有试验学校,每学期以听课、看作业、了解教师等为主要内容,进行1—2次全面的调研,每次历时1—2周。

形成新例会制度,学科组或教研组教师,利用原先就规定的例会时间,每月安排一次"新基础教育"试验例会,会上首先由试验教师通报本学科本课题本月研究重点是什么,研究到什么程度,研究所取得的效果怎样,研究中有什么困惑,以及下月的研究重点是什么,观摩活动的主题是什么。

(2) 新评课研讨制

[①] 上海市七宝明强小学顾文秀等著"合作校变革史丛书". 生命自觉:新型教育者的成长之路 [M]. 福州:福建教育出版社,2014.

[②] 上海市闵行华坪小学王叶婷等著"合作校变革史丛书". 一坪绿色:在新世纪阳光下呈亮 [M]. 福州:福建教育出版社,2014.

建立定期研讨制度，即每周或双周确定一天为年级组或教研组"新基础教育"研讨日，上午试验教师上2～3节研究课，下午进行评课研讨活动，了解改革推进状态，通过"说课"了解教师的理论转化和实践创造。

在研讨活动中，学校领导要带头转变教研文化，形成新评课文化，即评课的过程是研究的过程，研究要针对问题，评课讲问题是研究的需要，不是指责教师本人，也不应与教师职称、奖金评定等利益挂钩。"新基础教育"评课是为了借助大家的眼睛，帮助教师重新认识课堂中存在的问题之发展价值，直面、思考和切实解决问题，才能"将实践中存在的问题转化为真实的发展"[①]。要教师理解并喜欢这样的评课，并不是很容易的事，所以需要骨干先行，需要让愿意开放的教师先行，且让这些教师因积极参与获得更多的实践机会，有更快的发展与成长收获，用事实证明如此评课的发展价值。"新基础教育"研究把更多的机会给予积极主动参与者，不搞平均主义。同时也要求先行者、骨干，带动群众，而非孤军奋进。

（3）研、学、做一体制

对于课堂教学、班级建设中存在的问题，改变以往自上而下做研究的路线，采用自下而上的做法，即实践一线教师提出问题，然后进行合理筛选，选出有质量的问题，再以课题的方式加以研究。这样，既充分调动试验教师的积极性，也给课题研究赋予新的生命力。来自一线教师的问题所具有的实践性和针对性，更有助于聚焦阶段性发展需要突破的大问题。

结合专题研讨，加快教研组活动的频率，提升学校基层专业组织的自培能力。试验教师可围绕各年级教研组确定的主题，根据教学内容特点和自己的研究兴趣，确立子课题，形成个人研究计划。在研讨中，每个人既是主角又是合作者，参与"备课——上课——说课——评课"各个环节，大家切磋琢磨，畅所欲言，给人以帮助，自己也得到启发和提高。

（4）校内外互动推进制

---

① 叶澜. 在现实中走出建设新型学校的创业之路［A］. 叶澜、李政涛等."新基础教育"研究史［C］. 北京：教育科学出版社，2010：86.

互动推进有校内、外两个维度。对内有"团队之间互动"、"个体与团队互动"、"普通教师与骨干教师互动"、"不同发展梯队教师互动"等多种方式。在学校的日常化研讨活动、研学训活动中，这些互动过程必不可少。对外有"与华东师大课题组成员互动"、"与合作校、基地校互动"、"与共生体面上学校互动"。"新基础教育"已有研究成果提供了丰富资源。后进入研究的学校，只有善于利用已有的理论、实践等方面多样化研究成果，才有可能实现跨越式发展。

（5）建立新评价激励制

随着试验推进，学校及时在管理层面，围绕"新基础教育"对教师评价进行调整，即从以前的师德常规、课堂教学、德育工作、教育科研等方面，在标准要求上，形成与新的评价维度及标准匹配的指标。如在课堂方面，从以往较多地关注教师转向关注学生在课堂上的投入和参与状态，关注师生间互动与沟通的有效性，以及教师的捕捉、判断和点拨能力，等等。

根据评价，建立试验成果激励制度，对于评奖办法、操作程序、奖励内容都要作出详细规定。有些学校为试验教师在研究性变革实践中的独特、富有成效的设计命名——"××班级工作法"、"××小组学习法"等。

同时，充分发挥骨干教师的示范作用，每学期与全校教师可有多种形式的互动，如作一场学术专题讲座、上一堂示范课、评价一堂课、主持一次学术沙龙、举办一次论文答辩，通过展示性评价与激励活动，努力为成功的研究成果推广创造条件，使之在更大范围内发挥作用。

（三）选择率先进入的教师

准备阶段，校长及领导班子选好第一批教师组建研究团队，在试验班或准试验班，率先开展课堂教学、班级建设、学生工作等方面的日常变革实践，依据"分批进入、分层要求、以点带面、逐步推进"原则，有序、稳步、持续开展"新基础教育"研究——第一阶段："培养骨干、形成核心"；第二阶段："中心辐射、以点带面"；第三阶段："阶段推进、持续发展"。

"选准人"是做好"新基础教育"研究的重要保证，包括骨干的个体选择和骨干的年级分布。

1. 骨干的个体选择

骨干教师是改革的突击手和先行力量，需要选择有意愿、有智慧、有能力、有担当并积极进取、改革愿望强烈的教师，通过实践改革、理论研究，使其尽快成为"新基础教育"研究的核心力量。选择骨干要避免：论资排辈、一团和气、面面俱到。原学科负责人、业务骨干，只要符合条件，在首选之列。率先开始在"新基础教育"研究中首批进入的试验师，既要自愿且有勇气应对研究初始的困难、挫折以及困惑，又要为持续推进后续的研究深化、初步成型等，提供经验、理论、创造、引领。这对首批教师来说，既有一种"放下身段、敢为人先、潜心投入、改变自己"的改革心态，又是"进入实践、积极探索、主动创造、自我更新"的成长历程。

2. 骨干的整体布局

"新基础教育"研究是持续的学校转型性变革，需要整体和长远的筹划，第一批骨干人员的选择，可首先放在起始年级和中年级的两个试验班（成套配置），起始年级的其他班级可同步配置，然后每年滚动增加，形成在学校各年级、各领域的全分布，确保两三年后改革的年级和领域全覆盖。结合首批骨干人选和实践推进的需要，组建研究团队，其构成需具体考虑如下因素：

➢ 中层领导和基层负责人：教学改革和班级建设，是从试验班开始，逐步地所有班级、所有学科都进入。这要求每个学科、每个改革领域都要有中层领导和基层负责人参与，各年级组长、教研组长或备课组长的带头与示范作用，引领教师进入日常改革实践中。

➢ 班主任选择：与学科教学改革一起，各试验班相应开展班级建设，如班级岗位设置、班干部培养、班级文化建设、班队活动设计等改革，故班主任要同步确定。

➢ 学科教师选择：语文、数学和英语学科教师首先进入，有条件的学校可考虑音乐、美术、体育等综合学科教师。

三、初试：策划先行，培育实践研究新质

"新基础教育"是整体策划学校变革，包括学校层面的领导与管理变革和班级层面的课堂教学与班级建设。

（一）制定学校发展规划，启动学校领导管理变革

进入"新基础教育"研究初始阶段，学校在研究的不同阶段都需要在不同层面，对学校发展进行整体规划，校长及领导班子组织年级组长、教研组长、备课组长、骨干教师以及全校教师，共同讨论，逐步参加到制定学校发展规划的研究中来。[①] 而后，再逐步完善年级组、教研组的分领域规划和教师个人规划，由此真正学习、理解"新基础教育"，真正进入"新基础教育"改革实践。

1. 学校发展规划与学校领导自身的发展

校长应当转变教育理念，认识学校转型的意义，认识、改变自身的管理思想和管理方式，努力且富有创造性地将现代型学校的基质——"价值提升"、"重心下移"、"结构开放"、"过程互动"、"动力内化"——即"新基础教育"创建新型学校的要求，通过规划转换为学校管理变革实践的蓝图。

其次，制定学校发展规划，校长要带领大家正确认识学校状态，深入研究学校的发展历程和现有水平，发现亮点、特色、问题，主动寻找可能的生长点和发展空间，自觉地从宏观视角、分阶段地策划学校的发展。

第三，学校规划需要整体性的认识，工作目标从表层向深层转化，追求成事成人，在学校教育改革与研究、教师队伍建设方面，通过领导学校日常教育实践的转型性变革，不断加强变革力量和成效的集聚和辐射。为此，校

[①] 学校发展规划相关内容，在此仅扼要阐述，有关论述将在第三章具体展开。

长需要深入课堂教学、班级建设最基础的改革层面，与教师一起感悟改革、一起分析问题、一起分享经验，共同进行理论提升。不仅在个体意义上促进个体内在理论的形成、日常教育实践行为的改变，更要关注年级组、教研组等教师群体层面的建设与发展，加强交流合作、实现共同创造发展。

"新基础教育"要求提升校长领导管理水平。主要集中在如下三个方面：

第一，校长对学校全局有比较深刻的把握。一是对学校发展水平有比较准确的把握，不仅是在学校之间比较中确定自己的水平，也是对"新基础教育"最终目标要求意义上的把握；二是对学校的主要问题比较清晰。校长只有在把握学校发展水平和学校主要问题的基础上，才能够起到对学校发展性方向的引领。

第二，校长能够提升中层领导成员的个体水平和激发组织活力。只有能带动中层一起发展的校长，才能形成团队领导力，推动全校改革，提升学校合力。

第三，校长要关注适应新型学校的组织、制度及机制的建立。学校管理的硬件是组织、制度与机制，软件是教师发展与学校文化。校长要在关于制度与机制重要性的意识方面，具有清晰度和自觉性，能够及时发现学校的变化状态，提炼、推广有价值的经验，弘扬积极因素，做好教师队伍配置，保证教育教学质量的提升。

2. 学校发展规划的整体策划

以下是新基础教育研究中心设置的一份《学校开展"新基础教育"研究五年规划》。

《学校开展"新基础教育"研究五年规划》内容与格式

1. 封面

在封面上，需要表明学校的名称、规划标题、研究起始时间、文稿修改次数以及目录等基本信息，可以以规划名称或标题形式将上述基本信息表达出来。其中，规划名称要统一，可以加上主题性标题，即共同的标题是：×××× 学校开展"新基础教育"研究五年规划（××××年××月——××××年××月）。

2. 学校概述及基本情况

对学校的发展历史、地理位置、周边环境以及生源情况、学生数、班级数等进行总体概述，同时通过表格对学校领导和教师的年龄、职称、学历等进行数据分析。

3. 规划的主体部分

校规划框架主要包括现状分析、发展目标、主要领域与任务、发展的阶段划分及工作等核心部分。其中，

➢ 现状分析必须包括优势、问题、潜势等；

➢ 基本领域要统一为六领域，即学校管理改革和学校领导团队建设，课程教学改革与学科教师队伍建设，学生工作改革与班主任队伍建设，学校科研深化与持续发展能力的提升，学校文化系统创建与学生整体发展，学校、家庭、社会的沟通与学校发展力量的社会集聚、辐射等；

➢ 阶段划分为五阶段，即学习、策划学校建设与形成发展规划阶段，逐步有重点推进、不断巩固、发扬和整合研究成果阶段，学校建设的中期评估、重新策划、方案调整阶段，学校建设的普查、调研与各领域重点推进阶段，提升、形成个性、特色与系统化推进阶段等。

（封面）

×××××学校开展"新基础教育"研究五年规划

××××年××月——××××年××月

第××稿

（目录）

（标明规划的三级目录及其对应页码）

一、基本情况表

表（1） 学校概况

名称：	建校时间：	校长： 书记：
等级：	性质：（公办还是民办）	电话：

教职工人数：		教师数：		学生数：	
班级数：		地址：		邮编：	
联系人：		手机：		电子邮件：	

表（2） 学校领导基本情况

序号	姓名	性别	年龄	职务	职称	执教学科
备注	请填写到学校的中层领导团队成员。					

表（3－1） 学校教师基本情况（小学组用）

项目	年　龄					职　称			
分类	25以下	25～35	35～45	45～55	55以上	初级	中级	高级	特级
人数									
占比									
项目	学科分布								
分类	语文	数学	英语	音乐	体育	美术	品社	自然	劳技	信息	其他
人数											
占比											
备注	统计各学科专职教师人数，其他栏可结合学校校本课程来填写。										

71

表（3－2）　　学校教师基本情况（中学组用）

项目	年　龄					职　称			
分类	25以下	25～35	35～45	45～55	55以上	初级	中级	高级	特级
人数									
占比									
项目	学　科　分　布								
分类	语文	数学	英语	政治	社会	历史	地理	物理	化学	科学	音乐	体育	美术	劳技	信息	其他
人数																
占比																
备注	统计各学科专职教师人数，其他栏可结合学校校本课程来填写。															

（正文）

一、现状分析

（一）概述

（二）优势分析

（三）问题分析

（四）潜势分析

二、发展策划

（一）指导思想

（二）发展目标

1. 五年发展总目标

2. 分领域、分阶段目标（除表格外附上文字说明。学校要理出不同阶段教师三个梯队数的比例变化。）

表（4） 分领域、分阶段目标明细（表格可放大）

领域	××××学年	××××学年	××××学年
学校管理变革与变革主体发展			
学科教学变革与变革主体发展			
学生工作变革与变革主体发展			

（三）推进策略

（四）主要任务与措施（以任务方式分年度表述。做出时间、制度、活动等安排，写明重要时间节点。）

在制订和修订学校发展规划时要特别注意以下几个方面：①

1. 特别要注意价值取向：这是一个非常重要的问题，看不见摸不着，但实实在在地体现在方方面面，办学理念、学校文化和各个方面都有价值取向。在当代中国为什么要改革？为什么要做"新基础教育"研究？这里也有价值取向。

2. 关注立场：一要有内生长力的立场，二是要坚持内涵发展的立场。内生长力的立场，就是把生长的依托，放在自己学校及教师内在品质的提高，骨干、第一责任人、团队的生长力是一个学校持续发展的最大动力。所以，新基础的学校发展规划当中，特别突出"各领域的变革主体"，首先是领导团队对于自己作为变革主体的变革自觉和变革领导力提升的关注。

3. 关注三种"力"：一是学校要有引力，有引导力、吸引力、内聚力，心要齐。二是要有推力，相互之间要创造推动力。三是要有动力，每个教师、每个领域都要有这样的发展动力。有了三种力，学校才有持续的改革发展力。

4. 树立四个"化"：一是要树立起整个学校每项工作、每个人、每个班

---

① 叶澜．2012 年 11 月 15 日在淮阴师范学院举行的淮安"新基础教育"研究共生体学校发展规划论证会上的发言（内部资料）。

级做事情、想问题都要系统有机化的思想。二是过程要生成化。三是实践（研究性变革实践）日常化。四是反馈有效化。

5. 关注五个核心问题：一是办学理念，这跟价值观紧密联系，为什么办教育？这是第一个核心问题，对于校长格外重要。办学理念有很多载体，其中非常重要的灵魂式的表达是学校文化。学校文化是第二个核心所在。三是目标清晰。四是策略要智慧。五是机制形成。

6. 抓六个突破点，从六个突破点来克服规划中的问题：

一是学习上要突破。首先要突破学习就是学具体、操作、直接有用的想法，新基础学习首先是要参照系发生变化，这是学习变化的第一步，学习的内容指向是多方面的，包括理论的、实践的、现场的、向内的与向外的。要把自己的经验与问题和学习的内容接通起来。在学习方式和组织上相应改变。

二是骨干要突破。花大力气让准骨干、潜力骨干迅速成为骨干，鼓励大家迅速地往前走。骨干除了自己发展外，还有一个带领大家发展的责任。每一个骨干都是一个节点。要让强的责任人和强的团队冒出来，发挥辐射示范作用。

三是领域要有突破。不同领域的发展是不平衡的，哪一个先突破，我们就把这个领域突显出来。要善于突破强项经验的点状化，把强项经验扩散到其他领域和弱项的发展。特别强调要关注学生工作，这是另外一条腿。

四是管理领域要有突破。为什么反反复复做规划？就是要在学校里面形成大家一起思考的局面，更重要的是要转变思维方式，摸清家底，要有清晰的目标，对具体措施也有清晰的认识。还有，组织机构、制度、评价上的突破。从有基础的开始突破，然后放大。

五是要有时间节点的突破意识。新基础有大的时间节点，根据大的时间节点去策划每个学校自己的具体时间节点。放大节点的过程价值，每个节点都是重要的阶段提升点。

六是经验的突破。过去的研究经验、改革经验与现在做新基础的关联和区别是什么？过去的经验如何转化为推进新基础的因素。在做新基础的过程中创造的突破性经验，如何变成系统的经验、变成新基础研究的系列经验。

经验的系列化是自己创造的财富，要十分珍惜。

（二）培养第一批骨干，形成教育教学实践变革经验

学校发展规划宏观设计完成后，要落实到日常的课堂教学和班级建设和学校的各项工作中。在"新基础教育"引领下，在学校变革的"两层次三领域"具体、深入地开展各领域改革实践，因为这是学校教育最日常、大量的存在。

1. 开展学校日常教育教学的研究性变革实践

初始阶段的实践研讨，旨在清晰认识到学校日常实践中不利于学生主动发展的因素，包括对其内在过程进行问题诊断、理论反思和指向重建等。教师开展学校日常教育实践批判与重建的基本步骤是："实践—反思—点评—二次反思—重建—再实践"。积极有效的研讨性评课活动，旨在：

➢ 课堂"把脉"，有针对性地分析教师个人的教学优势与不足，以至学校教学整体状况尤其是存在的共性问题与发展障碍。

➢ 观念"捉虫"，所谓捉虫，指评课不只是点出教师教学行为中的问题，更要剖析隐藏在行为背后的思想观念。

➢ 体悟新理念，研讨不能满足于指出问题，还要提出改进、重建的具体建议，使教师结合自己的课，对新理念指导下的具体教学行为的形态是什么有所启发，对理论与实践在教学行为中的内在关系有所体悟（"喔"效应）。

➢ "点亮"与理论提升，紧扣教师教学中的精彩之处，通过"抓彩"进行理论提升，并"放大"至所有参与者。

➢ "渗透"进行"新基础教育"式学习，结合教师课堂改革实践，通过研讨性评课，深化认识甚或提升新理论。

学校日常教育实践反思与重建，根本目的在于对学校当前的课堂教学进行"把脉"、"诊断"，通过研讨性评课，与参与实践、评课的教师一起进行"捉、悟"，对课堂生活进行重建。

2. 通过"初建课—重建课"体悟理论，自我更新

"新基础教育"认为：教师发展不是一次公开课的展示、教学行为的暂时

改变，而是在主动改变内在理论和参照系的基础上，实现自身日常实践行为的持续变革过程中逐步完成的。教师在日常教育实践及其研讨活动中，对自己的课堂教学进行多次设计－初建、反思－重建。其中起关键作用的，并非脱离其实践的理论说教、各种形式的培训和大小报告，而是实践研究者大胆、积极开展变革实践；针对外部点评分析（包括来自理论研究者和实践研究同伴的评课），以及教师本人所进行的反思与重建。教师在多次、不同层次的研讨活动中，形成对自身内在变化过程体悟的累积性结果。

重建课多数是在教研组或备课组的范围内进行的。在重建课的"听一说一评课"中，特别要关注重建课与初建课的差异，由此深入分析：教师内在理论和实践行为的变化程度，对变化过程的自我意识清晰程度，对自己发生变化的理论分析及新理论的学习领悟能力，对实践的解读能力，对教学过程中的资源捕捉、组织、推进能力等等。同时，还必须指出教师在上述不同方面仍然存在着的阻碍发展的因素及问题等。

多次的反思和重建过程中需要理论介入，这实质上意味着研究人员与骨干教师在其中的理论引领作用。

3. 促进骨干教师发展，逐步走向成熟，主动创造

教师在日常实践中不断学习、实践、反思、重建，课堂教学及教研活动逐渐走向成熟，教师自身也经历不同的发展阶段。随着改革进程，教师经历大致相同的发展阶段：迷惑期、转变期、成熟期。相应地，需要解决的发展问题也具有阶段性：

➢ 迷惑期：课堂教学中是否"放"了、为何"放"、如何"放"、如何"收"等，"放"与"收"的关系问题，防止因形式之"活"而致的"乱动"、"动乱"，或者怕"放"了以后学生"活"了、自己无法应对、教学任务完不成、影响教学进度和质量而不敢放。没有"放"，也无所谓"收"的问题，改革和教师发展都难进展。

➢ 转变期：课堂教学中教师是否能"倾听"学生、是否关注学生不同的成长需要、如何运用恰当的方式加以引导；课堂教学组织方式的变化是否必须、合理；过程推进有无动态生成等。

➢ 提高期：如何进行弹性化教学方案的综合设计，如何设计挑战性的有向开放的"大问题"，促发学生的独立思考、在小组合作中进行研究和解决问题，教师如何在不断生成的新资源中成为课堂教学的"重组者"、动态生成的成功"推进者"。

➢ 成熟期：如何在课堂教学中敏锐地感受学生的课堂生活质量，作出及时调整，准确地判断不同信息，及时地捕捉资源，有机地编织课堂进程，如何由此形成自己的教育智慧，创造课堂教学之"美"和形成个人教学风格。

显然，这需要根据教师在课堂教学改革中呈现出的不同发展状态、阶段性特征，有针对性地提升和促进教师内化理论，最后能主动策划变革，进行创造。这也与校本教研活动的质量息息相关。

我校从1999年进入到"新基础教育"研究实践，至今，我们数学研究经历了三个阶段：同一内容不同环节台阶递进的单课整体设计——同一年级一类课横向递进的单元整体设计——不同年级同类内容纵向递进的长程整体设计。

研究步骤是：先选一个点做实，做出一个单元整体设计的样板；对研究形成的样板进行类迁移；再将同一年级一类课横向递进的单元整体设计的实践与研究的操作方法迁移到不同年级同类内容纵向递进的长程整体设计上。

通过以上系列性的研究，我们对自己几年不变的教学行为有了全面又深刻的反思，提高了对数学教育的再认识和再实践能力，课堂教学也发生了一些新的变化。

首先是教师们清晰了数学教学的价值追求。在单元整体设计的引领下，数学学科独特的育人价值与单元内容、课时内容的育人价值成为我校教师日常工作的自觉思考。数学知识整体结构的内涵是丰富的，它不仅包括以书本为载体呈现的知识内容，更包括数学的精神、思想和方法，而这些恰恰是数学知识的"灵魂"所在。它承载于数学知识的结构中，活跃于教师的思维中，生长在数学教学的过程中。

其次是通过实践研究，教师提升了读课标、读教材、读单元、读学生的能力，感受到了一节课中环节与环节之间的逻辑递进关系和一个单元中课与课之间的逻辑递进关系，促进了师生关系思维的不断形成。教师学会了以关系思维透过教材表面的"点"寻找知识间内在的、纵横交错的本质联系和展开逻辑的能力，学会发现教材内容编排的思维内核以及内蕴的育人价值，学会对教材的文本资源进行整体开发和结构加工，形成结构化的长程设计，进而学会将散点的知识结构化地呈现在学生面前，引导学生将所学的知识按照知识结构的形式建构认知结构逐步形成整体的、综合的、关系式的立体思维品质，促进了教师的专业素养发展。①

四、推进：以"中期评估"促学校整体转型

经过两年左右的研究积累，学校在"两层面三领域"取得初步的研究成果，培养了核心骨干力量。接下来，研究进入校内的推广、发展阶段，实现全员参与、全领域覆盖、日常做实，致力于"全实深"②，以促进学校整体转型。为此，需要全员落实"指导纲要"的系统学习，并借助"中期评估"及其反馈与普查等节点事件，助推学校做好"全实深"，实现整体转型。

（一）全员参与，开展纲要系列学习

出台"改革指导纲要"系列，是"新基础教育"研究发展到成型性阶段的核心任务。"新基础教育"系列指导纲要，共有 6 本，分为两类：学科教学改革系列和师生发展系列。

1. 学科教学改革指导纲要系列

语文、数学、外语是"新基础教育"教学改革中最早投入的三门学科，做到现在有可能也需要对三门学科教学改革分别形成"指导纲要"，它们分

---

① 上海市闵行花园学校数学组在 2014 年 5 月 23 日于青岛市召开的"新基础教育"共生体第五次会议上的交流材料（内部资料），个别处因行文需要进行了调整。

② 关于"全实深"的具体内涵，在下一节展开论述。

别是：
- ➢ "新基础教育"语文学科教学改革指导纲要（专题研究）
- ➢ "新基础教育"数学学科教学改革指导纲要（专题研究）
- ➢ "新基础教育"外语学科教学改革指导纲要（专题研究）

不是已经有了新课程改革的"课程标准"吗，为什么还要教学改革指导纲要？这需要说明，两者相关但不一样。简单地说，新课程改革以制定课标和编写教材为核心任务，参与新课程改革这两项任务的编写人员，是课程改革的承担者、主体；而"新基础教育"要制定的三门学科教学改革指导纲要，是直接为试验教师推进"新基础教育"教学改革服务，它指向的重点是"教学改革"。这个指导纲要需要研究"课程标准"，但不以修改"课程标准"为目标，而是以在"新基础教育"指导下，如何创造性地运用课标、教材进行教学改革为中心开展的研究。从课程转化到教学，进入到一个不同的领域，实践主体变了，教学责任人是教师，他们的行为、目标、指向、效果、任务都与课程指向不尽相同。课程研究与教学研究的另一个不同是，教学研究进入到学校实践领域，它面对的是大量的学生，教学不只是按照课程规定的要求去行动，还要研究学生，还要研究课堂中师生的活动。这都是课程专家无法代替完成的，课程改革能承担的是有限责任。上述学科教学改革指导纲要研究的任务，是"新基础教育"教学改革研究在教学领域里的深化，是大中小学深度合作的成果。

在看到它们关系的同时，不要简单地将两者混淆、等同。不然，"新基础教育"教学改革自身的任务会被浅化、忽视，教师的创造性不能得到发挥，最终课程改革的任务也完不成。对此，从校长到教师都要有清醒的认识。

2. 学校领导与师生发展系列

这三个专题研究的完整名称分别是：
- ➢ "新基础教育"学校领导发展与管理变革专题研究（简称"学校领导发展"）
- ➢ "新基础教育"教师发展与专业团队建设专题研究（简称"教师发展"）
- ➢ "新基础教育"学生发展与学生工作变革专题研究（简称"学生发展"）

与语文、数学、外语三门学科教学改革指导纲要的专题研究相比，关于"新基础教育"学校领导发展、教师发展、学生发展的三项专题研究性质如下：

第一，具有全局性。学生发展、教师发展、学校领导发展都是关涉全校性的专题，不只是某一学科或某一领域的问题。

第二，把"人的主动发展"作为基点：研究学生怎么发展？教师怎么发展？学校领导怎么发展？以实践活动的变革为载体与途径：人是在研究性变革实践中得到发展的。寻找变"人"和革"事"之间的关系，实现成人与成事的相互转换。

第三，三个专题研究都存在着多层次、多面性，且都会与前三个专题研究发生一定的交叉。因此每个专题研究既要界定清楚自己研究的内容又要关注和其他专题研究的关联。

学校领导发展包括校级领导、中层领导和年级组、教研组、备课组层面的领导人员的发展。管理变革包括组织、制度、机制、学校文化、队伍建设等一系列方面的变革研究。

教师发展包括教师个体层面的发展和教师团队层面的建设工作。在教师个体意义上，教师的发展和其自身在教育教学实践中的状态、努力、反思很有关系。教师团队层面的建设工作主要结合学科、年级、教研组活动开展。教师发展研究的问题和学科教学改革指导纲要研究的问题不同。前者是关涉到如何通过团队建设来促进教师发展和教师作为个体如何在研究性变革实践中实现发展，后者的研究重点是形成各学科教学改革的指导纲要。相关专题研究要有边界意识。

学生发展既有学生个体的发展问题又有学生群体的发展问题，学生工作除涉及基层班级层面外还有年级层面、全校层面等多层面学生工作开展问题。

这三项专题研究由于它的全局性、关系研究的复杂性、多层面性，比前三个学科专题研究更加复杂、更加综合，因此必须请学校负责相关工作的领导进行统筹，作为本校专题研究的负责人和共生体专题研究课题组的成员。

上述六项专题研究是在"新基础教育"研究整体下的分专题研究，是在不同于其他研究的一整套"新基础教育"系统指导下开展的研究，各专题研究具有相关性。

（二）放大节点的过程价值，全面推进学校转型

1. 对学校变革进行综合分析、系统提升

以"听说评课"为主的日常化评价，对变革实践中涌现出来的新问题的分析大多属经验分析，即使进行理论分析也相对零散。同时，学校日常教育实践的变革呈现出零散的、单项变化状态，教师头脑中教育理念和参照系的内在改造，以及自身日常实践行为的改变，也处于"潜移默化"中。所以，在一个阶段的日常化评价积累后，需要具有综合分析、系统提升作用的节点式评估。[①]

当学校变革在"累积性"的量变过程中，呈现出丰富态、阶段性特质——尤其是在学校变革节点时，必然会寻求变革的突破，以致阶段性转化。这需要一种节点式集中评估，就是在变革过程节点上，集中各方（研究者和实践者）精力，通过一定力度、强度的规范化评价，用全方位的综合性评价，对日常化评价"积成性"推进变革过程的效果进行综合提升，促进学校做好"全实深"，推进学校转型。

节点式集中评估建立在日常化评价的基础上，在评价主体、评价标准、评价方式等基本要素方面进一步提升并实现规范化。日常化评价呈现出零散、局部性等特点，而集中式评估相对具有综合、系统等整体性特征。

实质上，集中式评估的意义在于，通过正式的、规范化评价，对学校整体改革成效，进行综合性分析和系统性提升：通过类评价对学校变革实践进行综合抽象和理论化；通过评价标准对学校变革研究加以系统化并转化为学校变革中的实践因素；通过问题分析促成教师发展的阶段性提升或进行有针对性的发展策划；通过评价结果的反馈和鼓励强化教师、学校领导以及学校

---

① 叶澜、吴亚萍、李政涛. 学校转型性变革中的评价改革——基于"新基础教育"成型性研究中期评估的探究［J］. 教育发展研究，2007，（4A）：1—10.

的发展状态。

2. 推进学校变革的中期评估概述

"新基础教育"研究推进过程中，节点式推进学校转型的评估活动，称为"中期评估"。它是在阶段性"质变"的"节点"上，对前半程研究历程进行回顾、总结；并对后半程研究工作进行具体策划，推动学校变革的后续提升式发展。

就评估内容的时间指向而言：

首先是"评出过去"。发现和提升已经创造的变革经验。几年来每所学校都进行着创生性变革实践，其中呈现出丰富的新经验、新创造。不同的学校，呈现出不同的侧面和水平，大多还可能处于经验探索的零散状态。发现自己在改革中逐渐形成的特色或独创之处，进而对主要的创造性经验进行理论化、系统化提升，这既有助于提高学校的自我反思和总结梳理能力，也有助于评估组对该学校的"人"、"事"进行评定并作出针对性指导。

其次是"评出现在"，通过现场研讨、座谈和答辩等评估日活动，明确学校当前达到的变革状态。现时态的评价主要集中于：学校的进步与变革实践或教师发展与存在的各种问题，如基础性问题、遗留性问题、发展性问题等；学校、教研组、教师个人等不同层面的主要变化和发展。这有助于学校校长、中层领导和教师达到深度"自明"。

由此可见，中期评估不是为了在不同的学校中作出横向比较，而是为了促进学校研究的持续推进。作为一个节点，校长充分运用中期评估的插入、提升、促进研究性变革实践的质量，使学校改革逐渐走向自觉。在这方面，许多先行学校有自己的创造与经验。

最后是"评出未来"，指出和策划能达成的变革方向。评出未来，是以过去和现在的评价为基础的。学校过去的变革经验是进一步发展的前提条件，为下一阶段的学校变革提供可能性；学校当前的变革现状则是进一步发展的起点，针对现实问题的变革实践才是"有的放矢"。学校在"自明"学校变革过程、"自主"进行研究性变革实践的基础上，才能自觉实现当代学校的整体新型态。

（三）深入解读、践行评估指标体系

中期评估前，学校要组织教师系统学习、研读评估标准（参阅附录2）。

"新基础教育"评估指标，是在 20 年的研究中，华东师范大学"新基础教育"研究者与教师、校长等一起，共同参与并深度介入课堂教学、班级建设和学校管理等变革实践，从中进行问题分析、新质发现、理论提升，在实践中具体化，从而逐渐生成的。它内在地反映了不同层面和不同阶段的变革过程。

1. 评估标准及其指标框架

"新基础教育"评估标准，包括学校整体变革"两层次三大领域"的指标体系，以及相应的评分规则与等级特征描述。

（1）评估指标体系及其结构

根据学校整体变革的"两层次三领域"，评估指标体系分为学校管理、教研组建设、课堂教学设计、课堂教学实施过程、课堂教学反思、主题班队会、班级建设、学生发展工作与学校整体状况等"八大评价领域"。

其中，每一评价领域又细分为相应的评估项目或评价准则，具体如下：

➢ 学校管理评价领域：校长发展、校级班子和中层干部、规划制定、组织建设、制度建设、文化建设、发展环境。

➢ 教研组建设评价领域：教研组长、教研活动、课题研究、教研文化、发展规划与发展实效。

➢ 课堂教学设计评价领域：教学目标、教学内容、教学过程。

➢ 课堂教学实施过程评价领域：常规活动、开放式导入、核心过程推进、开放式延伸。

➢ 课堂教学反思评价领域：总体评价、问题反思、教学重建。

➢ 主题班队会评价领域：主题设计、主题班队会过程、反思与重建、班队主题活动日常化。

➢ 班级建设评价领域：班级建设、班级文化。

➢ 学生发展工作学校整体状况评价领域：学生发展工作制度建设与专题

研究、班主任队伍建设、年级组建设、校级学生活动。

评价领域、项目及其指标是对评价内容的质的规定，即对学校日常教育实践的"新质"之规定，评什么或不评什么，揭示学校变革成功的决定性因素和重要方面。八大评价领域及其评估项目清晰地呈现了学校整体变革实践及其过程。

（2）评分规则及其等级描述

评价项目在变革实践的基础上，进一步具体化为评分指标与等级描述。每一领域中的各个评估项目，又具体化为不同的评分指标，每个指标再作出等级描述，构成更加详细、更加明确的评分规则。①

每一评分指标的等级特征，详细描述变革实践的不同层级水平，主要分为三个层级水平，即C、B、A由低到高的不同状态：

➤ C级水平是进入"新基础教育"研究的基准线和标志，达到C等级就意味着学校是在进行"新基础教育"研究，故C只是性质区分而非"差"的意谓；

➤ B级水平是基地学校应当达到的层次，必须呈现出的学校转型的内在特征；

➤ A级水平则是"新基础教育"研究的理想目标，描绘了精品学校的内在基质（从而成为基地学校建设的努力方向），反映了教师在学校变革实践中的经验创造、常见问题等，反映了变革过程中涌现的新质特征及其相互关系。

评价指标的学习与转化，必须落实在中期评估的自评报告和现场评估中，教师及教研组或年级组、校长和学校领导团队都在进行着不同层面的自我评价，包括相对比较、绝对比较、自我变化比较等。这主要集中于"质的意义"上的差异比较、"实践意义"上的内涵理解。

2. 在研究性变革实践中理解评估标准

"新基础教育"评估标准、评分规则是大中小学在合作研究中提炼出来的，是变革实践的结果，对广大教师来说，具有亲历性。评价项目、评分指

---

① 具体详见附录评价指标说明。

标及其等级描述，不是强加于教师的"外在"理论抽象，不是"居高临下"的指令标准，而是内省于己的内在理论改变后的观念，是主动追求的，在变革实践中能够达成的指导性发展方向。

中期评估前，学校要组织教师有意识地参照评估指标，对自己的实践进行自评。对自己在变革前后的发展等作出原因分析。"自评"意义上的前后差异比较和原因分析，是教师"学、悟、思、行"的体现。教师在自评、比较性研究基础上的"学、悟、思、行"，是实现理论与实践在个体层面上实现转化的内在机制。

"新基础教育"评估标准的学习与转化，并不只是阅读式学习，更要在课堂变革实践中、在参与教研组课前的备课研讨、课后的评课研讨等活动中渗透式地学习、内化。教师结合亲历的教学变革实践，才能逐步理解和体悟；只有在自身实践中，通过学习和领悟，不断内化理解，评估指标才能发挥指导作用，成为教师经验行为改变的依据。

（四）借助中期评估，促进学校整体转型

学校只有做好评估的前、中、后，放大节点性评估的过程性价值，才能借助评估促进"全实深"，促进学校整体转型。

1. 评估前做什么

深入解读、践行"新基础教育"评估指标是评估前的基础性工作，此外，还需要：

（1）校内自评，进行阶段总结

学校校长、中层领导和骨干教师，是校内自评团队的核心成员。

中期评估是一次高密度的研讨、学习过程。一方面，对学校变革与发展情况，进行整体认识，另一方面借此提前集中学习，将教师的经验创造进行总结、提炼，并在校内推广，实现放大效应。中期评估的目的与工作重心如下：

首先，完成自评报告和专题总结。

中期评估自评项目中，一是学校对前期改革与发展进行自评，形成自评总报告，主要包括研究过程和规划完成情况，如各教研组建设、学生发展等；概述主要的工作和成效；形成的基本经验、亮点、特色；现状和问题分析；未来两年的发展目标和策略、解决问题的措施；此外，还包括参与共生体活动的状态和效应，例如积极程度、主要收获、贡献、后续活动、存在问题等。

二是学校对前期改革经验进行专题经验总结，并形成专题报告，各学校根据自身改革中的创造性经验，自主选择相关专题进行总结，包括校长、教师的变化发展和各领域的变化情况等。

三是填写自评表格、自主分析数据。

中期评估要求学校，从全面反映整体性变革的角度，仔细填写自评表格（共计20份自评表），主要包括：学校各级领导、教师队伍等方面的基本情况；学校各种组织、制度等管理方面的变革情况；教研组的各类研讨和课堂教学变革情况；班级建设和学生工作情况等。

通过填写学校自评表格，整体上把握学校改革情况，包括搜集和积累学校前期形成的各种资料，为下一阶段的研究策划提供事实性依据。最为根本的是，由此形成学校积累资料的意识和分析资料的习惯，据此从不同维度展开自主研究。

学校填写自评表格，不是一项应对评价的任务，而是组织教师共同学习的研修过程：明确自评表格填写的目的何在，自评表格的项目内容在变革实践中的指导意义是什么，和自己的日常变革实践的关系如何，对自己的变革研究具有何种影响，等等。通过这些学习讨论，充分认识到填写自评表格的"自清"价值。同时，对学校变革实践状态进行自我判断，基于评估标准和评分规则对学校变革水平进行达成度的绝对评判和差距分析，从课堂教学、班级建设、教师发展、学生状态等多个方面作出自我判断，以便将来与评估组的判断进行比较。

四是研究与策划学校未来改革和发展。在阶段总结的自评过程中，发现学校建设中的突出问题和各领域的具体问题，形成下一阶段发展方向、任务和策略。

（2）成立联合评估组

中期评估，在自评的基础上，以校外专家为主成立评估组，开展他评。

评估组开展一系列的他评活动——诸如评分、等级评定、评语反馈等。他评一方面指向学校整体性变革过程，另一方面又指向变革过程中的"人"的生命发展：学生发展、教师发展、校长或领导的发展。中期评估的他评，力图通过现场研讨——观察、访谈或座谈等直接评估学校日常变革实践的现状；通过资料分析——自评报告、专题总结和自评表格的内容等，评估学校变革过程及其自评与策划能力。同时，对学校变革进行定位指导，在学校开展研究的中期"节点"插入中期评估，可起到承上启下的推进作用。

为了能真正、有效地达到中期评估目标，评估组需要有合理的人员构成。

华东师范大学"新基础教育"研究专家团队是以往评估活动的主体构成。随着改革试点区内研究力量的增加，可组织区内（包括教研员的）校外评估组，进行独立评估。在"新基础教育"共生体内相互邀请，只要坚持"校外"成员组成，也不失为一种方法。但因为"新基础教育"有独特的研究内涵，且评估是为了推进改革的深化，所以评估人员必须是参与并理解"新基础教育"的人员，而非"局外人"。在评估活动中，评估组成员要完成听课、开调研座谈会、与学校领导班子作对话式答辩等一系列活动，最后通过充分讨论，作出分项和总体的评议与评分。

学校根据研究需要，主动邀请所在区域教育部门领导、当地专家等，他们也是评估组的重要成员。

根据中期评估工作安排，上述三类成员分成不同的专题小组，大体上可以分为语文、数学、英语、综合学科、班队、中层干部六个小组。

（3）撰写学校自评总报告和专题总结

撰写自评总报告、专题总结是学校变革实践中教师（教研组）、校长（学校领导班子）反思和研究自身变革与发展，开展自主研究的重要载体。

2. 评估中做什么

评估当日，学校要组织好听说评课的现场研讨、教研组座谈、学生代表座谈和学校答辩等基本事项。

（1）按要求开展现场评估与系列座谈活动

中期评估的最核心部分是现场评估，主要通过现场听课、教研组研讨、座谈会等活动，全面、真实地反映参评学校变革状态及其目前已达到的研究层次、发展水平。

现场评估活动为一天，大致安排如下：

➢ 上午，语文、数学、英语、综合学科、班队五个评估小组分别听课/活动3节，至少15节课；

➢ 下午，五个评估小组分别参加各学科的说课、评课、反思和重建等教研活动，参评人员最后就课堂教学、教研组研讨活动进行总结和点评；

➢ 之后，所有评估人员根据座谈会需要，重新分工组成语文、数学、英语、其他学科、班队、中层干部六个评估小组（成员总数不变），分别参加相关座谈会；

➢ 在完成现场评估与答辩后，评估组当天小结，由各评估小组负责人简要汇报评估情况，作出初步评议评分和情况分析，参评学校回避。

①现场听课活动。每所学校按要求至少开出15节课：

➢ 开课科目：包括语文3节、数学3节、英语3节、其他学科3节（必须开出音、体、美各1节，其他综合学科任选，作为加分项）、主题班队活动3节；

➢ 开课教师：每学科骨干教师、第二梯队、刚进入的教师各1位；具体教师由学校选定；所有15节课的开课教师不重复；

➢ 同一学科的年级不重复且分布在低、中、高年级；所有开课的班级尽量不重复；

➢ 学校各学科教研组教师参加现场听课活动；

➢ 提供详细活动安排表（教学安排、座谈会安排）、教学设计表、主题班队活动设计以及教材文本、评估表等相关资料。

②教研组研讨活动。各学科教研组教师独立开展研讨活动，上课教师说课、听课教师评课、上课教师进行二次反思和重建。在此基础上，评估人员可以就当天的课堂教学情况、教师发展、教研组研讨活动进行总结、点评。

现场听课和研讨活动向共生体内的参评学校教师开放，让中期评估真正成为反思、学习、研究的机会。

首先,开课教师将自己的课堂教学与评估标准进行比较,找出自己的教学亮点、问题和困惑进行具体分析,并在此基础上进行重建。开课教师可以在教学研讨中进行三次重建:

➢ 在课堂教学结束后,按常规即时进行首次反思;
➢ 在教师同行评课的基础上,进行二度反思;
➢ 在听取学习评估组的评课、研讨他人的课堂教学后,进行第三次反思。

显然,这三次反思是逐层递进的,使教师在不同程度上愈益深入理解"新基础教育"理论,加以内化。

其次,参与学习听课的教师比较不同的课堂教学,依据评估标准,形成内在理论和参照系对课堂教学进行评价,区分出不同层级并明确地指出好或差的原因。在此基础上,将自己的评课与评估组的评课进行比较,尤其是分析两者差异之处及其原因,这其实是教师有意识地对自己的自评进行再评价,进而对自己的内在参照系进行自我更新。

表2-2 现场评估活动安排及其要求

时间安排	评估小组活动		要 求
	组别	活动	
上午 8:30~11:30	一类	语文 听课(3节课)	各科的开课教师必须为:骨干教师、第二梯队教师和刚进入教师各一名。
		数学 听课(3节课)	
		外语 听课(3节课)	
	二类	其他学科 听课(3节课)	小学科目:音、体、美必开,共3节; 其他选开,作为加分项; 中学科目:音、体、美必开,共3节,物理、化学、生物;政治、历史、地理;选开,作为加分项; 开课教师由参评学校自主选择。
	三类	班队 看活动(3节)	

下午	13:30~15:00	语文、数学、外语、其他学科、班队	教研组研讨活动	基地学校的各教研组自主进行说课、评课的研讨活动；评估小组成员可以在研结束后进行简要总结、点评。
	15:00~17:00	语文、数学、外语、其他学科、班队、中层干部	座谈会	上述5个评估小组重新分工组成6个评估小组（成员总数不变）；分别参加相关座谈会。
	17:00~18:00	各评估小组集体讨论给出小组评分；然后将各小组分进行汇总给出学校的总评分。		

注：所有15节课的开课教师不重复；同一学科的年级不重复且分布在低、中、高年级；所有开课的班级尽量不重复；上下午时间可根据具体情况略调，比如，教研组活动可根据需要调到上午第四节课，评估要求不变。

（2）座谈与访谈

中期评估的目的是为了进一步发展，不只是为了评定成绩好坏。教师、中层干部的能力，表现在工作方面，也表现在发现问题、发现进一步发展空间的认识和开拓方面。通过现场听课和研讨，了解教师所做之"事"，通过座谈会，直接访谈教研组教师、学生代表，深度理解学校改革之事，以及成事中人的发展状态。座谈会中，每位教师主要是从成事与成人的关系上，说清楚自己的变化过程。注意思考如下问题：

➢ 两年的学校建设中，学生发生了哪些变化？

➢ 结合个人参与改革及体会，说清楚自己发生哪些变化？为什么会发生这样的变化？

➢ 现在的工作中存在哪些问题？教研组要进一步发展，需要解决什么问题？

➢ 学校今后要进一步发展可能遇到的关键性问题是什么？对于学校发展，从总体上提出意见。

➢ 参加共生体活动，有什么收获和问题，对今后共生体活动的开展有何建议。

就教师个人、教研组和学校的自主发展而言，中期评估通过座谈、访谈、提问，规范和强化教师、中层领导在日常化评价中所形成的关于自身发展的自我反思、自主研究、主动策划的能力；也由此使得他们更加深入理解、内化"新基础教育"理论，以进行内在理论、日常教育实践行为的自我更新。

（3）参加学校答辩会

为了在实现学校领导与管理变革的同时，全面锻炼校长、领导班子的改革能力，提升学校层面领导和推进改革的能力，"新基础教育"评估创造出一种全新的研讨性评价方式——学校答辩会。

校长领衔、全体中层参与组成校方答辩团。答辩时，校长首先代表学校，扼要陈述学校改革研究进展，主要分析学校变革中的阶段变化和发展，取得的主要经验、存在的主要问题和进一步发展的策略和思路等。然后评估组成员根据看报告、参加评估现场活动、听校长报告等，提出各种问题，答辩团倾听、回应评估组的提问，在回答中充分展现学校变革过程以及校长、教师的内在发展过程。评估组在必要时进行对话、追问，促进清思，具体展开或进一步深思。

学校答辩会前，学校必须提前完成并提交自我总报告、专题总结以及自评表格等。

需要特别提醒的是，评估组的提问是"送"问题，目的不是为难学校，而是促进学校对阶段核心问题进行深度清思和系统梳理。为此，所有评估组成员都要提前拿到学校资料，充分研读参评学校的各类报告和表格，在校长陈述时注意倾听，有针对性地提问、研讨或给建议，在答辩时可以适时追问，促使学校更加深刻认识学校自身各层面的变革状态。评估组成员通过校长答辩会以"送问题"和对话式答辩的方式促使学校进一步思考。

校长、中层在答辩会上仔细倾听、相互学习，会后结合提问和答辩自觉反思，清晰推进学校的变革实践的方向，这十分重要。

3. 评估后做什么

评估之后，学校要结合评估组的反馈意见，及时进行校内评估反馈与二度总结。

中期评估是评估组专家与学校校长、教师共同诊断、总结并据此进行策划的研讨活动，其意义并非仅仅在于评出一个分数的高低，更为重要的是阶段总结、自我清思,推进下一阶段的改革,把"新基础教育"做得更好,在于每所学校、校长或领导、教师有比较清醒的自我意识和推进意识。

因此,中期评估需要在学校自评和评估组他评的基础上,进一步研究问题、总结推广经验创造、进行理论提升。中期评估在不同层面进行反馈,力图发现和提升学校建设的典型经验,形成阶段性研究成果,并进行系统总结和推广;发现学校建设中的共性问题以及各所学校的具体问题,形成下一阶段的发展方向、任务、机制和策略。

在中期评估总结、反馈的基础上,各学校进一步深入思考、研讨、修订学校发展规划。

(1) 评议评分与结果分析

评估小组对不同评价项目进行权重赋分,然后逐项汇总形成总评分数。在此基础上,确认参评学校的等级标准,对学校整体变革状态进行等级划分和质性反馈。

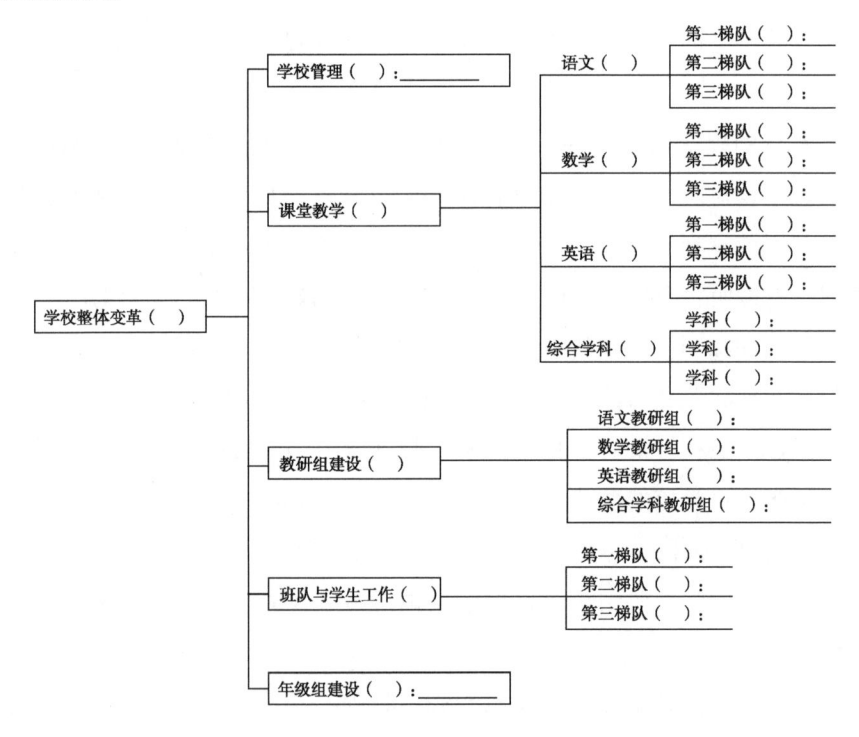

图 2—1 学校整体变革的等级评分、逐层综合树形结构图

说明：1. 每项指标后的（   ）用来填写该项指标的分数或等级

2. 每项指标后的＿＿＿＿用来填写该项指标各种原因的加分情况

基于中期评估结果的总分汇总，参评学校将被分为四等：优秀、良好、及格和不及格。及格意味着学校达到了"新基础教育"的底线要求，但高标没有止境。

（2）学校层面的评估总结与反馈

中期评估结果在学校层面进行反馈，更准确地说是在学校管理层面的分析。在学校整体性变革实践中，尽管学校领导与管理变革是一个领域的研究，但它对各学科改革、班级建设、教研组建设等领域的研究具有"大脑总指挥"的统领作用。因此，学校层面的反馈需要校长和中层领导参与，体现出两种基本特征：一是综合性，不只是某一领域或学科的结果，而是在学校整体性变革下进行分析，不只是现场评估时的一节课和一次教研活动，而是涵容了两年来的日常变革状态；二是具体性，结合学校自身的变革状态进行具体的问题分析、反思重建。

中期评估会议的内容主要包括评估组的评分反馈，对学校各领域改革经验、具体问题及推进建议等进行总体评价。评估组先反馈该校在评估中的各项得分、名次等成绩情况。向学校提供每位教师的具体评分、各领域的评分、教研组建设和学校管理等各项评分以及学校的总评分等书面材料。值得注意的是，评分结果反馈需要淡化学校的分数意识，而是通过各项成绩的横向、纵向比较明确学校的发展状态，鼓励挑战、激励发展。

第二，评估组按学科或专题，概括分析本次评估中的具体问题，并提出建议。

最后，对学校状态进行总体性评价。校长简要报告评估结束后，近期内的学习、研究情况和后续推进改革的策划。

（3）专题研究层面的评估总结与反馈

专题研究层面的评估结果反馈体现出学科或专题研究的独特性、重要性，具体分析各领域改革问题以及教师个人、团队的发展状态。

一般说来，专题研究层面的评估反馈主要有两种方式。

一是现场评估中的骨干教师研讨会。在现场评估中，不同学科评估小组，通过现场的"听—说—评课"和教研组座谈会，真实地发现、归纳出其中的共性问题。而相关学科教师都全程参与各自所教学科的"听—说—评课"活动，有着深切体会和自己的思考。因此，评估小组和教师都成为评价者，结合具体的课例，共同指向评估中所涌现出的共性问题进行研讨。此种即时性的评估反馈尽管不是很系统，但是可以"趁热打铁"，起到事半功倍的学习效果。

二是评估结束后的专题总结交流会，各领域评估小组对此次评估所集中呈现出来的问题、成功经验，进行全面、系统地整理和理论提升，各学校相应的年级组、教研组和开课教师也进行多次反思总结和比较式学习、研究。因而，教师先谈自己对相关课例的具体评点、学习体悟和自我反思、工作策划等；评估小组在对教师的反思和研习状态进行评价的基础上，更加深入地分析学校变革中的问题、推广成功经验以及策划下一步的改革工作，等等。

通过中期评估总结前一阶段的研究工作和系统、全面地推进，依据各自发展状态，不同学校改革到达的水平大致可以分为三个层次。

第一层次的学校，在学科教学、学生工作、教师队伍、学校领导与管理以及学生质量整体提升等各个方面都有强势发展，评估组努力促进这些学校"优"化，让它把好的方面突出出来。这种"优"不是点状的、临时的"优"，而是"全实深"系统意义上的"优"，促使其朝着最终形成学校特色、个性发展的目标前行。

第三层次的学校，离成型性要求有较大的距离，此类学校基本上，入门底线需完成的变革任务尚未完全实现，还需经过较大的努力，才能在整体上进入新基础教育阶段。

第二层次的学校，处于第一、三层次的中间，他们已基本完成底线要求，有点状或局部的重点突破和改革经验，但尚需提升改革领导力量和核心力量的领导力与发展水平，整合校内积极力量，通过评估在放大经验的同时，发现弱项，进一步强化研究的中坚力量，提升骨干力量的自觉性、引领意识和事业追求。

通过中期评估的学校，逐渐迈向"新基础教育"意义上的初步成型阶段，需要切实做好"全、实、深"，逐步走向"精、特、美"，使研究走"根深叶茂"之路。为此，评估之后，学校再接再厉，通过下一阶段的全面、全员、深化改革，走出学校整体成型之路。

五、初步成型：在"全、实、深"中追求"精、特、美"

学校初步成型期望达到的目标是"全、实、深"。然后，在"全、实、深"基础上创造"精、特、美"。其中，"全、实、深"是基础，没有达到"全、实、深"，所谓的"精、特、美"就是点状的个别现象，还不是整体转型的"精、特、美"。

"精、特、美"是在"全、实、深"基础上对发展的高标要求。学校成型的底线要求是"全、实、深"；更高的要求是做出"精品"，在"精"的基础上形成"特色"，在"特色"的基础上达到外在与内在美的统一。它是"全实深"积淀后绽放出来的"一片亮色"。在"新基础教育"研究成型性阶段中创建出来的新型学校，既具有新基础共性又各具特色，呈现出"群体优秀、各有个性和特色"的整体高质量形象。

（一）学校整体转型初步完成的标识

新型学校的特质和整体形态，用前面已经提到的20字概括，即"价值提升、重心下移、结构开放、过程互动、动力内化"[①]。具体表现在如下方面：

第一，"新基础教育"的学生立场和成事成人原则成为学校领导和骨干教师的基本信念，自觉践行，全校教师在思想上普遍接受，在行动上普遍进入。

[①] 叶澜. "新基础教育"论——关于当代中国学校变革的探究与认识[M]. 北京：教育科学出版社，2006：230—238.

第二，学校整体架构（组织、制度、机制）形成新关联，重心下移，发生系统变革，即：不仅内在构成，如组织构架、制度系统、管理机制等发生变化，而且形成内部各领域和内外部的结构开放与互动，开始有机化了。

第三，从"人"的变化来看，领导团队的领导力、研究力、凝聚力和创造力有了新的提升，为学校创造性地推进"新基础教育"，提供重要的领导保证。教师队伍方面形成学科教师和班主任两个系列的骨干群体，教研组和年级组的功能发生重要变化，在推进变革、扩大研究队伍、提升教育教学质量上起到积极的作用；教师队伍在结构、质量上，发生了开展变革内动力的重要变化。学校每天进行的日常教育教学实践出现"过程互动"的"新质"，师生在校生存状态焕发出"生命·实践"的创造活力。研究表明，凡是教研组长、年级组长领导得力，学科教学和学生工作就开展得好。动力内化，再一次体现"人"的因素具有决定作用。

第四，学校文化发生内在变化。形成新常规、新秩序；教师有志于自身提升，学生积极参与学校各项活动；学校呈现积极向上的精神面貌，致力于学校文化个性和特质的创造；学校与社区和社会形成开放、互动的共赢关系，内外部共同育人；学校的社会评价提升。

（二）基础和高标："全、实、深"与"精、特、美"

在冲刺阶段，学校需要有加倍的勇气和努力，用自己的实践和智慧在已有的水平上，向"新基础教育"追求的目标迈进一大步：切实做好"全、实、深"，努力培育"精、特、美"，追求"教育美"。"全、实、深"是"新基础教育"基本要求，做不好全、实、深，不可能有转型性变革，更不可能有整体新型的精、特、美。

1. 基础要求："全、实、深"

第一，"全"：全面推进"新基础教育"实现整体化。

"全"针对的是个别、点状、临时、割裂，追求的是全员、全面、日常、长程、有机整合。

（1）基础学科全员参加

一直在进行的语数外三门学科教学改革和班级建设是"新基础教育"研究的核心领域，这些领域中的所有教师全体投入改革。在新进教师较多的学校，创造出新教师融入改革的经验，青年教师可以成为改革的生力军。

针对新进入的教师开展"补习式"学习。新进入教师，在最初适应阶段对学校的认识，将影响他在未来很长时间内的学校生存状态。因此，我们精心策划，分阶段、文化浸润式系统培养新教师。首先我们让新进教师感受到实小是一个有文化传统的地方，教师来到实小的第一天就会拿到一本有实小标记的笔记本，扉页上是对他个人的寄语。随后由校长作学校办学情况介绍，从学校文化标志到核心办学理念，学校对师生的培养目标、学校的教育教学改革，新进教师不可能一下子全部理解，因此学校向新进教师赠阅"新基础教育"系列书籍，组织学习。

其次，密切关注教师日常教育教学，树立"重在日常"的意识，学校领导管理团队一个学期至少三次进入到新进教师的课堂：开学初的课堂教学调研、期中调研和期末的新进教师汇报课。

各教研组还有各自的新教师融入措施，如数学组的"磨课俱乐部"，很多新教师从第一次参与活动起，就充分感受到说课、研课、磨课的冲击和兴奋，在后续学习中始终处于"学习自觉"和"研究自觉"的推动中。①

（2）其他学科全面进入

全面启动其他学科，如综合学科中的音乐、体育、美术和科学等都要开展研讨课活动。小学综合学科的全面启动，至少在专题活动中已经得以体现，② 中学其他学科（物理、化学、生物、政治、历史、地理）也要求如此，整体转型，需要综合学科的开放改革和研究推进。

---

① 上海市闵行区实验小学何学锋等著"合作校变革史丛书"．根深叶茂：老校在变革中焕发活力［M］．福州：福建教育出版社，2014．

② 2013年4月11～13日，华东师范大学新基础教育研究中心主办，常州市"新基础教育"生态区承办，举行了以"综合学科教学改革专场"为主题的"新基础教育"生态式推进全国共生体现场研讨会和专题报告。在研讨会的最后环节，叶澜教授作了《综合学科育人价值及其研究重要性》的总报告。

（3）起始年级全程推进

起始年级的课堂教学改革不仅要求教师全员参与，而且还要有力推进。学校在起始年级需要加大工作力度形成合力。在精品学校，小学教师需要从一年级教到五年级，中学教师需要从预备班教到初三，在教师轮换上进行大循环。一直从事毕业班教学的教师更多关注的是成绩，从起始年级带上来的教师会研究学生不同年段的成长需要及其发展递进。在此意义上，班主任就像"大家长"，特别需要大循环长程跟进。

（4）学校各项改革全面协调

学校工作在全面协调中形成合力。学校不设立专门的"新基础教育"研究室，避免把"新基础教育"变成仅仅是研究室里的研究者在做的事，整体转型是要在日常化研究中全面渗透在学校全员的各方面工作中。

第二，"实"：扎实推进"新基础教育"实现日常化。

（1）骨干教师研究日常化

骨干教师的示范作用体现于，他的所有课堂教学、班队活动都具有"新基础教育"的特征，而不只是个别教育教学有新质。骨干教师不是在别人的要求下进行研究和变革，而是一种生命自觉。

教师的教育教学策略影响着学生的思维品质。在这种意义上，教师教学策略的提升不只是激发学生的学习兴趣，还要有利于提高学生的思维品质。因此，骨干教师在日常教学中需要具有教学策路提升的意识。切实改变内心的价值取向，改变头脑里的思维方式，师生在校生存方式的改变才不会落空。

（2）学校管理改革"实地"化

"新基础教育"学校要在不同层面上进行学校管理改革。学校组织发生变革后，其功能必须以新形式发挥出来，以发挥学校组织的实质作用。学校管理还必须在制度、机制上进行变革，以便实现管理的实效性。尤其是直接影响师生在校生存方式的评价制度改革和保障研究进行的运行机制改革等，都要变成推进学校发展的真实力量。

（3）学校研究运行常态化

组织和制度是学校管理中相对静态的部分，运行机制是相对动态的部分，包括内运行和外运行。学校内运行就是，在领导与管理过程中解决实际问题，即校长负责和民主参与的办学机制、分工负责与沟通协作的实施机制、评价反馈与激励完善的发展机制、常规保障与研究创新的动力机制①。外运行则是指吸收外部资源并将其积聚起来，提升资源意识，加强与外部社会资源、行政资源、专业资源的沟通，强化优质资源、如何提升、如何增值。同时，提升学校文化的辐射力。

（4）学生发展整体质量提升显著化

学校所有工作最后落实到学生发展上。"新基础教育"从一开始就未曾与考试相对立；"新基础教育"也从不以牺牲儿童终身发展、全面发展为代价换取好成绩。"新基础教育"以"主动、健康发展"的积极心态、主动能力和健康精神，在培养新人的同时，自然收获好成绩。

学生在幸福童年的成长过程中培养积极主动的态度，学会学习、喜欢学习、主动学习，学会合作、善于合作，积极行动、敢于创造，才能具备当代人实现终身学习和发展的决定性、奠基性条件。

第三，"深"：在深度上体现"新基础教育"精神。

（1）六项专题研究深入开展

在各项专题研究时，校长要组织力量，深入到各学科教学指导纲要的编制、准备、选择以及类典型案例分析。学会利用研究机会，深化研究资源，这既包括"新基础教育"共生体内的学校之间交流，又包括课题组教师的直接指导和本校教师的直接参与专题研究。结合专题研究充分利用各种资源，有助于提升教师的研究力，深化学校发展。

（2）学校文化建设深层推进

学校文化建设是逐层展开的。

学校要根据校史、时代等因素，自觉设计自己的办学理念和校训。

校园环境作为学校文化最表层的载体，学校要营造校园环境，"在环境上

---

① 叶澜主编."新基础教育"学校领导与管理改革指导纲要［M］.桂林：广西师范大学出版社，2009.

要从建筑设计、整体布局与风格、室内外布置、墙面文化、走廊文化和绿化设计等方面"①体现学校文化。

文化建设要深入到组织、制度文化层面。

学校文化最深层的表现是化在师生精神面貌、行为举止和学校各种活动过程及其运行方式中,"它也是学校文化个性形成中最有活力和能将文化精神转换成真实的教育力量的构成"。②文化建设的深层是个体内心,且由内而外呈现在行动中。

(3) 各项工作出现品牌

上述两方面的"深",需要每所学校扎实地去做,后面两方面的"深"是为"精、特、美"创造条件的。

学校各项工作要提升品牌意识,包括项目、活动、人等方面的精品化。新型学校应该有一批有品位的精品新型教师,以及因学校实力所产生的社会影响。

(4) 学校发展体现创生

"新基础教育"学校最后要发展成为具有个性化的独特学校,必然需要学校发展的优势和强势、渗透的文化。学校发展应体现创生,即体现学校的创造力、生存发展的势头,在优势上还要做强。

2. 高标追求:"精、特、美"

做好"全、实、深"才有"整体转型",才能孕育出"精、特、美"。不是点状、点缀、外加的"精、特、美",而是整体、内生的"精、特、美"。

"全、实、深"与"精、特、美"的区别主要是水平要求上的不同。"全、实、深"强调基础,要求各校做到改革研究由局部、点状、部分走向全面、关系、系统覆盖;由间断、集中、非连续走向连续、持久、日常化发展;由表面、模仿、被动应对,做到理解、体悟、主动探究。不完成这些变化,很

---

① 叶澜."新基础教育"论——关于当代中国学校变革的探究与认识[M].北京:教育科学出版社,2006:390.

② 叶澜."新基础教育"论——关于当代中国学校变革的探究与认识[M].北京:教育科学出版社,2006:390.

难在"新基础教育"的意义上，达到高水平的"精、特、美"。

"精、特、美"是高标要求，它是在学校"全实深"整体转型的过程中孕育出来的。

第一，"精"：高质量办学、打造学校精品项目。

（1）学校高质量办学

学校管理在组织、结构、制度、机制等方面体现当代特征，结构开放、过程互动，合理运作，形成高品质的运行常态。在全局和具体的意义上，使"新基础教育"研究进一步成为打造学校"品牌"的动力。学校的办学品质达到高位，办学质量在区内和市内进入先进行列。

（2）在各项专题研究中出精品

创造、推出系列精品的教育、教学典型案例。典型案例要有"新基础教育"理论高含量与广泛的实践基础；经得起时间考验，具有普遍推广的价值；有创新内涵。

（3）社会影响力

学校社会影响力提升，学生质量和学校办学得到所在社区的高度评价。

第二，"特"：形成办学特色、呈现学校个性。

办学特色不等同于特点、特长，特色是一种弥漫，不是点状的表达。"特"与"精"有关系，当"精"有创意，有理念时，不同层次的精品有一致的精神，达到融通，便成特色。学校通过特色创建，开发学生的潜能，丰富师生在校生活，创造师生新的在校生存方式。

（1）办学思想凝练

校长与领导团队有自己的办学思想，领导能力有明显提升；根据本校的传统与实际，形成办学特色与风格。

（2）文化个性显明

学校文化呈现个性特征，师生社团积极开展丰富多彩的活动，形成具有个性的学校年历、学校传统节日和体现特色的系列活动项目。

（3）教学风格独特

教师的基本素养普遍提高，教师队伍整体的精神面貌、业务水平和研究能力呈现出新高度。教师有自己的特长和强项，骨干教师形成自己的教育教学风格，年级组和教研组形成具有年级特点与学科特色的组室文化。

（4）学生风貌阳光

学生具有良好的公民素养、健康的身心和积极进取的人格，富有探索、创造和奋斗的精神；学生个体及不同类型的群体，形成主动策划和实现发展的意识和能力，具备实现发展的知识与能力基础。

第三，"美"：教育外在美与内在美的和谐统一。

"'美'既表现为外显，也蕴涵在学校的活动和师生的精神世界中，学校整体生活呈现出优美的节律和韵味，创造和谐独特的教育美"。①

（1）融通之美

从工作角度看，学校的各项工作和各项工作的内部形成融通之美。就教学工作而言，首先要改变每一学科内部的点状教学状态，形成学科内的系统化和结构化认识，实现每一学科内部的融通。进而不同学科之间的交互融通。因为它们有共通的育人追求和内在逻辑。更进一步的要求是，学科教学和班级建设两大领域相互融通。最终要做到的是，领导层面与教育实践层面相互融通。为什么要融通？因为所有的作用最后都综合地落到人的发展上，人的生命、人的发展本身就是有机的，不是割裂的；实践的影响也是综合的，不是孤立的。这就是"新基础教育"的"生命·实践"观。

从理论与实践互动的角度看，实现理论与实践的融通之美，这是"新基础教育"非常特殊的研究方式。可以说，"新基础教育"最后要实现的沟通是，校长、教师每个人的内在理论是以实践为基础，而且善于从实践中形成理论，即做到个人的理论与实践内在统一，做到个体内在的教育观念、教育理念、教育实践、教育行为、教育习惯等的转化统一。"新基础教育"要做的工作是要形成每一个个体内在的生命自觉。这是有理论支撑的，是对时代发展，对教育中许多问题以及自己有了理解体悟，并在实践中形成的自觉。每

---

① 叶澜．在现实中走出建设新型学校的创业之路［A］．叶澜、李政涛等．"新基础教育"研究史［C］．北京：教育科学出版社，2010：110．

一个体都是创造者，在实践过程中不断创造新东西。只有实现了个体内在理论与实践的沟通我们才能成为具有专业意义上生命自觉的人。

还有"人"与"事"的融通，"事"之"魂"与"体"的融通。所有这些交互生成、相互转化。"新基础"人要通过教育变革，使每所学校最终在整体上呈现出有机生命体特征的、浑然一体的融通和谐之美。

（2）生命活力之美

叶澜教授说过：教育是直面人的生命、通过人的生命、为了人的生命质量的提升而进行的社会实践活动。学校各项工作的主体，都可能自觉、自主、积极地创造，为发展而有成效地开展工作。包括学生，他们是学习的主体，是班级建设生活的主体，是自己生命发展的主体。学校要在整体上呈现出事业与师生蓬勃向上的生命活力之美。

（3）文质兼备之美

文，形式；质，内涵。校园环境、学校工作过程、师生的生存状态在整体上都呈现赏心悦目、文质兼备的美，呈现出内在透出的高品位审美情趣。

（4）个性风格之美

只要是创造性工作就一定会有个性。创新，不能仅理解为别人没做到或做过的我来另做。真正的具有实践价值的创新，是在创造性地解决自己遇到的陌生问题中呈现。这个过程，包括智慧，包括新质的涌现。学校的新质不是外面加进来的，是在工作中一步步创生出来的。有了创生，就会有个性风格。个性风格之美是基于文化传统、办学理念、优势发展和精神风貌等形成的独特，是通过创造性的工作而生成的，在整体上呈现的美。

因此，教育美需要有大境界、大胸怀、大爱心、大智慧的人一起去创造。大家既是教育美的创造主体，又是教育美的构成者，还是教育美的享受主体。"新基础教育"在十多年的研究中，积累了很多资源，只要把资源用好，就有可能做得更好，有可能更快地做到"精、特、美"。

（三）开展学校普查，在"全、实、深"中涌现"精、特、美"

在中期评估后，学校需要集中各种力量和资源，加强后续跟进，继续放大节点效应，一鼓作气，做好"全实深"，努力使学校整体变革与教师发展，通过节点式普查实现新的提升，明晰变革与发展过程中存在的弱项和问题，有针对性重点攻关。为此，学校要与"新基础教育"普查组一起，对学校进行全方位的普遍调查。普查一般安排在中期评估的一学期之后进行。

与中期评估的阶段评价相比，普查是对学校日常研究的普遍调查，意在将此与发展目标、前期评估状态进行比较，找出差距和主要问题，作出具体原因分析，同时发现学校日常研究中的经验与创造，发现有风格潜质的新型教师，促进学校新整体提升。普查的评估标准、评分规则与中期评估保持一致，但普查对象更普遍，全员、全面、全年级、全班级一一查过，所以普查的时间会比较长，4—5天分几轮进行。

1. 普查前做什么

普查是对学校变革进行整体把握，通过综合分析学校的变革与发展状态，全面判断研究的进展水平及其基本特征。与此同时，深入研究学校的整体变革水平，既包括教学改革、班级建设之"事"，也包括校长成长、教师发展之"人"，由此提出符合该校实际状态的进一步改革之建议。学校首先要认清普查目的，做好组织推进工作。

（1）参与普查的校内人员

学校领导、年级组长、教研组长、骨干教师等，是评估组的参与性成员。他们在普查中上课或与校外专家一同听课，共同分析学科组、年级组的教师发展状态，分析学校的变革状态。通过普查，对学校发展中存在的困难和障碍性问题进行进一步深入的研讨。同时，发现研究创造和新型教师。

（2）负责普查的校外成员

根据需要，成立校外普查组，其构成原则与中期评估同。

团队分成不同的普查小组。每个普查小组又有着不同的内部分工：有些成员专门听一门课程（即每位成员负责一门学科），有些成员专门听1到2个班级（即每位成员负责1或2个班级），在评估组织上，保证能从不同班级、不同学科的角度把握学校整体的改革状态。

在普查活动中，普查组要做到：

第一，每次普查，每个人都要听满 6 节课，要做好听课记录；组长做好人员配置。

第二，听课的关注重心是教师在课堂上是否：

➢ 关注全体学生（关注知识结构背景下的关注全体学生），这是对教学过程的底线要求；

➢ 关注教学过程的互动与生成，这是教学过程的核心问题；

➢ 关注教学过程的实性与目标的达成，这是教学过程的落实问题；

➢ 关注教学过程的有机化（浑然一体），这是对课堂教学之"美"的精品追求。

同时，普查组要看到不同类型、不同发展水平的教师所呈现的不同状态，经验和问题，善于发现好课、好教师和具有发展潜质的教师。

2. 普查中做什么

（1）普查日活动安排

学校首先要提前与普查组沟通，做好普查日的活动安排。

普查组成员按照商定的日程，进入学校现场，以年级为单位深入课堂，通过听课分析教学改革及教师发展状态。

➢ 第一，在一天的普查听课中，评估组全面听评一个年级所有教师的课堂教学——包括语文、数学、英语、综合学科（美术、体育、音乐）、班队活动，从而给出该年级的整体分析。

➢ 第二，当天普查结束后，要与学校领导、年级组长、教研组长、骨干教师一起进行简要的交流（学生状态、教师状态、存在问题等）。

➢ 第三，全部普查结束后，普查评估组内经过讨论后形成比较详细的关于学校发展的意见和建议，再和学校一起讨论，主要围绕如何实现学校的自主发展和提升改革的自觉性。

学校为了更好地组织好全方位的、大规模的评估活动，必须全局式作出活动安排。从学校管理层而言，要清楚地认识到在普查活动中真实呈现，尽力把平时研究的思路、轨迹与成果呈现出来，全面地把各学科教师的改革状态呈现出来，把各年级、各班级学生的真实状态呈现出来。就班级、教师、课型等方面都作全面和精心的统筹安排。

  本次普查是以年级为单位，从改革的角度来调查教师和学生的状态。调查的目的在于提升教师的发展，以及教师发展对学生发展的价值。

  为真实呈现教师的发展状态，我们要求学校每一个在编在岗的教师都要参加普查，上至临近退休的老教师，下至工作未满一年的新进师范毕业生。经统计，我校共有47名教师参与了普查，开课107节，做到了全员参与，全学科覆盖，且多数教师至少被听了两节课。

  课型选择方面，本次普查的诸多课型中，有一部分是先前研究得较为成熟的课型，但我们向教师们提出了新的挑战，要求他们在原有基础上完善教学的结构，如同一个教学内容尝试两种不同的教学结构、任教几个平行班的教师在第一次教学后要及时反思，再次走进教室时需要有所重建。同时，我们还拿出了前期没有研究过或是正在研究的内容，尤其是那些研究中遇到问题、迷茫不清的内容，如语文的游记类文章的课型、复习课课型；数学的概念教学、特殊数量关系教学；英语的故事阅读课、语言文化课、拓展课，利用普查的机会请专家把脉、诊断、捉"虫"，在问题中推进研究。

  教师选择方面，对于不同梯队的教师，在本次普查中承担的任务不同。我们并没有因为是普查的因素，就安排第一、二梯队的教师多上课。相反，只安排他们每人承担了1节课的教学。因为我们觉得第一、二梯队的教师发展较为稳定，状态良好，且在以往的集中式评估、结题等大型活动中曾多次"亮相"，专家组对这部分教师的状态都比较熟悉。而第三、四、五梯队教师，尤其是四、五梯队的教师进入研究的时间相对较短，对课型结构的认识、把握还不十分清晰，平时与专家"面对面"接触的机会较少。普查中我们就让专家多听他们的课，让他们有更多的机会去实践，有更多的时间与专家进行面对面的交流。经统计，有13个四、五梯队的教师至少上了三四节普查课，占教师数的28%；有5个四、五梯队的教师承担了两个不同领域的教学任务，如既上语文课、又上班会课，占教师数的10%。虽然有的课并不理想，但我们相信这是研究必经的，是一种历练、一种促动；也许他们一时还无法领悟"新基础教育"的精髓，但他们感受到的是一种强烈的思想触动。实践的次数越多，受到的触动越大。触动最大的要数综合学科教师了，因为他们任教的年级多、班级多，人人都上了好几轮普查课，以至于普查结束后，不少综合学科教师纷纷表示："普查一个月上的研究课比以往一年上的都多，体会和收获也是以往所不能比的……"[1]

学校须按照以下要求做好普查日准备。

首先，在普查主体方面，每天安排一个年级接受普查；年级组长、教研组长、备课组长、相关领导和校长等一起听课普查；相关的年级组长、教研组长、备课组长的课放在第一节，便于他们参与后面的普查工作。

其次，在排课方面：

➢ 学校为研究人员提供一张听课表。

➢ 保证普查年级的每位教师和班主任都有课或活动，且都能够被听到。

➢ 班主任和任课教师重复的时候，语、数、外教师，凡是以前课题组没有听过的，一律开课；凡是听过课的老师，开班队活动。其他学科教师（音、体、美），如果从未被课题组听过课，既是班主任，又是学科教师，那么就要听该教师的两节课，且要求在两个班级开。

➢ 保证每个班级被听到的课不少于3节。

➢ 一周前提供安排好听课表，发至普查小组。

第三，内容选择方面，教学内容按照正常秩序进行，但不能用写作课、练习课替代；不要挑拿手课、样板课作展示；班队活动主题可相同，但要呈现不同班级的独特。

第四，教学设计方面，提交比较详细的教学设计，同一教学内容不同教师提供的不应相同。每位教师能根据集体备课的研讨，结合上课班级具体学情，积极、主动再设计；通过普查，促进教师主动研究自己班的学科教学或班级活动，能够有所感悟、有所促进、有所提高。总之，不是为了查而查，是为了推进而调查。

---

[1] 上海市洵阳路小学朱乃楣校长于2008年6月17日在"新基础教育"校长工作会议上所作的学期总结发言稿。

第五，听课地点基本上安排在原来教室。

(2) 现场研讨和普查指导

普查组在一天时间内对学校一个年级的全体教师的课堂进行普遍调查，涉及该年级的所有班级和学科。通过大规模的调查，深入研究和判断普查学校的课堂状态、教育教学状态、师生发展状态等。与日常化的"听—说—评课"相比，尽管评价者在与上课教师的课间交流中有些对话和交流，但是在评课、反馈以及反思重建方式上有所不同。

整整一天的普查活动中，普查组成员，由于一天6节课的听课安排，只能课间与上课教师进行一些简单的交流，指出教学过程、资源回应等方面的主要问题，并提出一些重建意见。

对于普查日承担平行班教学的教师而言，有的会根据上午普查间隙的评课反馈和重建建议，主动地修改教学设计并努力在下午展现出来，表现出了很强的主动学习意识和反思重建能力（这要求学校在排这类教师的课时，注意两节课之间最好保持足够长的时间间隔）。新基础教师的发展状态和重建能力关系十分密切。重建一方面说明教师勇于改革、善于研究，另一方面也表明其领悟、策划能力比较快。教师此种方式的自我重建是很重要的学习能力。对于只上一节课的教师，他们在听取相关的评课和重建意见后，大多以随笔、手记或后续重建课/活动等方式继续学习与领悟。

3. 普查后做什么

学校在普查后进行全面、具体的总结，吸收普查组的反馈建议，在校内深入交流。一般说来，普查总结和整体反馈主要有两种基本形式，一是在学校层面上的整体反馈和研讨，二是在教研组、年级组层面上的专题讲座和研讨。

(1) 学校层面的普查总结、反馈及发展建议

就学校层面上的反馈和研讨而言，首先是年级普查的及时总结和整体反馈。这是在普查学校一个年级普查结束当天的及时总结和反馈，评课教师根据一天的听课情况对自己负责的学科进行研究分析，并在此基础上对该学科初步作出整体判断。其次是学校普查的总评研讨和整体反馈，这是普查小组

在结束了被评学校所有年级的普查工作后,小组成员经共同研讨,分学科、分年级地具体分析学校改革状态、教师发展水平等作出。无论是年级普查的及时总结和反馈,还是学校普查的总评研讨和反馈,都需要有不同学科、不同年级课堂师生状态以及教师发展水平与精神状态的评析。

学校普查结束以后,被评学校组织各层面对本次普查所呈现出的状态进行分析、总结、反思。每一位教师都对自己的发展状态进行分析、反思,各学科教研组从普查活动中查找问题,撰写学科总结汇报。学校领导班子、各部门召开会议进行总结,梳理普查中呈现出的问题,研究问题的成因,寻找今后发展的方向,形成系统的反思总结报告,以促进学校全面、深度发展。

(2) 教研组层面的专题总结、反馈及发展建议

普查组首先在教研组、年级组层面进行反馈,促进教研组长、年级组长等对自己负责的教研组织和教师团队保持清醒的自我意识。在普查过程中,组长们积极投身其中,在整体上进行活动的策划和安排,在自己开课的同时,也和普查组一同听课,全面了解教师发展的状态、课堂状态以及教育教学改革发展情况,并在切实体会的基础上思考普查组的反馈和建议。这样,他们就能根据教育教学改革的现有发展状态,有针对性地设计专题研讨活动,采用更加有效的方式促进教师发展,真正做到在发展意义上主动策划,引领教育教学改革。

就专题意义上的讲座和研讨而言,这是不同学科通过专题讲座的方式在教研组层面上进行反馈和研讨。学科普查发现一些共性问题、涌现出的创造性经验、亮点以及变革趋势,这是教育教学改革和发展在下一步研究中不可或缺的。

普查组在形成普查报告的过程中,对被评学校优势及其在改革过程中的突破和创新进行详细的分析,认真结合该校以前的改革状态深入研究进一步发展的障碍、困难及其原因,有针对性地对学科教学改革、班级建设、教师队伍建设和教研组建设,提出切实可行的改革建议。

综上,在普查中,被评学校通过自我总结以及普查组的反馈信息,清楚地认识到在"全实深"推进中,各领域的研究轨迹与成效,教师教育理念以

及实践行为的转变状态，骨干教师的持续稳定发展水平以及后续梯队教师的成长水平，等等。同时，通过细致、专业的全覆盖式普查，能清晰地看到学校在各领域研究推进中存在的问题以及学科内与学科间发展的差异问题。通过普查，学校更加清晰研究推进的成效、问题和薄弱环节，从而更加主动地策划、落实"全实深"，领导学校整体转型，实现师生在校生存方式的转变。

（四）推出"精品课"研讨

如果说全面、全员、全程的普查是对学校"全实深"普遍状态的了解，那么"精品课"开放研讨，则是把在"全实深"中涌现出来的点状"精特美"，积聚、集中起来，通过研讨展示活动，扩大新生优质资源的传播和影响力，促进学校整体向新的高端状态运行。

1. 为什么开展"精品课"研讨

"精品课"是学校由"全实深"迈向"精特美"的重要台阶。

一是以精品课的方式，呈现"新基础教育"学科教学改革与学生工作改革的基本思路和结构的实践状态。在学校转型变革研究中，随着教师尤其骨干教师对相关的理论认识与研究的深化、系统化，"新基础教育"研究创生出各类成熟课型与活动系列。"精品课"是这些课型与活动的代表，是多年持续、日常研究积淀和聚焦式的"绽放"。

二是通过"精品课"研讨、推广活动，可使教研组内不同教师，学校各不同学科之间相互交流，在学校层面实现资源共享和相互学习，使差异转化为促进发展的资源，推进学校变革最后一阶段的研究，形成"新基础教育"在学校层面的整体转型。

三是通过"精品课"的推选和研讨，促进参与研究的骨干教师加速成长。"精品课"的高标准，能够引领骨干教师发展，推动第一梯队教师加速发展，成长为专家型教师；带动第二梯队、第三梯队教师持续发展，在研究性变革实践中保持日常、自觉状态。

四是通过"精品课"交流研讨的品牌推进，深化对"新基础好课"标准的认识，并由此达成共识，不仅使更多教师对体现"新基础教育"学科教学改革、学生工作改革的新之"型"有具体感性的认识，而且使教师对体现"精、特、美"的精品课有切实的体悟。

2. 如何推选课型和教师

结合学校普查情况，各学科组全面梳理语文、数学、外语与班队四个专题的前期研究成果。各备课组围绕课型展开日常研讨活动，从中推荐组内精品课例；在教研组、年级组层面，组织全体教师研讨、提炼。

最终，选定将要重点打造、集中开放的精品课型及开课教师。由各教研组或年级组先推荐教师名单和课型，再按照低、中、高年级的分布，择优选出同一专题的4节课。

教研组、年级组"精品课/活动"的推选，需要和日常研究结合起来。这样，推"优"的过程成为加大推进备课组、年级组自主开展研究力度的增值过程，以精品课的"点"促进学校"面"的整体提升。在"精品课"的课型研讨中，坚持备课组全员参与、全程参与，校长、骨干教师全程参与的推进机制。参与者与执教者共同分享研讨过程中的收获与思考，自觉在自己的课堂中运用、实践。

（1）坚持、深化"为学生上课"的价值取向

"新基础教育"永远只为学生上课！这是精品课展示、交流和研讨的宗旨。

"精品课"不仅呈现出对"新基础教育"理解的高端状态，而且呈现出对"新基础教育"研究要求的强化和清晰。好课一定是重心下移的，全体学生积极、主动投入其中；好课对学生的心态、思维等各方面富有挑战性，学生进出课堂发生成长性的变化，可以看到目标达成和学生变化。这意味着：

➢ 第一层次，基础知识和基础能力清晰、巩固，在教学推进中不断有根基地"生长"，全部学生掌握基础知识和基础能力。基础特别弱的学生通过事前或事后，弥补基础方面的重大缺陷；基础特别高的学生在课堂上总有挑战和生长空间。

➢ 第二层次，学生善于运用已有知识去发现新的问题、寻找解决问题的思路和方法。

➢ 第三层次，拓展视野，学生看问题的视野多维度、积极化、个性化，能综合、灵活、创造性地运用知识和能力。

学生主动学习和创造性的培养，不是在哪一个层次上就能达到，而是要在落实三层次目标的达成过程中，通过对学生的主动心态、健全思维的有意识培养才能实现。

（2）突显有意愿、有潜力的新型研究型教师

通过"精品课"研讨，使成长为"专家型教师"的骨干在更大的范围内突显出来。这类教师不仅能做，而且能评说，并讲到点子上，能够说出理论内化和实践创新之后才能说出来的、内含个人生命体验的、深刻和打动人的话语。成为"新基础教育"研究队伍中公认的佼佼者。

在推选"精品课"的活动中，"第一梯队"教师之所以愿意去承担那么多的工作，因为他们已经感受到活动对于自身发展的价值，对于职业生命充实的价值，即研究性变革实践不仅仅是付出，更是成长的重要组成。

3. 如何组织"精品课"现场研讨

"精品课"集中、开放研讨，需要精心组织，以便全校不同学科教师，都能全员参与其中、思考其中。学校可以设计"精品课开放月历表"，就时间、内容、课型、教师等提前进行整体安排。

➢ 以专题为单位，可分语文、数学、外语、班队活动四个专场，连续分布在四周同一日举行，以便最大限度发挥辐射作用。

➢ 学校全体教师若无特殊情况，均可参加4次活动，以便让更多的教师参与研讨。因此，把"精品课"安排在周六。

➢ 研讨主题分为不同的课型、系列，并尽量分布在低、中、高不同年段。

以精品课集中、开放研讨为抓手，一方面让骨干教师锻炼成为"新基础教育"兼职研究员和推广"新基础教育"的核心力量，另一方面打造常态精品课，对成熟课型进行系列化、精品化的梳理、提升和迁移，使其内涵"精、特、美"的意韵；对正在研究的课型和有待开发的课型，提高打造速度、质量和水平，形成具有影响力、领先性的精品课例。

"精品课"的现场研讨，和初始期侧重"捉虫"、诊断、发现问题，进行

重建的评课不同，它侧重在发现精品课内在的好，好在哪里？为什么好？因为推出"精品课"是在学校已走向成型的阶段，有关研究已相对成熟，开"精品课"的目的是要发现和提炼成熟的创造，辐射和推广创造的经验。

4．"精品课"后做什么

"精品课"结束后，学校要以这些课及其研讨的录像为载体，组织"研读"、再研讨，将精品课研究推广，导向持续、导向日常。由此，引导教师在日常教学中，进行问题跟进式的反思与重建，通过纵向年段推进和横向学科间融通两个方面的分析思考，带动学校日常课堂教学研究的新突破、新提高，要求每位教师打造自己的日常精品。

骨干教师在此过程中，并非都承担开课任务，但应努力形成持续、日常、自觉的研究与成长状态，具有对自己发展过程的自觉意识，一方面向更高水平努力，一方面把自己的发展过程作为资源，带动"第二梯队"、"第三梯队"的发展。教师原来在做事上关注得比较多，在自身的发展、已有经验的提升、未来发展目标等等问题关注得比较少。"新基础教育"研究则认为：骨干教师成长经历的回溯总结对其他教师的发展是很好的借鉴。专家型教师的强，不仅体现在业务能力强，也体现在他们的价值取向上，体现在他们对职业生涯体验的变化上。教师的价值取向究竟能不能发生变化？怎么促使它发生变化？什么因素促使它发生变化？教师的悟性如何提升？只有关注了人的发展问题才会有这样的提问、思考与实践、研究，这些资源的聚焦提炼，不仅会为其他教师带来业务上的指导，更会带来精神上的推动，教师内部群体的精神生活会得到新的提升。

第三章

学校领导与管理改革研究[①]

学校领导与管理改革属于全局、顶层设计层面。学校领导与管理的变革，在学校转型性变革中具有双重指向：一是指向领导与管理层面本身的重建，具有"大脑总指挥"质量更新的价值；一是指向对学校变革的领导与管理，这是学校转型性变革中领导层不可推卸的责任。

[①] 自本章至第五章的主要参考文献：（1）叶澜. "新基础教育"论——关于当代中国学校变革的探究与认识［M］. 北京：教育科学出版社，2006.（2）叶澜. "新基础教育"探索性研究报告集［R］. 上海：上海三联书店，1999.（3）叶澜. "新基础教育"发展性研究丛书（一套三本）. 北京：中国轻工业出版社，2004.（4）叶澜. "新基础教育"成型性研究丛书（一套七本）［C］. 桂林：广西师范大学出版社，2009.（5）叶澜. "生命·实践"教育学论著系列二："当代中国基础教育学校变革研究"丛书（系列二共八本）［C］. 福州：福建教育出版社，2014.（6）叶澜. "生命·实践"教育学论著系列三："合作校变革史"丛书（系列三共十本）［C］. 福州：福建教育出版社，2014.

一、学校领导与管理改革目标

(一) 常见问题的反思

"就总体而言，我国中小学在正规管理系统内的生存环境是较逼仄和繁杂的。站在中小学的立场向上看，真是压力层层、要求纷繁、干扰过多、牵制甚大。在宏观改革意义上解放学校'生产力'，真正把办学的自主权还给学校，并给予政策、法律上的支持与保障，已经成为我国学校改革发展的瓶颈式迫切任务。"① 就学校内的运行状态看，当前学校管理中存在的主要问题是：重心太高，导致价值浅表化，见事不见人；目标太泛，导致思维简单化，会刚不会柔。最集中的表现是：学校缺乏自我，以学校中长期发展规划的制定为例：

学校在制定发展规划中领导与管理改革部分时的主要问题是，对基本情况的分析不够具体，即对自己的"家底"中哪些是真正、独特的优势，哪些是发展中的问题，以及它们的具体表现，在认识上比较抽象、模糊、笼统。在学校开展"新基础教育"研究与发展策划阶段，大部分校长在办学理念、学校改革与发展等方面存在着"多共性、雷同，缺个性、思考"等问题。

一是缺乏具体性，即缺乏针对自己所在学校而应有的、有着个人自主思考的办学理念。在此说的"个人的"，并不是指由校长独创的、发明的、第一次提出的办学理念，而是指校长和校领导集体的成员应有的关于如何办好自己所在学校的基本理念与方针的共识。大部分校长对于如何办学，每一年、每一学期、每一阶段的目标是什么和如何做，往往根据上级文件、领导报告提出的普遍要求通过演绎而形成。学校不同层面上的工作计划及文件，几乎

---

① 叶澜."新基础教育"论——关于当代中国学校变革的探究与认识 [M]. 北京：教育科学出版社，2006：330.

都有相似的内容与话语,看不出学校校长自己的思想,读不出个人风格,学期或学年小结也大致如此。长此以往,工作计划和总结渐渐异化为形式,主要为"向上"报告所用,"唯上意识"也在校长头脑中扎下根来。

二是缺乏研究性,即缺乏对自己学校状态的深入研究、现状反思,较多的是大致掌握基本情况,对教育、教学的具体状态、总体面貌,对学生、教师的精神面貌、所思所求、欢乐与苦恼,校长真正知情和关注并不多。在校长头脑中印象较强烈的是两端,"有问题的"或"好的"班级、学生和教师。造成这种情况的原因并不全在校长。我国各级教育行政部门的管理方式、评价标准使得校长负责制并未真正落实,责权不配套,存在着许多束缚校长、干扰校长工作的制度与行事方式,都是外在的客观原因。但这些还不至于让校长完全没有空间、完全不能有所作为。

三是缺乏发展性,即缺乏学校发展中存在的问题、自我发展空间以及未来发展目标的清晰认识。

四是见事不见人,罗列学校做过的事、在做的事、将做的事,取得的成绩和荣誉,很少涉及教师的真实发展、文化的内涵提升,更少涉及领导自身的内涵式发展变化,尤其是思维品质的改进。

(二) 改革目标的重建

学校领导与管理改革的核心目标是:在"新基础教育"追求价值提升、重心下移、结构开放、过程互动、动力内化的新型学校理念指导下,确立"成人·成事"价值观,积极推进"责任人"与"合作者"双重角色转换,集聚学校发展资源。使学校逐步走向依靠文化、提升管理境界,促使发展动力内化、日常化。具体而言:

目标一:改革管理组织、制度,形成"成人·成事"价值观指导下的新运行机制

在学校整体转型过程中,通过对学校发展状态、改革目标、改革进程、存在问题与新发展空间的综合认识,建立以"成人·成事"为价值导向,学校内部职责清晰、高效协同、多元沟通的新型扁平化网络式组织结构,形成

涵盖全面、结构合理、有助于全体学校成员健康发展、主动参与变革和学校建设的制度系统，探索学校运行过程中合理互动、创生发展的新机制。

目标二：促进学校领导与管理者实现观念与角色更新，创建学校新文化

学校管理者观念与角色的自我更新，具有示范和引领作用。校长和中层管理人员要充分认识学校领导团队对"新基础教育"研究工作的推进作用，加强学校领导与管理变革，努力实现学校领导管理观的系统更新，形成"责任人与合作者"的人际关系，形成"常规秩序与推进变革"的管理功能，使"分割与统整"的学校时空，成为实现学校日常教育意义的时空，内生出学校新文化。只有在变革实践中，逐渐形成师生在学校、课堂和班级里的教育教学新行为，才能实现师生在校生存方式的真改变，这样体现和提炼出来的学校文化，才是自己创建出来的，而不是贴在墙上的标语口号。

目标三：培养出一支具有自我意识、发展意识和"教师立场"，善于学习、引领变革、主动策划、富有活力的领导团队

提升学校领导的思维品质并改变领导方式，拓展每位学校领导和教师展现智慧与才能、实现主动健康发展的成长空间，在改变师生在校生存方式的同时改变自身生存方式，在管理领域中实现"成人"与"成事"的内在统一，形成一个实践"新基础教育"核心理念，既富有事业责任心又充满活力，关心人与关心工作相结合，具有学习重建能力，锐意改革、团结合作、民主集中的管理团队。

目标四：在学校变革实践中，探索并逐步形成符合当代中国学校变革方向的新型学校领导发展与管理变革理论、策略与经验

通过重建当代学校的价值理念、组织架构、制度等逐渐系统更新，形成组织创新、制度变革和机制探索、新文化创生的学校新型态，以"整体布局、长程规划、分段实施、适时调整、重点推进、综合提升"的策略思想，从实际出发创新领导方式和策略，进一步推进学校日常生活的更新，学校中人的生存方式的整体转换，创建新的学校生活形态，促进学校的内涵发展、主动发展和可持续发展。

二、制定学校发展规划：重心下移，校本自觉

（一）制定学校发展规划的目的

实现学校转型性变革，首先在校长与学校领导层面上，必须改变参照系，重新认识学校自我，制定学校 3～5 年中长期发展规划。[①] 学校发展规划制定的目的在于，基于学校具体情况，以研究方式策划学校发展，同时由此实现校长及领导班子的自身发展。

（二）学校发展规划的主要内容及要求

1. 发展规划的主要内容

制定学校发展规划的关键是，要明白各部分之间的相互关联性，只有想清楚了，才能做得有效。

（1）现状分析

现状是指学校当前的发展现状。现状分析包括：

第一，优势分析。任何一所学校在做"新基础教育"时，都不是从零开始，都有着自身独特的发展历程与基础。

第二，问题分析。学校必须基于学校发展的基本数据，在调研的基础上，认真地开展问题分析，防止太抽象、太概括，看不出问题具体表现在哪里。进行问题分析是要让每个人都明白：学校进一步发展还存在什么问题，存在哪些困难与障碍，以及欠缺的条件，等等。

第三，潜势分析。研究学校的发展空间和可能性在哪里。

以上三方面是对学校自身发展状态的把握，现状分析是认清自我、制定今后发展目标的依据。

[①] 学校发展规划的内容与格式，详见第二章的相关内容。

现状分析容易出现表面化和肤浅化的问题：低估或高估自己的成绩与问题，抽象地谈成绩，笼统地说问题；简单地罗列成绩或只把成绩视为优势，缺乏对问题产生原因的分析；尤其是，还不习惯对发展可能性作深入分析，现状分析尚不能为发展目标的设定提供依据。这需要几次反复、上上下下的研讨才能改进。

（2）发展目标

第一，确定发展目标的指导思想。第二，学校发展的总体目标，要描述出学校发展达到的整体状态。第三，分项目标，如对教师、学生、学校领导、教研组、年级组、文化建设等期望达到什么状态要有清晰的表达。分项目标能比较具体地描绘出今后的学校发展、"人"的发展、学校文化发展等方面蓝图。分项目标要把定性要求写清楚，定量要求可以放在后面分项分阶段目标中表达。

在现状分析与发展目标的对照中，能更清晰地看到今后3~5年左右的时间内，学校要发展到怎样的、不同于今日阶段的新水平。

此外，这部分可以加一个推进策略，推进策略可以和指导思想放在一起写，也可以分开写。

在指导思想和发展目标部分，需要防止：

➢ "理念戴帽"，众多理论拼凑成指导思想的"大杂烩"。不区分"新基础教育"研究与学校已有教改项目之间的差异，不分主次，把各种不相干甚至与"新基础教育"理念相冲突的教育理论均列入指导思想，戴上"新基础教育"研究之帽。实质上，这是没有真正明白"新基础教育"研究整体独特性的表现。

➢ "套用理论"，理论分析与学校实践变革之间缺乏内在联系。缺乏针对性是最易出现的问题，原因在于简单套用"新基础教育"研究理论、概念，甚至是口号式表达，而没有深刻结合自己的学校实际进行理论分析，没有转化为针对自己学校独特性的发展目标。

➢ "科研窄化"，将现在强调的"科研成果"理解为学校整体转型，因此将"新基础教育"研究简单理解为写论文、做课题等，要么将学校以前做的

119

或正在做的课题不加分析地纳入规划中，要么将发展目标主要定位为科研成果。

（3）主要领域及任务

这是关于学校日常教育改革实践各领域内分项任务的表达，要把改革实践及相关工作与人的发展沟通起来写，体现成事、成人的统一。主要包括：

第一，学校管理改革和学校领导团队建设。在学校管理方面，需要开展组织、制度等方面的研究，实现"重心下移"，调动学校全体成员的内在积极性和自主性，形成广大师生能主动参与的学校办学体制。在此基础上，深入推进机制研究，还要把期望达到的领导团队的状态、群体的状态、个体的状态、作为"第一责任人"的校长状态等作清晰表达。

第二，课堂教学改革与学科教师队伍建设。把做事和做事之人的发展结合。

第三，学生工作改革与班主任队伍建设。其中包括个体与群体、年级组建设。

第四，学校文化系统创建与学生整体发展。须对学校文化核心精神进行提炼，并作精要表达。学校文化精神是历史积淀、教育理念和未来期望融通后的结晶。为实现学校文化的创建，既要把学校的全面工作进行整合，又要把学校文化的精神渗透到各项工作中，创建学校文化系统。

以上四点最终都要落到每个学生的整体发展上。无论是学生工作改革还是课堂教学改革，都是为了学生的发展。管理主体的发展要引领和支持师生的发展，教师在改革教学教育的过程中同时实现自身的发展，只有工作主体发展好了，才能为学生的发展创造更多可能。

第五，学校、家庭、社会的沟通与学校发展力量的多方集聚与辐射。随着改革的推进，这一整合范围变得更大。

在学校"两层次三领域"变革中，学校文化作为灵魂必须渗透其中。学校文化是渗透性、弥漫性的，浸润在其中的，是学校发展内动力中的人文之翼。科研是一种创业精神、创业能力、可持续发展的能力，它也应该渗透在学校的一切工作中，这是学校发展的理性之翼。这两翼都向学校内部渗透，学校状态描绘至此，就呈现出其内涵发展的整体状态。学校内涵发展还要和环境之间产生相互作用，即作生态思考。学校要跟社会、社区、家庭联系沟通起来，学校要从社会、社区、家庭吸收能量，又要成为改造、促进社会发展和家庭和美的重要力量。这样把各层面的成事和成人都融通起来。

分项任务实际上是多层次、局部和整体、事和人、主体和环境关系的表达，不仅要看到分项，更要看到它们之间的内在联系。目标通过分领域的具体说明，通过各领域的阶段研究才能实现，这是总目标与分领域任务之间的关系。

（4）阶段任务

阶段任务是以时间为维度的任务具体化、操作化的表达，明确每一阶段要达到的目标、阶段推进的主要任务与措施，可以采用质性描述与量化表达相结合的方式进行说明。一般可分为如下阶段（以下五点内容，详见第二章有关部分）：

第一，学习、策划学校建设，形成发展规划。

该阶段要在学习"新基础教育"研究成果的基础上，解读"学校自我"，制定本校建设初步规划及总方案，进而形成研究启动后第一学期开展工作的行动具体规划。规划形成不要成为"校内秀才"或科研室负责人的写作过程，而要成为本校开展学校转型性变革的发动、凝聚和学习过程，成为学校全体教师参与学校发展过程和实现自我发展的认识与策划过程。

第二，逐步、逐年有重点推进，不断巩固、发扬和整合阶段研究成果。

在变革实践与研究中，学校建设要达到整体呈现和初见成效的目标，形成系统的课题研究，不断提炼、整合现有实践研究成果，形成系列课题推进、分批开展研究，如组织、申报一批课题进入到学校实践日常化的领域，紧随其后第二批（或第三批）课题研究进入策划状态。学校要制定每学期的具体规划。

第三，新型学校创建过程的中期评估、重新策划、规划调整阶段。

学校要把中期评估等节点活动的效应放大，使其在活动前推向全体，活动中全力投入，活动后在推广校本经验的同时，生成新思路、新做法的过程，围绕后续的研究目标与任务，对学校各中层部门的职责以及管理人员的分工进行微调，根据中期评估反馈，完善工作机制、组织机构及其内部组织架构、工作程序及日常运行，同时对制度系统再次进行梳理，进行重点整体修订完善。

第四，学校建设的普查、调研与各领域重点推进。

该阶段是"新基础教育"研究达到"全实深"的阶段，采取与中期评估基本相同的策略，放大推进改革的功效。这是一个扎扎实实按照新目标朝前推进的时期，有思考、有研究、有总结地做，才能在现有基础上，通过后续研究达到预期目标。

普查重点是聚焦日常，做好"全实深"。后期研究能否取得成功，最关键的是要看各领域的研究是否实现日常化。因此，各项工作的推进，必须聚焦日常，在日常状态下达到"全实深"的要求。

第五，提升、形成个性、特色与系统化推进阶段。

这是研究实践提升、深化、系统化，强化形成学校整体新个性的重要阶段。

"新基础教育"研究最重要的目标就是要实现新型学校的整体转型。在后续研究推进中，要围绕新型学校转型的五大特质："价值提升、重心下移、结构开放、过程互动、动力内化"，在前期实践变革的基础上，进一步加强实践，边探索、边创造、边积累、边总结，通过制度完善、机制形成，来实现整体转型。

二是关注整体和谐，关注品牌创建，呈现"精特美"。在后续研究中，通过对整体和谐的关注，对品牌创建的关注，达到"精特美"的高境界。

2. 发展规划的撰写要求

学校规划的整体框架要求不是简单的格式问题，而是如何理解一个学校的发展的整体表达。为做好这个规划，校长必须带头思考、明确哪些问题呢？

规划的格式、结构容易学，形式容易完整，但是内容有机比较难。"现状分析"、"指导思想和发展目标"、"分领域任务与实施策略"这三大部分之间缺乏内在联系，通常表现为：现状不清，导致目标不明，继而策略缺乏针对性。

其一，明晰学校规划必须要做哪些方面，一定要包含这些内容。整体框架实际上反映学校对"新基础教育"的理解，哪些方面一定要做，整体上解决什么问题，如何去做。如：在成事成人关系上，到底以什么作为主线？有的学校以成人为主线，包括学校领导发展、教师发展、学生发展。但问题是怎么实现这些发展呢？最终是通过成事来实现。所以，真正要做、要加强的是"事"，但在做事的过程中都要有成人的目标。

在一定意义上，成人是最终目标，成事是成人的抓手和体现，事要做好又能促进人的发展。这是在规划中需要重点思考的。

其二，总项与分项的关系。它要表达各项工作在一个阶段所必须完成的任务（包括指标），要一目了然，还要体现各项任务上、下、左、右的关联性。在实际规划中有一些常见现象：有的学校写了，有的没有写；有的学校有总项但没有分项，有的学校有分的但没有整的；有的学校总的表达是各个分项之和，几项工作呈并列关系。

其三，阶段分析。阶段分析是工作阶段及其时段划分。如果阶段意识不够强，即使有时段意识，在表述上也容易缺乏分与统的有机性，缺乏整体渗透。

（三）修订发展规划的过程及其价值

第一次学校规划的制定往往需要用一个学期的时间，经过多次（至少是 3 次）修订后才定稿。这是一个试点研究与整体制定规划同步进行的过程，并因同步而使规划更具现实可行性，能及时发现改革可能出现的新问题，及时关注、反映到规划之中。中期评估之后，又要用同样的方式与相近的时间，开展学校规划后续修订。但基础状态、发展要求都有了很大变化，这正是规划须修改的重要原因。

第一，通过规划的反复修改，加深对"新基础教育"研究的终极目标的认识。即我们要建设怎样的新型学校，造就怎样的师生学校生活，只有通过反复的修改、调整，才能越来越清晰，"新基础教育"研究的目标最终才能在学校发展中得到具体体现。

第二，学校规划上上下下制定、修改的过程，就是深入全校师生人心的过程。学校领导要合理配置、利用、拓展积极的资源，形成具体可行的、具有发展性的行动方案；做出高质量的、具有"新基础教育"含金量的、富有个性的研究方案。

规划不是给别人看的，而是自己要去做的。因此，制定规划时，要思考为什么要这样做？能不能做到？如何去做？这是规划之所以反复修改的所求，是它对于整个学校发展和实现"新基础教育"共同追求的重要意义。制定发展规划的最终目标不是形成规划文本，而是要使规划深入每位相关人员的头脑中，每个人都能从规划中看到学校的发展，看到自己可能有的前景、需要努力的方向和行动的要求。在反复研究和上下沟通中，目标任务可以越来越清晰，措施手段也就更加切实可行，目标的达成也就有了更强的保障。这样，规划才具有促进学校发展的生命活力。

第三，提高校长及学校领导团队的领导、策划和学习能力。规划每一稿的状态、改变过程，实际上是校长和领导团队的领导、策划能力如何提升的表现，也是学习能力的表现。不仅要善于读书学习，而且要善于在"新基础教育"各种研讨活动中学习，从教师的各种创造性行为和问题中学习，从中悟出道理。规划有进步，说明学习能力、策划能力、学校团队的领导力有发展。规划稿的撰写状态，体现出校长及领导团队的能力。

"新基础教育"高质量学校的评价从规划修改开始，这个过程具有提高研究水平发展的价值。"新基础教育"研究从来不做形式，做每一件事都要对人、对事有发展效应。

三、随程推进学校组织、制度、机制与文化建设

学校领导与管理改革发展研究的基本内容有六：学校组织变革、学校制

度更新、学校整体运行机制探索、学校文化建设这四个关于"事"的方面，以及学校领导发展和教师发展这两个关于"人"的方面。六方面的改革，事与人相互融通，在成事中成人，以成人促成事，这是"新基础教育"的"成人·成事"价值观。同时，几个方面的事与事之间存在交叉地带，各校在实施时可以各有侧重，同时也相互兼顾、相互协调，努力追求整体效应。基于"新基础教育""成人·成事"的价值目标，学校教师队伍的整体建设是学校领导自始至终要担当的职责。

（一）组织结构扁平网络化

"新基础教育"所提倡和推进的学校组织更新，重在将组织发展和个人发展的决策权"还给"每一个层次、每个领域的组织者和个人；重在提升组织与个体的主动发展的需求和能力，让每个教师成为学校和自我发展的主人；重在多渠道实行不同层次的沟通，相互激活、补充支持，使学校整体呈现出创造、生成和内在发展的活力。通过组织变革，将发展的动力由外内化到组织内部和个体内部，是组织更新的内涵追求。

"新基础教育"研究在学校转型性变革意义上，进行学校组织的更新，在结构、功能、层次、类型等方面加以必要的变革，既成为学校整体变革推进的一部分，又为之提供行之有效的组织保证。就组织变革而言，"新基础教育"集中于学校行政性组织的重组、非行政性组织的创新，由此促进以基层组织为核心的扁平化网络结构。

1. 重组学校行政性组织

在我国学校内部的管理结构上，科层制依然大量存在：高层（校长、副校长、书记、工会等）、中层（德育处、教务处、大队部、总务处、科研室、党组织、工会委员会等）和基层（年级组、少先队、教研组、总务相关科室、各课题组等）三个层次，每个层次都包含着党、政、工三大系列的工作。针对上述科层制的组织结构，按照"扁平化网络式"的学校管理组织，加强对组织结构的网络节点的研究，减少内耗，提高管理效率，对组织机构进行调整。

本着"合并中层部门，实行功能整合"的原则，对原有中层职能部门进行调整。重组学校行政性组织有很多种尝试，其中主要是整合和新建学校中层组织，实现整合组织功能、下移管理重心、减少管理层级的目的，有助于整体协调、集中力量开展研究和学校各项工作。

从纵向组织之间的关系来看，要"纵向到底"，理顺校长室与课程教学部、学生发展部、后勤保障部之间的关系，课程教学部与各教研组之间的关系，学生发展部与各年级组的关系。

从横向组织之间的关系来看，要"横向到边"，理顺课程教学部、学生发展部、后勤保障部之间的关系，各学科教研组之间的关系，各年级组之间的关系。

在2004年9月成型性研究的起步阶段，我校通过一个学期的实践探索，对学校的中层组织机构进行了系统变革与全面重组。

一是将原有的"教导处"和"教科研室"合并重组为"课程教学部"。原因是由于两室分存，客观上使教学实践与研究的职能分割于两个部门，不但影响了研究性变革实践的整体推进，也影响了管理人员的领导方式。名称上的变化，主要是为了从意识上增强管理层与全体教师"在课程背景下的学校教学变革与研究"的意识，去掉"科研"两个字，也是为了要将科研的意识整体和全面地渗透在各部门与各层面的工作中。该部门的重组在职能上主要是增强对于试验推进中课程、教学的整体研究策划、领导与执行能力。

二是将原有"德育室"改名为"学生工作部"。名称上的调整，主要是为了拓展管理人员与教师的学生工作视野，改变学生工作概念窄化的德育观念，要在工作策划与研究实践中，引导管理人员和教师全面而整体地关注学生发展。职能上主要是扩展了该部门工作推进的覆盖面，强化了工作推进中的研究和学生立场。

三是将原有"总务处"、"校务办公室"和"寄宿部"合并重组为"校务管理部"。名称上的调整主要是从现代学校意义上，增强后勤服务保障的管理与协调意识；职能上主要是为了避免原来三个部门的交叉重复，增强工作推进中的研究和整体性、系统性。

四是新增"信息技术部",主要是从教育信息化的发展趋势考虑,以信息环境与专业技术来促进与保障研究推进。

以上中层组织机构的变革与重组,从组织结构与职能分工上重新梳理,意在通过调整,促进与引导学校管理人员以及教师思想与思维方式转变,进而实现管理重心逐步下移,为转型性变革实践在领导与组织架构上提供保障。[1]

整合中层管理机构,将其职能定位为推进整体改革、促进师生发展。通过中层组织的调整,中层管理部门树立引导基层改革、为基层服务,为师生服务的意识。在独立承担相应职责的同时,努力成为校长的智囊团,成为校长领导、策划的参谋和协力共进的合作者。

管理重心下移,还体现在加强基层组织建设上。通过整合基层组织的教师力量,破除学校内部多层宝塔式的科层组织结构,向学校高层与基层直接沟通的扁平式网络组织转换,也就是减少管理层级,从原来的三级管理转向二级管理。如上海市闵行区七宝明强小学,一是将原来介于校长室和年级组、教研组之间的中层管理机构(包括教导处、总务处等)设置为咨询服务系统,建立校长与年级组、教研组之间的直接领导关系,减少管理层级,提高管理的及时性、灵活性、针对性和有效性;二是鉴于学校规模大、基层教师多,有创意地将基层教师团队整合起来,成立"年级管理委员会"[2](简称"年管会"),其成员大部分是由普通教师担任,真正实现管理重心下移,充分发挥广大教师的积极性,把日常管理、监控、指导和部分评价、分配的权力下放给年管会。在具体工作中,年管会分步骤地行使职能,发挥新的作用,整合多项功能。比如,开学初,各级年管会联合起来,召开一次研讨会,每个年级根据自己的工作计划,介绍一个"创意";学期末,各级年管会再次联合起

---

[1] 在转型性变革中实现百年老校的更新式发展——上海市闵行区实验小学"新基础教育"成型性研究报告 [C]. 叶澜. "新基础教育"成型性研究报告集 [R]. 桂林:广西师范大学出版社,2009:259.

[2] 上海市七宝明强小学顾文秀等著"合作校变革史丛书". 生命自觉:新型教育者的成长之路 [M]. 福州:福建教育出版社,2014.

来，召开一次"三推会",即每个年级都要推出经验、推出榜样、推出问题。

2. 创建非行政性组织

在学校变革中创生的非行政性组织,是由教师(包括学校领导)以研究、改进工作和自我发展为宗旨,通过自愿组合而形成的非固定、非行政意义上的组织。这些组织不同于以兴趣、爱好为宗旨的教师社团活动,也不同于社会上的志愿者组织,它是业务型的,但不是行政规定的教研组或年级组。这些组织在激发教师研究热情,提升发展的自觉需要与主动性、自主性方面都有积极的作用。因为是教师自己的选择,从活动的目标、内容、方式等方面都由教师自己决定,学校行政的作用只是给予包括活动经费在内的相关支持,为他们提供表达、交流和切磋的平台。校内非行政性组织的兴起和活动的积极开展,使普通的教师也成为自己工作和专业发展的自觉决策者,不再是学校命令的被动执行者。他们与志同道合者进行更多的合作与交流,使学校改革呈现出来自一线教师自觉投入的生动局面。

"新基础教育"基地学校在建设非行政性组织方面作出了不同的尝试与创造,并取得各种经验。教师参与改革主动性的提升,最初由教师自愿参加的一系列活动引发,如常州市第二实验小学举行的"专题沙龙"、"深度会谈"[1]等。一般由研究负责人主持,选出大家认为需要作专题讨论的主题,而后在有准备的情况下举行"专题沙龙",通过专题讨论聚焦出的新问题,成为"深度会谈"的主题。讨论主题来自教师并在过程中生成的特点,使教师有了自主感和贴切感,学习、研究不再是领导布置的任务。

"新基础教育"研究进入基地学校建设阶段之初,上海市洵阳路小学在"新基础教育"研究中成长起来的骨干教师,产生了非行政性组织的组合需要,组建了教师专业委员会、阳光工作室[2]等,打破了教研组和年级组的局限,骨干教师在一起研讨自身如何进一步发展,如何带动更多教师积极、有

---

[1] 常州市第二实验小学王冬娟等著"合作校变革史丛书". 越而胜己:源于坚持日常实践变革之伟力 [M]. 福州:福建教育出版社,2014.

[2] 上海市普陀区洵阳路小学朱乃楣等著"合作校变革史丛书". 寻阳之路:从选择探索到扎根内生 [M]. 福州:福建教育出版社,2014.

效参与变革的问题。这是一种跨学科、年级，但在专业发展水平上相近的教师组成的非行政组织。

通过重组和新建中层组织机构，加强基层组织的研究活力，赋予基层的教研组、年级组更多的自主决策权，把管理的重心移到较低的层级，自发按需组建非行政性组织，发挥一线教师的主动性、参与性和创造性，给予其发展空间。学校领导层也因此能摆脱一些事务，更多地思考学校发展的关键性问题，研究教师发展等复杂、重大的根本问题。

（二）学校管理制度改革

在学校领导与管理中，组织重建与制度更新有内在关系。组织重建更多关系到的是学校如何合理、有效分权和还权的问题，作用在于主动性和创造力的激发；制度则是为激活了的主体的工作提供基础性保证，使各领域研究在新的组织形态中有序、有效、高质量开展，实现"人"与"事"的共同发展。

1. 反思、梳理学校现存制度

目前学校管理制度普遍存在种类多、数量大、层次不清，制度文本让人眼花缭乱的总体性问题。这是制度相对稳定，又经常根据形势要求、因事制定、不断做加法的结果。这种学校制度状态会产生人被窒息管死的感觉，或者因大量制度名存实亡，人们对制度也不在乎了。

学校制度更新必须从分析、研究学校的现存制度入手。要围绕"成人·成事"价值观，在新的学校转型变革的参照系下，对现有制度进行分析、清理，认识问题和明晰新的学校制度系统的框架。为此，不仅要修改或取消、合并某些具体制度，而且要补充必要的新的制度。在清晰制度的功能与对象的基础上，进一步搭建新的制度框架。

上海市闵行区华坪小学，在学校制度更新上做了深入、细致的研究，根据"新基础教育"的学校管理与领导观，以学校转型性变革作为参照，通过系统的文本分析，对现有制度的来源、形成及其局限进行清理。

2004年10月，我们统计校级制度有90项之多，虽然其中有35项作为成功的经验汇集成册，进行推广，但还是存在明显的不足：

机构不完整——基本上由行政来制定，多是微观运行制度，缺乏一个学校的整体形象，以及中观系统规划的体现。

分布不均衡——主要集中在教学、德育、后勤，缺少教育研究和民主管理方面的制度。

形式不规范——内容、格式、语言零乱琐碎，大多是原始的口语化痕迹，缺乏一个统一的整理和编撰。

内容不合时——随着"新基础教育"的深入，有些制度的执行与教师工作的日常创新发生冲突。

从学校管理本身来看，学校以往是一种科层制的自上而下的垂直管理，较多反映的是一种"管"的理念，没有"法"的体现，较多反映的是一种"堵"的意图，而不是"导"的措施，其问题体现为"四多四少"：要求多，指导少；常规多，创新少；散点多，系列少；检查多，实效少。

➢ 只强调制度化约束，缺乏对师生权利和义务的人文关怀。

➢ 只关注结果性评价，缺乏对事件的过程干预和预案设计。

➢ 只强调各部门独立操作，缺乏对学校整体工作的协调和长远考虑。

如此管理，疲于奔命，加重负担，降低效率，追求的只是短期效应，目中无人，对师生的发展不利，没有能够体现管理的育人价值。

找到问题，才能找到发展空间；找到现存制度的问题，制度改革才能有的放矢。

2. 整体重建学校制度

制度重建过程，是学校转型变革的重要构成和推进过程。学校通过意见汇总、初步修订、实践试行、阶段完善等多次上上下下的过程，广泛发动教职员工积极参与。新制度的形成过程，成了学校共同意志和愿望的形成过程，制度不再是完全外在的规定，也不再是被高高挂起的存在。

仍以华坪小学为例，该校在对已有制度进行系统反思、梳理的基础上，明确了制度的功能在于：发挥管理与引导、自律与他律、保障员工权益和提供发展空间、保证基本工作质量和激励贡献创造等相辅相成的方面。在此基础上,对学校原有的 92 项制度进行了逐项分析和系统梳理,通过删、补、改、并,最后形成了 34 项制度。学校将制度中最重要的项目汇编成册,分别称之为"工作指导书"和"教工手册"。从中,可以读出制度与人的发展之间的关系。

第一环节,梳理制度,构建体系,建立愿景,统一认识,整体策划,删、改、并、补制度。

"删除"就是对那些已经过时的制度,实践证明已经达到的指标以及内容重复的部分,快刀斩乱麻删除;

"修改"就是对关系到教师切身利益的制度,自上而下、自下而上地多次讨论,大幅度修改,让教师参与到学校管理当中,对制度有一个自觉的了解和学习;

"合并"就是把原来太多太乱的制度按照一定的系统性整合;

"补充"就是将"新基础教育"中的一些方式、方法整理出来,提升成新的有效制度。

经过两年时间,我们基本上完成了对学校制度的梳理与重建,初步构建了学校制度系统的四大板块,并已经开始正常运作。

➢ 构建共同愿景,培养团队精神的制度。

➢ 规范师生行为,提高教学质量的制度。

➢ 落实法人治理,加强民主管理的制度。

➢ 改革评价考核,激励创新进取的制度。

第二环节是实践完善,教师发展,重心下移,民主参与的策略。

我们把学校最重要的制度和教工最需要的帮助整理成两本手册,一本是《教工手册》,一本是《工作指导书》,人手一份,深受欢迎。

但有些制度在实施评价的时候不尽如人意,还较薄弱、较随意。在动态发展中,不断完善来促进教师的主动发展。

第一步,重心下移,2005 年取消了学科教导建制,没有了语文教导、数学教导,实行扁平化管理,校领导直接面对教研大组,落实教师发展的校本研修。2006 年进一步重心下移,致力于教研组中间力量的辐射,形成了具有和乐特色的教研文化。

第二步，民主参与。以往教代会是民主管理的重要体现，在"新基础教育"的制度建设过程中，我们意识到决策、实施、评价、调整的全过程都应该有老师的民主参与，2005年学校成立一个学生成长策划研究小组，每个年级推选一位教师代表，课题指导也来自小组成员，他们的职责不是开开会、举举手，而是亲身参与学生工作的策划、运行、反馈、调整，对学校工作的全局整合和全面协调起到了很好的作用。[①]

学校管理制度改革的关键是，下移管理重心，下放管理权限，建立"教研组长负责制"、"年级组长负责制"等，让基层负责人主动规划教研组工作，策划组内的师生发展、文化建设、工作考核等工作，管理日常教学、班级建设，开展专题研究。同时，由教研组长、年级组长对本学科、本年级的教学质量以及班级建设、主题班队会等做出承诺。为此，必须赋予教研组长、年级组长一部分评价和分配权，提高主动参与学校管理的热情。

基于对学校管理与学校转型之间关系的认识，着力强化教研组与年级组主动策划、管理的责任与权利，以及调整中层组织机构，进一步探索学校工作重心下移的机制，并形成促进不同管理层面的创造性生成的有效机制。

（三）学校管理机制创生

学校管理运行机制，存在于学校日常的办学实践中，它的系统架构与完善优化，是进一步清晰与提升学校日常办学行为，实现学校系统转型的重要内容。在学校管理转型过程中，运行机制上的突出问题是：教师被规范所限制，使得整体变革进程缓慢。因此，通过优化学校教育运行机制，由控制转向服务，由规定转向引导，为人的成长提供保障与激励。通过系统梳理，"新基础教育"研究在学校转型性变革的过程中，重点提炼出了四大机制："校长负责和民主参与的办学机制"、"分工负责与沟通协作的实施机制"、"评价反馈与激励完善的发展机制"和"常规保证与研究创新的动力机制"。

[①] 上海市闵行区华坪小学王叶婷校长在"新基础教育"小学校长研训班上所作的基地学校校长报告（内部资料）。

1. 校长负责和民主参与的办学机制

正确的决策是学校各项工作取得成功的重要前提。随着教育改革的深入推进与学校各领域工作的整体系统转型，学校的办学决策也必须由经验型向研究型转变，由零散随机型向整体系统型转变，由独断随意型向民主合作型转变。学校的教育决策，大到学校的办学章程、发展规划以及大的课题研究的制定，小到部门内具体工作的策划实施。

在"校长负责和民主参与"办学机制的构建完善中，重点要健全：

一是运用该机制来决策的主要内容包括：学校核心办学思想理念的确立、办学章程的确定、中长期办学规划的制定、主要研究内容的确定、日常重大教育活动项目或是师生活动项目的确定以及学校重要机构变革、人事任免等。

二是明确校长如何负责。校长负责主要是依据校长负责制，对于上述各类教育决策，校长一方面在各类项目的策划设计以及决策过程中，提出主要的想法或者建议，另一方面是对于各类项目的决策具有最终决定权或是审核权，并承担主要责任。

三是明确由哪些人来民主参与以及如何参与。参与学校民主决策的人员与方式，可以分为三大类型：

➢ 第一种类型是由全体学生、家长、教师等整体参与，参与的方式主要是通过咨询形式，填写征询意见表以及调查问卷等，还有就是直接参与投票表决。

➢ 第二种类型是由选出的代表民主参与，一种方式是组织成立由教育类专家、家长代表、社区代表、学校党政工团负责人、各中层部门负责人以及教师学生代表等参与的"学校校长负责与民主参与决策委员会"，由该委员会来完成学校的民主决策；另一种是选举产生教职工代表并成立"教职工代表大会"，以教职工代表大会的形式参与学校的民主决策。

➢ 第三种类型是由学校党政工及中层部门负责人组织的学校党政联席会，来进行民主参与决策。

2. 分工负责与沟通协作的实施机制

有效的实施过程是学校各项工作取得成功的重要保障。学校各项工作的实施推进，有时虽然是由某个部门与条线具体负责，但它往往不是孤立的，绝大部分工作都有一个系统。因此，在各项工作的具体实施过程中，要真正发挥各项工作应有的教育功能，学校各职能部门与条线必须形成有效的"分工负责与沟通协作"的实施机制。

在"分工负责与沟通协作"实施机制的构建完善中，重点要健全：

建立各部门条线工作的"第一责任人"系列。各中层部门负责人是部门所有分管工作的第一责任人，各部门的副手是分管条线工作的第一责任人。第一责任人既要负责工作的策划、实施、推进，又要负责条线内的教师队伍建设。

建立沟通的平台。沟通平台主要是由各层面的新工作例会①组成，学校全体中层参与的每月1~2次的"校务会议"，这一平台主要实现全校性各条线工作详细具体的沟通交流；其次是每周1次的由学校党政工及各中层部门主任参加的"党政工联系会议"，这一平台主要实现动态性工作信息的沟通交流；还有各部门内部召开的灵活性不定期的"部门工作例会"，这一平台主要是实现部门内外信息沟通交流的细化与及时性调整等。

建立协作的制度与方式。即在各部门条线的工作中，明确在哪些工作层面，该部门要与哪些部门进行协作，以及该采取何种方式进行协作，如提供后勤保障、技术支持或协助管理等。

3. 评价反馈与激励完善的发展机制

"评价反馈与激励完善"的发展机制，是学校核心办学理念与改革发展目标指标化形态与激励优秀、促进实践发展的机制，它的运作会使校内呈现出一种与之相适应的积极向上的发展导向和舆论氛围，有利于在学校层面帮助和促进全体教师形成正确的价值取向，从而实现学校转型。

在"评价反馈与激励完善"发展机制的构建完善中，重点要健全：

评价反馈的内容与方式，主要包括"成事"与"成人"两方面内容。成

---

① 常州市第二实验小学王冬娟等著"合作校变革史丛书". 越而胜己：源于坚持日常实践变革之伟力［M］. 福州：福建教育出版社，2014.

事的方面，主要从教师日常研究性变革实践的具体工作与成效去评价，主要内容包括师德常规、课堂教学、学生工作等。评价反馈的方式分为日常推进性评价反馈与学期总结性评价反馈。日常推进性评价反馈主要在日常的实践研究过程中，通过调研、检查、听课评课等以采集信息与口头表述性反馈的方式进行，学期总结性评价反馈每学期一次在期末进行，通过系统的新考核指标、等第化的反馈方式来进行。成人的方面，主要评价教师的个体综合素养发展与教育教学改革研究能力实绩等，评价方式采用每年一次滚动式推进，评价反馈以定量定性的方式呈现，同时形成校内教师梯队发展的整体动态格局。

激励完善的制度与措施，关注的核心是人的内在发展动力的持续性激发，主要分为"日常性"与"阶段性"两大系列。

日常性的制度与措施，重点关注日常研究性变革实践中教师"成事与成人"方面典型性事件与个案的持续性发现、总结、表彰与推广，旨在及时鼓励激发与完善提升。

阶段性的制度与措施，重点关注各层面、各领域阶段性工作与发展取得成效的人与事，并形成如下框架：每学年一次评选"优秀教育工作者"，每两年一次评选"希望之星"、"十佳教师"、"模范班主任"、"服务明星"等，每年教师节进行隆重的宣传表彰。

4. 常规保证与研究创新的动力机制

"新基础教育"新型学校的系统转型，非常关键的是要实现学校发展动力的内化。学校发展的动力来自哪里？如何内化？

一方面，学校发展的动力来自于学校最基础、最本质的层面，就是各领域工作实施的日常、常态、常规。常规在形成过程中，越是经过实践的反复检验，其内在的规定性越是符合实践规定性，对于促进学校发展的推动力就越大；动力另一方面来自于学校工作中最具发展性、引领性的层面，就是学校工作的研究与创新。两方面动力的交互转化、相互促进，对学校发展的重要性不言而喻。因此，从实现学校整体转型性变革的意图出发，学校必须逐渐形成"常规保证与研究创新"动力机制。

在"常规保证与研究创新"动力机制的构建完善中,重点要健全:

常规的系统梳理完善与实践保证。就是要从学校各领域工作实践的层面,系统梳理基于目前研究性变革实践的常规系列,包括行政管理常规、课堂教学常规、学生发展常规、后勤保障与信息技术常规等,常规的梳理、完善、落实,保证学校整体的日常研究性变革实践扎实、有序、有成效。

研究创新的总结与提炼。基于学校各领域的研究性变革实践,要从形成学校发展动力的角度,及时发现、总结和提炼在研究中创造的新经验,把研究中创造的新经验转变为新常规,实现常规与研究之间的良性转化。

基于研究创新的新常规更新。学校各领域的常规,如果长期以来没有变化更新,不但无法成为促进学校发展的内动力,而且会成为学校发展的阻力。反过来,及时把研究创新中的经验转化为日常、常态、新常规,不仅能巩固和运用研究成果,而且能形成不断促进学校发展的不竭动力。因此,学校常规必须要基于各领域的研究实践,有序地进行阶段更新。

(四)学校新文化建设

创建学校新文化,首先需要明确学校文化的主导价值观,它是人类社会发展需要的主导价值观在学校领域内的特殊表现,与培养目标直接相关。然后是构建学校文化的总结构,在总结构框架清晰的基础上,再来勾画每一方面、层面的框架和内容。进一步研究,要怎样进入到各项活动中生成、体现出新文化的追求,即进入实现新文化追求的实践层面。这是一个由整体到部分、由价值到内容、由静态到动态的生成过程。学校新文化的生成,其实质是学校教育整体型态的更新改造过程。离开了学校教育整体型态更新改造的过程,学校文化还停留在外贴的"面子工程"和点状的"孔雀羽毛"等浅层次,尚需逐层深化。

1. 逐步开展学校文化建设

学校文化建设是逐步展开的。首先,学校结合自身发展的文化传统和当代教育精神,在梳理、反思、判断、选择中,提炼本校办学理念,设计独具个性的文化内涵。

其次，学校文化理念首先要在校园，尤其是班级中直接外显出来。教师首先要有此种文化建设意识，教师在开始时可以引导学生设计，最后要发动全体学生共同设计。学校文化的环境外化过程，要重心下移给全体师生，发挥环境文化建设的过程价值，而不是向外寻求包装。内生的学校文化才有内在生命力、生长力。

第三，文化建设要深入到学校的行为风气：校风、班风、教风、学风，以至蔚然成风。从文化建设的角度来看，进入学校让人感受到的风气，才是学校文化的真面貌。在文化建设深入的学校，"四风"应当蔚然成风，春风扑面，包括学生的行为礼貌、学习和生活习惯等。

最后，学校文化要实实在在深入到每个师生个体的内心里，并外显于教师的教育教学和学生的学习生活之中。化入师生日常生活，提升学校日常教育生活的才是学校新文化。

从基本内涵，到物质、制度层面，再到行为，整体的精神面貌，学校文化是一个慢养、内生的过程，不是急功、外包装的展示。

2. 凝练校训、明确学校文化的主导价值

在学校新文化的生成过程中，对现存的各种文化作生成状态的判断和价值评析。每所学校都有自身或长或短的发展历史，有自己的文化基础，这一方面为形成新文化提供了丰富的资源，同时也产生了发展性问题。学校领导要带领教师、学生，结合新校训，对本校发展历史中的核心线索及其反映出的文化传统，进行深刻反思、辨析，对学校文化发展进行再选择。同时，立足于"新基础教育"实现师生生命发展的高度，阐发校训的当代内涵，凝练表达，定位学校文化发展方向。

校训，既是学校的立校之本，是学校文化理想的高度浓缩，也是教师的育人坐标，学生的行为准则，同时还是特定历史时期学校教育目标、办学特色的重要标志。明强这所百年老校在不同历史时期，提出过不同的校训：

1905年的"民生国势，赖以民赖以强也"；

革命战争时期的"勤学勤业交朋友"；

1988年的"文明勤奋"；

1996年的"明礼仪,明责任;进取心强,耐挫力强"。

在"新基础教育"实践中,明强人感到现有校训尽管在规范人的行为、纠正心理偏差方面起过积极的作用,但是它强调人格塑造要依靠"外铄",依靠外部的规范和推动,不符合培养"21世纪新人"的要求。经过反复论证,2002年,明强提出了"明事理,明自我;强体魄,强精神"的新校训。

新校训贯彻了"新基础教育"的"新人"标准,以师生的主动健康发展为本,提升生命质量,提高成事能力。由此,校训从"外铄"型转变为"内省"型,强调人在生命成长中的自我意识和自强超越,强调精神的自由和强大,较好地把"新基础教育"的主旨与百年明强"自强不息"的文化积淀融合起来,成为学校主动发展的新动力。

作为一校之长,我认为:每一次校训变迁,就是一次学校发展方向的重新定位。新校训诞生,催生着学校教育的新变革;教育的变革,又促进了校训的变迁。学校每前进一步,都凝聚了"明强"人对教育理念、教学改革、学校发展的深层思考和科学总结,这是百年"明强"的一笔宝贵财富,也是学校可持续发展的坚强动力。①

3. 渗透日常、形成学校文化的整体实践

在对文化进行评价的基础上,凝练新校训表达,新文化的扎根形成要结合学校日常教育实践以及师生发展,围绕学校教育目标,根据对象的年龄特点和学生需要、潜力的差异,从内容到形式都进行改造。既要有相对稳定、对所有学生都适应的部分,还要提供可供学生选择的多样化的活动、内容与方法,形成及时吸收社会不断出现的新的、有利于学生发展的文化内容与方式,学校文化要渗透到学校制度、实践活动和师生的精神面貌之中。

经过两年的探索研究,2004年5月,我们开始了全校范围的"自育"文化建设新路途。我们将"自育"的眼光从单纯面向学生转向面向师生全体,从单一的课题研究转换为学校文化精神的全域、全员、全程构建,以自我发

---

① 上海市闵行区七宝明强小学校长吴国丽的发言(内部资料)。有关展开论述,可参阅:上海市七宝明强小学顾文秀等著"合作校变革史丛书".生命自觉:新型教育者的成长之路[M]. 福州:福建教育出版社,2014.

展为动力，以自育促自强，形成奋发向上、追求卓越的学校整体内在品质。

叶澜老师看到我们植根于学校内部特点，提炼出"自育"作为学校文化核心后，无限欣慰，又与原来的棒球精神："拼命追击、死缠到底"进行融合，提炼了"励志、健体、自育、自强"八个大字，使我们对"自育"内涵的认识更深入了，那就是突出身心健康、志向高远，突出主动发展、勇往直前、永不放弃的人生态度！

旨在转变发展理念、发扬主动精神的"自育"精神开始在全校各个领域尝试进行渗透转化。从外显的文化载体出发，四幢教学楼分别被命名为"励志楼"、"健体楼"、"自育楼"、"自强楼"；校园内外多出了两块遥相呼应的大青石，象征着四中人的坚定与不懈；校园内种下了行行铁树和银杏，象征"自育"文化变革的路途历久不衰，永葆活力……

内隐的文化变革，改变学校传统偏重事务型管理方式，致力于在成事和成人之间的和谐统一，相互玉成。多年的"新基础"教育实践改变了教师惯用的思维方式，每策划一项活动前，总会想想活动的价值和意义、活动的策略和方法、活动的迁移和后续等，总设法思考最大限度地提高活动的质量。

在自育文化的浸润下，我们的教育教学活动设计更有针对性，人人都是责任人，活动和人心都更有向心力，那就是为培养学生的主动参与、自主策划、组织、开展活动等能力搭建平台。如科技节活动，以往都是由老师筹划方案，组织学生开展，现在则完全是由学生自主策划主题、方案、会标，主持科技节开幕式开展活动，体现出了学生的我参与、我设计、我总结评价的全程参与，唤醒了学生潜在的主动力量，培养了他们的创造、合作组织等各方面的能力。①

4. 深化特色、形成学校文化个性

学校缺乏个性，这是当代我国学校普遍存在且已被意识到的问题。目前普遍采取的改变方式是强调创建自己学校的特色，但对特色的理解往往是做

---

① 上海市闵行四中屠红伟等著"合作校变革史丛书".自育自强：滋养生命之林蓬勃生长［M］.福州：福建教育出版社，2014.（个别有调整）

出某些"强项",以点状的强项代替"化"在整体中的特色。

学校个性的本质是文化个性。具体地说,学校文化个性的形成取决于学校对自己办学历程中形成的文化传统的把握和辨析,对当代社会变化和学校大文化使命的把握,以及对目前学校师生状态以及他们不同生活背景中形成的文化特征的把握,并在此基础上,提炼、形成体现和适应本校办学理念的文化追求。经过反反复复、上上下下、一系列的具体分析与整合,才能入木三分地勾勒出学校理想的、可实现的文化个性建设目标。

学校形成的办学理念与相关的文化追求,要想变成学校教育渗透性的有机构成,必须得到全体教职员工和学生的内在认同,并能创生性地体现在各自日常的教育实践中。学校形成和完善文化个性建设目标的过程,就应有教师与学生的参与。它不仅有助于提高文化建设目标的合理性与针对性、可行性与发展性,而且还会增加师生对文化建设目标的亲和感。因为,这是大家一起讨论、发现、提炼出来的。

学校文化个性的建设必须落实到学校的一切方面,在明确了文化建设目标后,要有具体的行动策划,如:形成体现文化个性的校训和学校形象标志。在环境上要从建筑设计、整体布局与风格、室内外布置、墙面文化、走廊文化和绿化设计等方面都有文化个性的体现。这些是其他人走进学校就能感受到的、最为表层的文化个性的载体。

进一步体现学校文化个性的载体是:相对刚性的学校制度和稍有弹性的组织构架,若有统一的文化精神作支撑,人们能通过制度文本的阅读、从解读组织结构原则中读出学校独特的文化气质。

学校文化个性最为深入的表现是在师生的精神面貌、心理状态、行为举止、人际关系以及各种学校活动的过程和处理各种教育事件的方式方法上,它也是学校文化个性形成中最富有活力和能将文化精神转换成真实的教育力量的构成。如果文化个性的建设没有深入到这一层面,那么,它不但是不完整的,而且将成为流于形式的、精神与行动割裂的不良学校文化;它会造成精神枯萎和实践无华的两败俱伤局面。要想最为真实地形成学校最深层面的文化个性,只有在学校教育生活的深化研究中,才能持续提炼出来,渗透其中、弥漫其中。

2005年叶澜教授为我们提炼出"和而不同，乐而不松，和谐融通，快乐成功"这16个字，高度凝练了我们的"和乐"文化。

回望"和乐"文化的生成与发展过程，大致需经历这样几个阶段：

1. 定向阶段：即明确学校发展目标，办什么样的学校，培养怎样的新人，决定了学校文化发展的走向。我们的和乐文化就是在"创办和谐发展、百姓满意的绿色学校，培养健康主动、快乐成长的现代新人"的办学目标中逐渐清晰起来的。

2. 清思阶段：在梳理学校文化现状的基础上，要思考如下问题：我们的强项在哪里，哪些没有凸显出来？弱项是什么？弱的原因是什么？这些强项与弱项对学校发展产生什么影响？两者之间有什么联系？能否"以强带弱"还是"扬长避短"？想清楚了，才能集中力量找到突破口或抓手，把与学校发展休戚相关的相对弱项做强，把原来的强项做得更强，把学校发展的全局性规划真正落实到各方面的融通与提升之中。

3. 新质生成阶段：定向，清思解决的是文化"是什么"的问题，接下来要解决"如何建设"的问题，那就要在具体的实践中不断关注学校新质的生成。通过一系列制度建设、活动设计、人际交往的约定，帮助师生尽可能地实现"不同"的发展。于是我们尝试着把自主发展的权利"还"给教师，为教师"和而不同"的发展提供了许多的外部支持……对学生，我们也尝试着提供给他们"不同"的发展空间……在校园环境设计和学校生活的整体架构上，我们不断追求更高境界的"融通"……我们在校内开展了"和乐课堂"研究——让所有的课堂生动有趣，努力体现"智慧校园"之和乐。

4. 超越阶段：我们的"和乐文化"不是"空中楼阁"、"世外桃源"，而应与所处的大社会、小社区之背景文化荣辱与共。我们关注到学校与外部生态的相互关联：一方面，努力让社区、家长成为"和乐文化"的有效力量，坚持"兼职校长轮值制"，聘请社区和家长代表，每月来校轮值，体验学校生活，参与学校管理；另一方面，通过学校、高校、企业、居委会携手共建的"和乐共同体议事会"，组织师生走向社会，参与社区文明建设，举办绿色科技节、亲子阅读节等，影响周边的教育生态圈；2011年始，我们还承担起引领周边学校"生态式"推进"新基础教育"研究的责任，在"做强自我"的基础上，充分发挥"和乐文化"的力量辐射和骨干教师的引领作用，主动创造生态区内"圈圈联动"的新型合作研究机制与方式，努力打造"大气、灵动、和谐"的生态区共同体，在引领与辐射的同时获得自身的新一轮发展。在这样的自我革新和自我完善中实现着文化的再超越。

关于学校文化建设的几点体悟：

1. 校长要有文化建设的自觉意识与责任担当；
2. 创建学校文化应该始终遵循"育人"的特质；
3. 学校文化不是一成不变的，需要不断创生；
4. 学校文化是"我们"的，而不是校长"我"的。[①]

四、"成人·成事"：培养核心骨干，引领团队发展

"新基础教育"是在成事中成人，促进实践者的发展；同时，以成人促成事，通过提升人，做出更高质量的实践。人的水平的提高表现在实践质量的提升。正是这样一种重心上的转换，要从"新基础教育"研究的表层目标更多地指向深层目标。新基础的表层目标是实现学校转型，它是看得见、摸得着的；深层目标是改变师生在校生存方式，包括校长、领导的生存状态。

在上述的改革之事中，校长、领导带头学习，主动投入改革研究，支持和激励骨干先行突破，做实日常研究；重心下移，修订中长期发展规划，策划、组织和放大重大节点的过程价值，辐射全体参与，实现学校整体转型，都是校长、领导在改革研究中成长的体现：提升办学价值，重心下移，提升领导力，落实策略措施，提升思维品质，更新师生在校生存方式。此处，重

---

① 王叶婷."和乐"文化孕育幸福校园［J］.上海教育科研，2013，(7)：59—61.

点讲基层教师的成人问题。

(一) 培养具有生命自觉的新型骨干教师

做"新基础教育"，经常会被问到：课题研究结束了或学校换校长了，"新基础教育"还能继续做吗？还能产生多大效应？我们的体会和认识是：学校可持续发展的最终力量在教师身上，个体教师的发展和整体教师队伍的强大。学校的基层组织不只是维持日常工作的组织，而是成为推进学校变革的力量，这是一个不易发生但却是至关重要的变化。

一批"新基础教育"的骨干，一支好的教师队伍，是"新基础教育"的发展，持续性发展的生命力所在。

1. 新型教师基本素养[①]

为培养具有新基本功的新型教师，首先需要明白"新基础教育"强调的教师基本素养有哪些，它主要包括：教师的价值取向与发展内动力，宽厚、扎实的文化底蕴，实践创生的思维能力，日常实践中的专业素养。

(1) 价值取向与发展内动力

集中表现在教师的事业心、责任心、爱心和自我发展的内在追求等方面。"事业心"建立在对教师职业认识的基础上，将事业发展、职业生命与整个人生融通起来，积极参与教育改革。"责任心"建立在教师对自己必须履行的职责之具体和深刻认识基础上，是教师对事业稳定的道德与心态并表现在行动上。完整的责任心，不仅是承诺的兑现，做了什么和是否认真做；还包括对行为的效益和后果负责。"爱心"，是教师素养中较为特殊的要求，它涉及职业情感的问题。热爱自己的工作或所教的学科，是能否保持个人发展和能否在工作过程中潜心钻研、感受满足的重要条件，这与教师在择业时是否有"自知之明"有关，更与教师能否创造性地工作相关。"自我发展"的内在追求是当代社会中每个人生存、发展的重要动力，教师更不例外。他表现为对

[①] 叶澜. "新基础教育"论——关于当代中国学校变革的探究与认识[M]. 北京：教育科学出版社，2006.

自己潜能的开发和发展的追求，但不是以超过他人，被他人承认为指标或目标，而是在促进广大学生主动、健康发展的过程中，教学相长，创造性地提升自我生命价值。

(2) 宽厚、扎实的文化底蕴

文化素养是每个专业工作者必备的基础性素养。宽厚、扎实的文化底蕴是人精神生活的丰富、学习、创造和发展能力的养成所必需的，是希望拥有高质量人生所必需的，是希望成为发展型的教师所必需的。

教师宽厚、扎实文化底蕴的养成，首先取决于有超越直接服务于专业应用的广泛阅读的兴趣与习惯，只阅读教参资料，即使有合格的学历，也不可能成为文化底蕴厚实的人。宽厚、扎实的文化底蕴在内容上至少包括文、史、哲、艺的基本人文素养和科学、技术、社会的基础素养。这些能使拥有者读懂人生与世界；能和他人沟通与交流；能保持精神生活的活跃与更新；能学、能做和能学好、做好他想做的有意义的事；能冲破直接生活在其中的生活世界的时空对个体经验的束缚；能克服由专业生活不可避免地带来的智力发展的局限和视界的窄化。宽厚、扎实的文化底蕴对于教师来说还具有重要的专业意义，因为教师要读懂的远远不止是教科书或与其相关的学科知识，他要读懂的是人、社会、世界，昨天、今天与明天。文化底蕴的养成不是一劳永逸之事，也不是通过阶段性的努力就能完成，而是在修身、学习的过程中持续丰富和完善。

(3) 实践创生的思维能力

在此所言的思维能力是指服务于实践的，当人在面对现实复杂情境、问题、事态以及遭遇不测时，在发现、处理和解决问题中表现出来的创造活力，是在实践中进行探究与策划、反思与开拓的思维能力。

"敏于探究"，表现在人对信息的敏感性和发现问题的能力上，信息的敏感性主要指向陌生的和超常规的信息，进而找到发展的可能空间。"善于策划"，是实践主体从认识进入实践所必需的整体和动态思维能力的综合表现。善于策划的基础是人对现实环境准确、深入的把握，对行动条件和方向的清晰认识。唯有在此基础上形成的发展目标和具体任务，才是有意义和可实现的。"强于反思和反思基础上的重建",是个体实现发展的思维能力的保障,针对实践的反思,包括自我反思与帮助他人反思,以及从他人对自己的评价、批判性或建设性的意见中,吸取认识自我和重建实践的资源等三方面的能力。"敢于开拓",与思维的突破性有密切关系,具有开拓性思维能力的实践主体,往往表现出敢于尝试自己未做过的事,敢于承担带有一定风险的任务,敢于抓住机遇和迎接挑战。这是创造的前提。

(4) 日常实践中的专业素养

教师在日常实践中的专业素养是学科专业素养和教育专业素养的复合。

首先,教师学科专业素养是教师专业素养的基础性构成。一个连一门学科都教不好的教师,很难被学生和相关人员认为是好教师。新型教师的学科专业素养至少包括:熟练掌握所承担教学的学科的知识体系与结构,学科发展的历史与趋势;熟悉相关学科的知识范围、性质与相关程度;了解学科知识与人类多种实践(从社会、生产、研究到生活、人生发展)的多重关系,以及它在实践中的多种表现形态;掌握进一步学习和研究所教学科的基本途径与方法,适应知识更新、培养学生创造意向和能力的要求。

第二,教师的教育专业素养。与学科专业素养不同的一面是:教师的教育专业素养对于教师而言,只作为一种知识、理解并保存在头脑中是没有意义的。教师在面对学生的教育、教学活动中,不需要像学科教学那样,把教育专业的知识教给学生。教育学科专业素养只有转化为教师对教育、教学实践和学生的内在认识,并运用这种内在认识去研究、策划和改进、创造自己的教育教学实践和行为时,教育专业素养对于教师发展和教育教学质量的提升,才具有真实的意义和价值。教师的学科专业素养与教育专业素养在教育实践中的差异在于,前者组成教育的内容,后者关涉到教育者教育行为的全部,从策划、践行到反思、重建。

教师要将教育专业知识内化,同时又要通过开放的变革实践,在运用中不断发挥和强化教育专业知识对于教师发展的重要价值。需要强调指出的是,恰恰在教育专业知识方面,教师具有更多地在具体情境中,针对具体的对象和目标,开展创造性实践和形成不同类型、层面的综合态教育学知识可能。

为此，教师要学习和研究当代教育学理论的发展，不断更新和提高自己的教育学基本理论素养，更要将自己的教育、教学实践作为教育研究的根基，在提高教育、教学质量的过程中，提升教育专业素养和研究教育实践的能力，养成教育智慧，实现自我更新。

2. 教师发展层次及其阶梯式提升过程

在"新基础教育"研究中，教师发展呈现出阶梯式提升过程，依次在每个发展层次都要遭遇一些问题。教师发展的每个层次所遭遇问题，简述如下：

第一层：指导思想不明确，对什么是"新基础教育"还不清楚，缺乏对"新基础教育"特质的认同；或者将"新基础教育"与"新课程"及其它一些改革混淆，缺乏区分度，不知它们之间的区别。认为可以用"新基础教育"的要求、方式去做"新课程"，这样二者沟通，能做得更好，做出特色。教师刚进入"新基础教育"时，通常较多处于这种模糊、不区分的状态。需要通过加强基本理论学习，提升辨析力和内在认同。

第二层：话语系统开始改变，能够抽象地谈"新基础教育"，课堂教学或班级建设呈现出形似神不似状态，形式到位，实质缺位；程序到位，效率缺位。需要加强现场学习，在做"新基础教育"的实践中体悟新理念。

第三层：开始有突破，有感受，对某些方面印象很深，但还缺乏整体认识与把握，尤其是对每一类型课的整体把握。需要加强系统学习和反复实践，形成学习－实践、反思－重建的校本研修与个体发展路径。

第四层：能够系统地把握课。恰恰是对课的类型和系统的把握，反过来才能真正认识到什么是"新基础教育"。只有落到行为中，才能真正体验什么是"新基础教育"。

第五层：有自觉意识，不需要外在的刺激，也不需要他人的提醒和监督。自觉变革、研究，已成为其新的行为习惯。

参与教师多数都是沿着这个阶梯，逐层进入研究，遇到阶段瓶颈，解决后继续发展。当然，各人进入和发展的速度有快有慢，不能也不应齐步走。所以学校领导要善于选择先行骨干，能够较快地使他们脱颖而出，带领大家一起改革，实现团队整体梯队式发展。而不是齐步走，大家都有份，结果产生不了"领头雁"效应。教师个人发展是一个复杂的过程，可能出现反复；教师群体的发展更是如此，还常常会因人员频繁调动等系统扰动造成系统内不稳定和状态变化。这些不可预料的因素一旦出现，就只能坦然面对，并采取恰当和积极措施，促使其恢复向上发展的良好势头。

学校领导对骨干教师不只是提要求、提任务，过了一个阶段来验收、表扬，而是要深入改革的最基层，与试验教师一起在改革中感受改革、体悟新理念，转化创生新的实践型态，和教师一起分析研究中遇到的问题与经验，尽快从最初的迷茫、不知所措中，逐渐闯出变革之路。

积聚和辐射变革形成的宝贵力量。学校变革力量的集聚和辐射，首先是指帮助试验教师在个体意义上实现内在变革力量（动机、信心、克服困难的力量、经验等）的集聚，将集聚的力量辐射到持续的变革实践中；第二层次的集聚和辐射，发生在教师工作的群体组织中，如年级组、教研组以及试验班中不同学科教师之间的交流和沟通。这不仅是试验教师个体实现发展的需要，同时也是业务群体中变革力量不断壮大的需要，沟通使试验教师的收获、体会、经验与其他人分享，带动更多的教师和学科投入到试验中来，由辐射带来更大的集聚。围绕变革任务和学校发展规划的执行而开展的全校性交流、评比、研讨、讲演等互动活动，以及加强学校与社区及其他社会资源间的互动，是第三、四层面上的集聚与辐射。在有些试验学校之间，还开展互访和教师之间的研讨活动，试验学校定期向学区内甚至整个地区的其他学校开放，使校内的变革力量不仅受到校外力量的启发与支持，而且来自校外的推进性评价更增强了变革的信心和荣誉感，增强了要把变革做得更好的决心，在交流的过程中实现交互辐射、"互动生成"。

（二）教师群体协同发展的策略与路径

"新基础教育"发展性阶段是"在成事中成人"，而成型性阶段则是"以成人促成事"。事实证明，学校发展的第一和最终保障是教师，各校之间的差距就在于教师发展的状态和差异。成人与成事的统一，理论与实践的统一，最终实现教师的内在理论与教育教学行为的统一，即：变化呈现在行为上，而不是挂在口头上。

"新基础教育"难就难在，要将理论、认识、想法，首先化成校长、中层、骨干教师的共识，进而在学校变革实践中，促使教师队伍的整体变化。在研究过程中，学校逐渐形成骨干引领、梯队滚动的教师群体协同发展的策略与路径。

1. 分类、分层读懂教师参与变革的基本状态

教师参与"新基础教育"的基本状态，可以划分为两类四个层次。

两类的划分标准是"学不学"。一类是不学习的教师，是少数，算第一层次。尤其是在校长、领导带头学习时，学习的教师是大多数。针对投入学习的此类教师，根据学习差异，又可分为三个层次。共四个层次。

第一层次：不学习、不研究、不实践"新基础教育"，基本上还游离在外。

第二层次：学习"新基础教育"，但有的是停留于口号式的学习，有的是只学习与其工作相关的部分，有的是比较系统的学习，对价值、理论要点、观念核心比较清楚。由于学习分化带来不同状态：停留于口号式的学习表现为，表面的做、形式化的做；只学习与其工作相关的部分表现为，比较认真的做但难融会贯通，这样的教师可能会发展，会逐渐地系统化，会进入到全面的理解和核心精神的把握。

第三层次：是由第二层次中的第三类教师发展形成的，他们能把"新基础教育"和学科、班级建设的特殊性融会贯通，关注和自己过去经验、理论认识、行为习惯的区别，并积极主动地改变自己日常的教育、教学实践。

第四层次：结合专题开展研究性变革实践，教学设计、实施和反思具有新的内涵。教师逐渐达到第四个层次的转化，才会成为教育教学变革的先行、并见成效者。

四个不同发展状态层次构成的学校教师队伍及其人数，在不同改革状态的学校中，呈现出的整体结构形态也不同，在相对弱的学校呈"倒三角形"，在多数学校"呈橄榄形"，最后将成"正立的三角形"。为此，首先要选择能够尽快达到第四个层次转化的研究骨干，培养领头雁，发挥领头雁的团队引

领价值。

2. 培养"新基础教育"核心骨干

教师队伍培养的总策略是，以先行骨干的培养为抓手，辐射、引领全体教师的梯队发展，在动态推进中造就教师队伍。每个学科、每个年级或年级段要有核心骨干的"名师"效应。

总的来说，核心骨干应该是精神风貌和才华并茂，教育教学质量和个体自身发展并举。

其一，核心骨干要热爱教育事业，热爱教育教学的专业，热爱自己的学校和学生，即要做人师，不做教书匠。

其二，自觉地在日常工作中开展"新基础教育"研究，能够做到日常地、积极地参与"新基础教育"的教研组研讨、年级组研讨和专题研究，对改革有使命感，在日常改革中开展学习、研究、探索和创造（在探索与创造上是领头雁，而不是在成熟课上做"展示"。有些教师对有些课上得很成熟了，就反反复复地上，这不是"新基础教育"的作风）。同时，提高所教班级的教育教学质量，提高和实现自身多方面的发展，能对实践层面的经验进行总结、提炼，并逐渐形成自己的独特经验和教学风格。既体现"新基础教育"的共性，又有自己的独特风格，创造性地做好教育教学的重心下放、多边共时、价值提升等方面；在有向开放中呈现与学生互动生成的"相长"艺术，让人感受到自然亲切同时又带有导向，能抓出推进性的核心问题。

其三，核心骨干还应该在学校、教研组、年级组里发挥引领作用，成为教研组、年级组优秀团队建设的核心力量，在多层面上发挥引领和辐射作用。

就核心骨干的培养而言，学校领导层要坚定信心，能靠学校自己的力量培养出一批新的名师。首先，学校要列出名师培养对象和计划。要通过双向选择确立培养对象，可以学校确定对象后征求个人同意，也可以先个人报名后学校选定。开始选择时，面可以大一些，然后在过程中引进研究外力，支持、放权但"紧盯"研究，不断调整、选择，培养出第一批核心骨干。其次，中期评估和普查中呈现出来的已比较成熟的教师，要针对自己的主要不足做有计划、有意识的改进，要在理论学习和基本素养上下功夫，要敢于承担先行的、探索性的研究任务。基本素养好对教师发展的意义体现在：理解吸收能力比较强；迁移融通能力比较强；重建能力比较强；创造性的发挥和个性化的风格形成的可能性大。其三，对有发展潜能的教师，要进行持续的跟踪研究。学校内部和教研组发挥推动作用，对有发展潜能的教师要持续"盯"着一次一次地改，据已有学校改革经验，至少持续"盯"着听课4次以上，才会让他们脱颖而出，成为发展较好的骨干教师。

3. 分类、分梯度推进教师梯队发展

"新基础教育"研究是学校整体转型，需要每个实践主体充分焕发主动性和创造性。因此，学校要将研究重心进一步下移，让各领域、各层面教师都主动地思考、策划，形成更具创造性的研究思路，同时更为积极、全面而有创造性地落实各领域的研究策划。学校需结合自身的实际情况，主动策划如何推进"新基础教育"的深化研究，为教师发展提供更有针对性、更有成效的咨询和指导。

➢ 提供一些专题性教学研究项目，以便让教师自主选择、开展研究。例如，做哪些方面的研究案例，如何更好地实现互动。

➢ 对研究性变革实践中的教师发展过程进行阶段分析，探讨其成长机制。

➢ 在专题研究中，分类、梯度推进教师队伍建设。

在全面推进过程中涉及不同层次教师的发展。

第一梯队专家型教师（研究的核心骨干，一般也是"研究中心"的兼职研究员），不仅表现在课堂上呈现有机转化、不断生长的美，更重要的在于他们对"新基础教育"的理解进入到内化层次，能够结合自己学科进行研究，而且善于诊断、重建，能够指导其他教师如何开展研究性变革实践，善于对实践经验进行理论提炼。

第二梯队骨干教师，有主动参与的热情，有自身发展的需求，肯学习，心态开放，有发展规划而且能够用心落实，能够持续改进，体现出"新基础教育"的学生立场和过程智慧，善于和学生互动生成。只是进入晚或相对慢，尚待加强锻炼，变革的速度、力度等尚待提高。

第三梯队教师，有发展愿望，进入"新基础教育"不久或还不深入，尚处于学习、探索状态。学校可通过前移后续的研修方式，各类正式、非正式组织，尽快吸纳和培养新进教师。

学校如何创造条件让三个层次的教师在研究性变革实践中都实现发展？如何让三个层次的教师在同一个专题研究中形成合力，在内部相互促进、整体梯队协同发展？这实质上是学校内部的提高与普及的关系问题。为此，必须做好教研组、年级组建设，要"双管齐下"，既要研究"课"更要研究"人"，把两者沟通起来推动"第二梯队"、"第三梯队"教师的发展。

(1) 集中研究主题

研究主题要集中到转型中出现的新问题上，以及开展六个专题研究的相关问题上。如教研组要进行专题研究，首先要结合"第二梯队"教师以及新进入教师存在的阶段发展问题，而不只是研究教学中的某一个具体问题。教师新进入到研究中所面临的、不能深入下去的第一个障碍是什么？一般而言，是教师不敢放或表面放但实质不放。所谓不敢放，就是教师对学生不放心，习惯于牵着学生走；表面放，就是提出的问题小而细碎，点状思维，扶着学生走；还有形式地放、乱放。第一步研究的专题恐怕是研究课堂如何从封闭走向开放的问题，要把骨干教师在"开放"的过程中所走过的路、经验进行总结。第二步研究的问题在于教师不会"收"，不会采集信息、利用资源、更不会重组资源。所以，"开放"专题之后要紧接着研究资源如何"收"的问题，研究互动、转化、生成的过程智慧。仔细分析"新基础教育"研究一步一步走过的路，就会知道应该研究什么专题，而不是抓到某一点就去研究，要结合推进的进程开展专题性研究，认真思考如何选择研究主题。

(2) 增加研究频度

当"第二梯队"、"第三梯队"教师参与进来时，学校领导比较看重他们如何上研究课。一般一个年级推一节研究课，从学校角度来看，研究课安排的频度已经很饱满，实际上重心仍没有下移。只有把重心下移到备课组，增加同一备课组教师轮流听说评课活动的频度，研究才能日常化。几个老师轮流相互听课、切磋，目的是让每一位教师有更多地从学习、研究、设计到实践、反思、重建的完整实践过程，只有通过一定量的研究实践的积累和体悟，教师才可能对为何变革、如何变革、怎么去做，有内在的、相对稳定的理解。

体悟和操作的差异在于：操作可以很清楚、很具体地告诉你每一步骤，短期内见效快，但是外力作用大于内力，而且外力难以化为内力，一旦换了内容，自己照样不会。体悟是一种整体性的体认，它要通过多次实践经验的积累才能悟出一点道理，见效慢，但研究的事理逐渐内化，能够主动把研究的事理迁移到其他内容或领域。变事的过程和变人的过程有机统一。这是"新基础教育"结构化教学先慢后快的道理在教师发展中的体现。

增加频度就是让教师有大量实践的积淀，让研究日常化、经常化。

（3）提升发展效度

要学习好已有的经验，加强针对性，不同层次教师要有不同要求。"第一梯队"的教师要梳理、总结自己的发展变化过程，提供经验帮助其他教师发展。此外"第一梯队"的教师要做到研究实践的日常化，继续带头创新，使"新基础教育"化为自己新的教育教学习惯与能力，成为教师生存方式的自然状态。中期评估对"第一梯队"教师的考核，要结合随堂课、前后的随访、日常的研究状态进行总评。

4. 在日常开展的教研活动中整体提升教师团队

教研组是学校开展日常教研的基层单位，改变教研方式、提升教研质量是"新基础教育"能否促使教师群体发展，做到日常化的基础性保证。从学校层面来说，可从以下几个方面促进教研组的转型与教师群体发展。

教师群体的发展是一个过程，不可能人人都在同样自觉的水平上，以同等速度发展，这就需要骨干先行、带头，群体力量组织、推进。积极开展并提升教研组、年级组日常研讨质量，稳扎稳打，提升教师队伍的整体质量。

第一，每个教师要确定自己的发展计划，明晰自己的优势与问题，提出如何提高的规划，并在教研组内开展交流，落实到教研组的研究活动中。

第二，教研组和年级组要定出学期研究计划，定期开展有效、有质量、有助于个体提高的日常研究。缺乏骨干力量的学科，要用年级段的方式来配置骨干力量或加快骨干力量的培养。要鼓励教师自发的、内部的、小型群体式的非行政互助研究。

第三，学校要求教师积极参与教研活动，关注优秀教研组的培育，并鼓励教研组积极参加名师和精品课的开设与研讨活动，从借鉴、领悟到逐渐独立研究，教研组发挥群体研究的效应（拒绝已形成的、相对成熟的他人经验有两种：一种是天才式的拒绝，确实有个性和才华；一种懒汉式的拒绝，不愿意改变自己，用拒绝的方式维持原有的状态，结果都走不出来"新天地"）。

第四，不同梯队教师要用不同方式学习、研究"新基础教育"有关专题研究的成果和案例。开展学习心得交流、讨论和进一步的实践。

第五，学校要关注对新教师基本功的培养，但不能用陈旧的观念去训练基本功，要在新理念指导下培养新教师的新基本功。

第六，学校要加强对一些相对弱的教研组，通过研究帮助、指导和鼓励有困难的教师发展，采取有效措施，保证教育、教学质量提高与教师个体发展的统一，通过总结好的经验和一些好课的开放式研讨来推广、提升整体教育教学质量。

第四章

课堂教学改革与改革主体的发展研究

　　教学是学校师生日常活动中最基本的构成，每个课堂都是学校的"全息点"，从一滴水可以见太阳。在实现学校转型中，教学具有"牵一发而动全身"的全局意义。落实课堂教学变革，既是学校变革中的"突破口"、"落脚点"，又是判断学校变革成功与否的"标尺"。

　　传统上，教学是以教师"教书"为主的教育活动，每节课的要求是把知识讲清楚、讲完，让学生明白；课堂是教师开展教育活动的"主阵地"，更是应对考试的"主战场"。

　　"新基础教育"研究中，课堂教学被视为一个师生共同参与的整体性实践活动，是师生交互作用并生成智慧的动态过程。让学生在课堂上"活"起来、"让课堂焕发出生命活力"[①]，意味着"从生命的高度"，用动态生成的观点来认识课堂教学包涵着的多重丰富涵义。"课堂教学是教师和学生共有的人生中的重要生命经历，是他们个体生命的有意义的构成部分。对于学生而言，课堂教学是其学校生活的最基本构成，它的质量直接影响学生当前及今后的多

---

① 叶澜. 让课堂焕发出生命活力 [J]. 教育研究，1997，(9)：1—8.

方面发展和成长；对于教师而言，课堂教学是其职业生活最基本的构成，它的质量直接影响教师对职业的感受与态度、专业水平的发展和生命价值的体现。总之，课堂教学对于参与者具有个体生命价值。"①

一、课堂教学改革目标

"新基础教育"研究在课堂教学领域的改革，是建立在对课堂教学现状及其背后问题反思、辨析基础上的，知道问题所在，改革才能有的放矢。

（一）课堂教学常见问题的反思

为培养"主动、健康发展"的时代新人，"新基础教育"的教学改革首先必须解决"牵"和"替代"的问题。其中，"牵"包括教师被教参、教案等"牵着走"；学生被教师"牵着走"。"替代"包括教参、教材等替代教师的思考与创造；教师替代学生的思考与表达；个别学生替代全体学生的主动与个性化发展。常见的问题有：

1. 课堂教学变为"教案剧"的表演

上课是执行教案的过程，教师的教和学生的学就是为了完成教案。教师期望的是学生按教案设想作出回答，教师的任务就是努力引导学生，直至得出预定答案。一旦得到马上朝前走，得不到就千方百计用诱饵"钓鱼"。这也是上课时，老师通常不自觉地让"好学生"多次发言的原因。"好学生"最会猜出或答出老师期望的答案，他们可以使教案顺利地按时完成。学生在课堂上实际扮演着"配合"教师完成教案的角色，但教师未必就是主角，教案才是主角，教案背后是教参、教材、课标等牵引线。

---

① 叶澜."新基础教育"论——关于当代中国学校变革的探究与认识［M］.北京：教育科学出版社，2006：248.

在正常情况下，教师完成教案的直接目的是"完成知识教学"，即让学生掌握更多教参中指出的重难点、考试的重难点等；在公开课上，教师完成教案的目的是，"为了让评委们看到流畅、完整的一节课"，在教案中预设了"环环相扣"的流程，精确计算时间，往往每一环节，教师提出一个问题，就等待着学生"配合"着给出正确答案，在师生"一对一"的问答互动中，毫无阻碍地走完一个群策群力、精心策划的教案。

于是，常常会见到这样的景象，尤其是在公开课、观摩课时：课堂成了演出"教案剧"的"舞台"；教师是"主角"，主要是"秀自己"；学习好的学生是主要的"配角"，多为"明星学生"，当教师未能等到自己所预设的正确答案时，经常就会求助于几个明星"配角"；多数学生只是不起眼的"群众演员"，在教师需要呈现出较大的课堂提问面时，偶尔会请他们回答问题或齐答，因为他们不一定会给出教师所要的答案，经常会干扰课堂教学进程，所以，很多情况下他们只是"观众"与"听众"，观看教师与明星学生的一问一答的表演。

在"教案剧表演"的课堂中，教师眼中只有知识、只有教案、只有评委、只有明星配角，唯独缺少每一个学生。在教学本真的意义上，这并非是教学，因为它没有"为全体学生上课"。

2. 课堂教学的"小步走"现象

常见的课堂教学中，多数教师主要通过自己整节课从头到尾的讲授，来"把控"课堂，被喻为"填鸭式"教学。现在，课堂教学要求师生互动，因而教师在课堂上一个问题接一个问题不停地"问"，学生则不停地"齐答"，或个别替代回答。课堂教学从"满堂灌"变为"满堂问"，主要是教师提问，提问细碎，简单化，大致如下：

➢ 选择性问句。多数是"是"、"否"封闭性问题。
➢ 填空式问句。教师说上半句，学生接上或猜测下半句。
➢ 暗示式问句。包含答案的提示性问题，一听就明白答什么，少出错。
➢ 给出不恰当的提示，将"大问题"变为"小问题"。
➢ 照搬教材或参考书中的问题，表层理解的识记性问题（"一看就知道"、

"不想都知道")。

为什么问题细碎、简单化？因为教师总是不太相信学生，认为如果不把问题简单化，学生是回答不出的。同时，通过简单的小问题，可以牵引着学生"小步走"往前走，从而把控课堂。此种满堂问和齐答的课堂可以喻为"喂食式"教学，顾名思义，教师将知识"嚼烂、嚼碎"后吐出，再喂给学生。如此做法，学生只是获得了知识之"渣"，而没有获取知识中的思维"营养"，也没有养成主动寻找知识、"咀嚼"知识的思考习惯。

本质上，"喂食式"教学只是要求学生记住知识结论、标准答案，教学意味着只要教师给予，学生就能获得。但是，此种课堂教学，割裂知识与思维之间的内在联系，忽视学生发现知识的体验过程，忽视学生探究形成知识的思维过程。

3. 缺乏学生立场的课堂教学之积弊

"新基础教育"研究指出，上述传统课堂教学中普遍存在的、最突出的问题，可以概括为"六多、六少"现象[①]，即：

➢ 教师关注认知目标多，关注学生多方面发展少；
➢ 关注知识点多，关注知识结构少；
➢ 教师占有课堂教学时间多，每个学生主动学习时间少；
➢ 师生一问一答式活动多，生、生积极有效互动少；
➢ 教师关注预设教案执行多，关注课堂上动态生成少；
➢ 教师关注学生知识掌握多，关注学生探究发现少。

(二) 课堂教学改革目标的重建

"新基础教育"课堂教学改革，是围绕培养"主动、健康发展"新人目标，通过改革研讨推进课堂转型，这不只是教学策略、方法、技术上的形态变化，而是教学思想、思维和思路的内涵变化，其背后是教师的自我更新性

---

① 叶澜. 世纪初中国基础教育学校"转型性变革"的理论与实践［A］. 叶澜. "新基础教育"发展性研究报告集［C］. 北京：中国轻工业出版社，2004：24.

发展。在教师发展的意义上，教学改革就是强化研究设计、反思重建教学行为、内化新理念、提炼新经验的累进过程。所以，需要在形成全局性认识的基础上，进行转变课堂的深入、持久的研究性变革实践。

目标一：构建"互动生成式"的新型课堂

"新基础教育"研究特别关注课堂教学中的学生主动状态、教师与学生的互动生成等，从而呈现出具有"生命活力"的课堂。

在"新基础教育"课堂教学中，"为全体学生上课"意味着：

首先，把课堂还给学生。这里的"还"，是指"还"学生以被传统课堂教学剥夺的、主动参与课堂教学的权利，而不是要从教师手中夺过教的权，还给学生。需要改变的是传统课堂教学中常见的教案执行式推进，"新基础教育"课堂教学追求"有向开放"、"互动生成"的"生长性"推进过程。教师和学生是教学过程的共同创生者，使课堂教学充满生命活力。

其次，学生是重要的教学资源，教师在教学过程中努力关注、捕捉、判断和重组学生的"基础性资源"、"原始性资源"、"互动性资源"、"生成性资源"、"方案性资源"等丰富的资源，促进师生共同成长。

第三，面对"活"起来的课堂，教师作为"推进者"，须承担积极编织、重组资源，"积极"、"有向"、"高质量"地做好开放式导入、促进资源生成，及时智慧地作出回应反馈，使过程在师生双方的真实互动中得以不断生成、深化，直至结束时还有开放式延伸，呈现"互动生成式"教学的内在逻辑。[①]

目标二：充分开发学科的育人价值

在学校教育中，学科的存在价值是"育人"，学科教学是为了促进学生发展，学科育人价值的开发依据是学生的生命发展需要。每个学科对学生发展的价值，除了一个领域的独特知识以外，从更深的层次看至少还有：为学生提供感受、认识、体悟、表达和改变自己生活其中，并不断与之互动的丰富多彩的世界（包括自然、社会、人类文化创造的世界等）；为学生发现、形成

---

① 叶澜．"新基础教育"论——关于当代中国学校变革的探究与认识［M］．北京：教育科学出版社，2006：273—275．

和实现自己的意愿,提供不同学科所独有的路径与视角、思维与策略和独特的逻辑符合等;为学生提供唯有在此学科的学习中才可能获得的经历、体验,提升发现、欣赏和创造美的能力。"唯有如此,学生的精神世界的发展才能从不同的学科教学中获得多方面的滋养,在发展对外部世界的感受、体验、认识、欣赏、改变和创造等能力的同时,不断丰富和完善自己的生命世界,体验丰富的学习认识,满足生命的成长需要和形成认识自我、发展自我的意识与能力。唯有如此,学科教师才能完成从学科专业人员向学科教学专业人员意义的基础性转化。"[1]

目标三:实现课堂教学改革日常化

基于各学科教学改革实践的日常推进,增强教研组、备课组在"全实深"推进中的研究功能;加强各学科大组对于本学科教学改革推进的研讨、调研以及检查力度;关注教学常规的研究性更新,把推进教学改革的要求转化为教学实践的常规规定之中。在改革实践中,形成专题性研究,确立研究课题,聚集多方资源,尤其要关注来自于共生体内华师大专家与基地学校骨干教师的研究资源,采用现场研讨、网络互动以及专题论坛等方式持续深入展开。及时把有效的专题研究成果转化为日常化的研究实践,在日常化专题研究中创生"精特美"。

目标四:建设富有"生命自觉"的教师队伍

实现师生的"生命自觉"是"新基础教育"追求的人之发展的要义。在"新基础教育"研究过程中,变"校本研训"为"校本研修",以教师的自主发展需求为出发点,激发教师主动发展的愿望,提升教师主动发展的能力。

所谓"生命自觉"的教师,是指教师具有清晰正确的教育思想、价值取向,具有较强的自我发展策划能力和基于日常研究性变革实践的学习-实践与反思-重建能力,教师自我职业认同度高,教师团队既有较强的自主发展意识,又有良好的沟通合作机制。引导、促进教师将研究全面渗透在日常的

---

[1] 叶澜. "新基础教育"论——关于当代中国学校变革的探究与认识[M]. 北京:教育科学出版社,2006:255.

教育教学实践中,并将开展反思总结所得,主动地与自己原有的经验进行比较,从而实现对经验的理性重构,这是在"自主发展型"教师队伍建设中需要重点研究与推进的核心工作,使"研究着工作"成为中小学教师的教育生活方式,实现教师自我更新,形成研讨性教研文化。

二、课堂教学改革阶段及任务

教师更新性发展是在课堂教学改革中通过改革实践完成的。课堂教学改革是学校变革的攻坚战,需要经历从反思、重建到初步成型的三个必要阶段。

(一)"捉虫"和"喔":诊断问题,做好"还"

做实对传统课堂常见问题的反思、诊断,是做好教学改革研究的第一步。

1. 以师生状态为核心的课堂教学多维考察

(1)师生在课堂教学中的"时空"关系

在时间分配上。在传统课堂中,如果通过秒表记录、测算一节课上教师所占用的时间,就会发现"40 分钟①的课,老师占用了近 30 分钟,另外 10 分钟则用在回答教师的提问上。大部分学生在课上做的事是静听、按教师要求找书上答案、齐答等,其中还有少数学生参与举手,但并无发言机会"。②这使大多数学生在课堂中没有主动学习、在积极参与中获得发展的时间。

在空间组织上。传统的课堂教学比较多的是"一对一"的问答,缺乏学生个别学习、小组讨论、大组交流、情景表演等多样化的选择与组合。教学组织方式的单一化,限制了单位时间内学生主动学习的空间,限制了学生交

---

① 上海市小学的一节课时间规定,各地会略有不同。此注非原文所有,特此说明。
② 叶澜. "面向 21 世纪新基础教育"探索性研究理论纲要 [N]. 叶澜. "新基础教育"探索性研究报告集 [C]. 上海:上海三联书店,1999:11.

流的时间；他们缺少机会在小组讨论中大胆、自信地表达自己的感受、意见和建议，而是在教师的"小步子"引导中去猜测教师期望的标准答案。

"新基础教育"课堂教学改革首先突破在"还"学生主动学习的时间、空间和提问权等。这是课堂教学改革的起点，也是其它方面改革的突破点。

（2）师生在课堂教学中互动的"工具"

在传统课堂教学中，主要按照知识点组织教学，然后按预定的程序进行掌控。因此，一节课的教学过程或内容相关的课堂教学都被分割为点状，在四平八稳中"匀速"前进，课堂教学的环节之间、课和课之间缺乏层次推进、整体关联等。学生缺乏主动学习、独立探究的"工具"。

在"新基础教育"研究中，"我们把'工具'定在两个'结构'上，即教学内容的结构和学习方法的结构，并注意教学中在结合的意义上教会学生掌握结构"。[1] 用一个个"结构"设计的连接，构成学科的知识结构链和相关的学习方法结构链。因此，新的课堂教学是以一种类型知识的结构及所需要培养的某种学习方法、能力为单位，进行"两段式教学长程设计"，通过"教结构"和"用结构"、非匀速地、由慢而快地推进教学过程，最终让学生运用学到的知识结构和方法结构，主动地在课堂上学习类似或相关的新知识，教学在这个时期呈加速运动的状态。

（3）师生在课堂教学中的"倾听"与"回应"

传统课堂教学的一般状态是，教师根据自己预设好的问题进行发问，学生被教师点名一一问答，或者全班同学齐答。实质上，此种问答式教学都在教师的掌控之中，课堂教学因预先封闭的设计而不可能或少有学生资源的涌现，更难发生资源碰撞的"意外"，少了互动的"精彩"。因缺乏实践的机会，学生质疑、提问的意识与能力未得到开发，教师也缺乏倾听的习惯，缺乏在回应学生的过程中捕捉、编织信息，推进教学过程的能力。

当学生能对教师或同学"提出的各种问题作出不同的回答，也并非与教

---

[1] 叶澜."面向21世纪新基础教育"探索性研究理论纲要［N］.叶澜."新基础教育"探索性研究报告集［C］.上海：上海三联书店，1999：36.

师预先设计的完全一致时,教师是否善于倾听,善于发现学生问答中富有价值和意义的、充满童趣的世界,体验学生的情绪,就成了教师能否组织好动态生成中的课堂教学的重要条件"。① 上述分析表明,在传统课堂教学中,师生互动关系呈直线单向状态,其主要后果是限制了学生主动性的发挥,使"学"仅仅围绕着"教"转。

因此,在教学改革过程中,需要加强学习,改变教学观、师生角色观,从"还"开始做起,体悟新基础的教学过程逻辑。

2. 课堂重建:主动尝试"五还"

针对上述情况,要打破原先的课堂教学时空配置与运行过程,"新基础教育"主张从"五还"② 着手:

➢ 还"时间",每节课至少有1/3的时间,最好能达到2/3的时间让每个学生主动学习,包括思考、操作、练习、讨论等各种方式,即使一问一答的方式,也要求教师尽可能扩大提问面。

➢ 还"空间",在课堂教学中,按需要增加学生个别学习、对组学习、小组学习、大组讨论、学生执教或情景表演、师生的一问一答和讲授等多种活动或组织方式恰当组合。还给学生学习的时间、空间,为学生提供主动学习的课堂条件。

➢ 还"工具",帮助学生掌握主动学习的"工具",即教学内容的结构和学习方法的结构。教学中,注意在内容与方法结合的意义上,通过"长程两段"式的时间配置,教会学生掌握结构、运用结构。

➢ 还"提问权",让学生在预习,独立思考的基础上提出自己想问的各种性质和类型的问题,包括质疑,提出和教师、同学或教材不同的观点。不把提问看作是教师的特权,或只是检查学生是否掌握学习内容的手段。在培养学生提问能力时,开始阶段,一定要鼓励学生敢于提问、积极发言,可以不

---

① 叶澜."面向21世纪新基础教育"探索性研究理论纲要[N].叶澜."新基础教育"探索性研究报告集[C].上海:上海三联书店,1999:39.

② 叶澜."新基础教育"论——关于当代中国学校变革的探究与认识[M].北京:教育科学出版社,2006:276—277.

计较问题质量，允许提出"两类问题"：一类是提出自己已经懂了，但用来考别人，看别人是否也懂了的问题；一类是自己不理解、不懂或有不同看法的问题，它们常与学生缺乏生活经验、背景材料和知识基础相关，但有时这类问题是学生读了不少课外读物，形成了不同于教科书的答案或独立思考的产物。

➢ 还"评议权"，包括自评与评价他人、发表感受、提意见、表扬和建议。培养学生评议能力是提高学生主动学习的重要方面，这有助于学生对问题的挖掘，加深对教学内容的理解，以及同学之间相互帮助和共同学习。也有助于培养学生仔细倾听、辨析、欣赏他人意见的能力，通过相互评议、讨论，使自己获得更丰富的认识。

"五还"，基本构成了学生课堂生活的主要内容与方式。

在实践中，教师首先要"舍得放"，给够时间，以便学生独立思考、动脑思考、相互讨论、互动点评等，在"多向互动"中呈现多种资源。课堂有了"放下去"的第一步，才会有资源产生，有资源才会有"收上来"的第二步：在"交互反馈"中推进教学生成，随之而来，则是更深层次的"放、收自如"、"积聚生成"。

在教学开放方面，教师要依次突破自己的"信仰关"——要不要放；"心理关"——能不能放、敢不敢放；最后才是"能力关"——怎么放。

（二）开放—生成：提升资源意识进行重组

1. 如何面对"活起来"的课堂

教师在决心向学生开放课堂后，往往会产生新的担心、紧张甚至质疑，课堂开放了以后教学内容不能按时、按计划完成，学生成绩上不去怎么办？课堂教学中的回答，超出自己的预料，超出自己的知识、能力范围，无法接招怎么办？这是教师直面开放课堂初期，常会经历的困惑和忧虑。

一系列新观念、新思维、新方式，确实对解放学生、活跃课堂起了推进作用，学生的学习积极性、对课堂的情感态度发生提升性的变化，每个班级会出现一批在课堂上主动性强和发展水平明显变化的学生，他们成为课堂教学过程重建的新的生力军。

老师们在为学生解放出能量惊喜的同时，面对这一个"活"起来的课堂，又产生许多新的问题与顾虑。概括地说主要有[1]：学生活起来了，课堂纪律松懈怎么办？时间还给了学生，学生爱发表意见，教学进度完不成怎么办？面对学生各种问题和意见，教师怎么办？学生的活跃会不会带来基础知识掌握和基本技能水平的下降？由于基础和主动投入程度的差异，学生间的差距显得更大了怎么办？一系列"怎么办"，反映教师在积极地感受和思考改变了的课堂，说明教师已不再是简单地按各种常规和自己形成的惯性教学，这是十分可喜的变化。实际上是给那些敢于并积极迈出这一步的教师，提出了更多挑战和发展的机会。疑虑因改革实践而"生"，也只有通过更进一步的改革实践才能"解"。

只有教师对学生因思维活跃而迸发出的教案、教材外的资源，坚持积极尝试捕捉和编制课堂呈现的各种信息，方能逐步提升自己对信息的敏感性、辨别力和重组的能力，如果在实践着"还"，心里想着的还是教案和教材的落实，还未能把"还"真正当作教学过程不可缺少的重要组成。如果面对着活跃的学生，想着还没有落实的教案；"还"是为了改革，"教案"是为了保证考试成绩，无法把这两方面通过重组统一起来，那么走出第一步以后的教师通常会遭遇尴尬。如果这些问题不解决，"还"是不能长久的，为了这些放不下心的"怎么办"，为了"保险"起见，教师还会回到习惯的老路上去。

改革在这样的背景下迈出第二步，研究和实践的主题是：怎样在课堂教学过程中实现师生积极、有效和高质量的多向互动？也就是说，以"放"为基础，向上跨一台阶，达到"多向互动"；对这种互动的要求不仅是关注"积极"，更要把握住有效（相对于形式的"动"、不产生实际效果和交互推进教学作用的"动"）和高质量（不仅是学科的基础性知识、能力的目标要达标，还要争取实现比初始状态高的成绩，更要提高教学从多方面促进每个学生主

---

[1] 叶澜. "新基础教育"论——关于当代中国学校变革的探究与认识[M]. 北京：教育科学出版社，2006：277.

动发展的质量)。改革的这一研究任务，同时要求改革评价的重心从引导改变习惯观念与行为进入到帮助教师面对"活"起来的课堂，形成新的教学过程系统，即从"破旧"探索进入到"立新"的重建。

2. 在教学全程中深化改革

面对"活起来"的课堂，教师怎么办？能否"接招"，有效应对学生的智慧甚至"意外"？如何既能培养学生能力、主动思考，又能让学生更加高效地学习知识、健全人格？这向教师提出全新挑战。这也是"放下去"的课堂所独具的智慧挑战和魅力，是教师兴奋于其中、成长于其中的根基。

课堂"放下去"，必须解决的核心问题是"怎样放"。要用"大问题"激活课堂。

何谓"大问题"？相对于前述的细碎"小问题"，"大问题"意味着具有开放性和挑战性，需要学生检索已有知识，调用已有解决问题的路径，需要思考的时间和思维水平。

"大问题"具有如下特征：

➢ 聚焦于教学目标，每个学生都能从不同层面和维度，生成丰富的教学资源。

➢ 有新情景下的认知冲突，需要通过教学来解决问题。

➢ 针对学习的障碍、困难，提问有思维力度与路径空间。

➢ 需要从已有知识、路径中调用恰当的旧知，并进行重组。

➢ 能前后关联，形成更丰富复杂的知识结构、方法结构。

如何设计"大问题"？"大问题"设计的目的在于，促进每个学生都能参与课堂，真正做到"放下去"。为此，在教学设计中，首先要预留学生充分思考和解决问题的时间，在独立思考中养成思维能力。策划恰当的活动组织方式，在合作学习中经历对知识的理解，养成互动习惯。这样，"放"才不会流于形式。第二，要相信学生具有解决问题的多种潜能，但丰富、复杂的综合习得，需要在互动中积聚生成。

"大问题"设计的基本依据：

"大问题"设计，需要围绕教学目标（学什么、学到什么程度）而策划；

提问能够被多层次的学生从多维度理解；吸引学生人人参与，尤其是思维参与；问题间有内在逻辑层次；合理设计学生活动；问答具有开放性、生成性，形成教学深化的重要资源。

依据一：面向全体学生，分析学习之"坎"

➢"有话说"：面向不同层次的学生，每位学生都有进入问题的层次、角度，每位学生都可以参与讨论。

➢"有建构"：学生仅仅通过回忆知识是解决不了问题的，可运用旧知或生活中的经验等建构新知。

➢"有刺激"：从学生的角度，分析学生在学习时可能存在的障碍、困难（知识的关键处、理解的疑难处、思维的转折处、规律的探求处）。

依据二：解读文本、解读学生，开发教材育人价值

➢长程解读教材内在逻辑，分析本课具体的知识结构、方法结构。

➢紧扣教材中的基础知识、基本能力，把原先作为目的之"双基"，既当目的，又当育人的内容载体。

➢不是简单重复教材中的问题，而是在"用教材"的意义上重新设计问题。

依据三：目标定位，聚焦底线和高标要求

➢创设问题情境、引起多元认知或认知冲突，沟通生活现象和书本知识。

➢明确解决该问题的路径，在习得知识的同时，提升思维品质。

➢形成问题系列，设计2~3个大问题，贯穿整节课的教学过程，问题之间有内在层次性、递进性。培养解决难题的意志力和习惯。

依据四：活动跟进，设计恰当的学习活动

➢学习活动与问题解决相应，围绕核心目标的有效达成。

➢学生在活动中思考问题，通过"做事"经历习得的过程。

➢学生边活动边思考，在质疑中开始动手、动口、动脑，主动参与课堂探究。

以上四个依据用图表示如下：

3. 追求和实现"放"、"收"结合的课堂教学

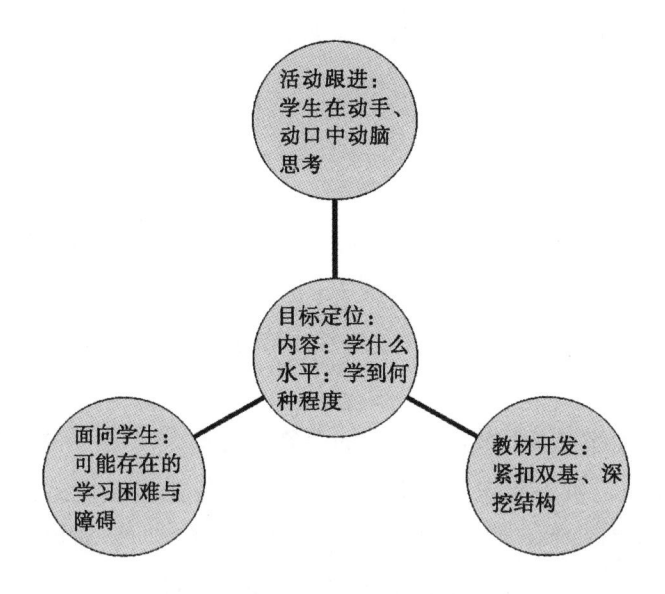

图4—1 课堂教学"大问题"设计的依据

课堂"放"了后，怎么"收"？

(1) 切实实现重心下移，注重"三个改变"

追求教学过程真正的"开放"，第一步是强化"重心下移"，把大问题真"放下去"。所谓真放，是指要使每个学生都能够独立地面对问题，并参与到解决问题的过程之中。为此，要注意三个改变：

➢ 一是改变"替代思维"，使教学的重心从教师和个别学生下移到全体学生，使全体学生"动"起来。不要一有几个学生举手，立即回答；有了期望答案，立即收场。

➢ 二是使不同状态的学生都积极参与互动，产生各类"资源"，改变教学资源贫乏的现象。

➢ 三是改变教学缺乏针对性的现象，认真从学生提供的资源中，解读学生真实、具体的状态，使教学进一步地贴近学生的实际，在学生初始状态的基础上促进变化和发展。

(2) 把资源"收上来"，进行反馈提升

追求教学过程真正的开放性生成，第二步是强化教学"资源回收"，把学生解决问题的不同状态和相关资源采集上来，使学生生成的基础性资源能够成为生生、师生的互动性资源。这样，教学就有可能对学生的各种资源进行有效利用。

> 一要改变对资源"视而不见"的现象，从只关注正确的答案，转换到重视各类学生的回答，包括意外、精彩、不同的回答，作出及时的分析和解读，善于把学生的错误（具有教育价值的）也作为教学的重要资源；

> 二是改变教学"走过场"的现象，从只关注结果的呈现，转换为重视学生思维状态中相关信息的捕捉，把学生思维过程的外显作为教学的重要内容；

> 三是要改变"为开放而开放"的现象。比如，"无论你说什么，说完就完了"。这是缺乏资源意识，倾听、互动、提升等能力尚待提高。为克服此弊，教师要加强课前对学生可能的研究，课中努力倾听、捕捉、判断，多边互动，重组、推进。又如，从只关注"凑"出多样的、完整的答案，转换到每个学生逐渐形成有序的、灵活结构的思维路径，把学生思维水平的提升作为教学的重中之重，使学生解决问题的能力不断提升。

（3）"放"、"收"结合的教学环节

一次"放"与"收"的过程组成了一个完整的教学环节。"放"是教学"资源生成"的过程，"收"是师生互动、回应反馈，促进教学"过程生成"的过程。

"放"与"收"之间具有密切的内在联系，"放"是为了"收"得更有针对性，"收"是在"放"的基础上的提升。

一般说来，在一节课中不可能有太多"大问题"，设计2～3个开放性的"大问题"已足够多，但并没有硬性规定。教师在分配教学时间和教学处理上要从容。每一个"大问题"解决的教学过程，就是一次"放"和一次"收"的过程，构成了教学过程中"一放一收"的有机结合。如何有效地"收"？当学生独立或小组学习时，首先，教师要"注意有意识地采集样本"，策划课堂行走路线，到学生中间去观察、倾听、捕捉资源；第二，对各种资源要作出迅速的判断和选择，当没有大把握时，可留存在黑板上，随过程推进做处理；

第三，尽可能"并联式"同时呈现学生的基础性资源。①

(三)"课堂生活"：日常化研究性变革实践

随着教学改革的深入，学生在课堂中悄悄地发生着变化：能主动地投入学习、活动中，积极地思考自己的想法，并能大胆地表达出来和他人有效分享，在有要求又宽容的氛围中变得敢想、敢说、会想、能说，学习态度、信心、方法与能力都有明显的提高。学生的变化极大增强了教师参与改革研究的职业幸福感。

1. 做好"五实"，改变课堂生活

"新基础教育"没有模式，一堂好课没有绝对标准，但有一些可供参考的基本要求，这是具有育人价值的课堂生活之基础，即五个"实"：扎实、充实、丰实、平实和真实，② 这是"新基础教育"对课堂教学底线式的要求。

➤ "扎实"——一堂好课应是一堂有意义的课。对于学生来说，至少要学到东西，再进一步锻炼能力，进而发展到有良好的、积极的情感体验，产生进一步学习的强烈需求。有意义的课，也就是一堂扎实的课，不是图热闹的课。

➤ "充实"——一堂好课应是一堂有效率的课。一是看对全班多少学生有效率；二是看效率的高低。效率高的课，才称得上是充实的课，有内容的课。

➤ "丰实"——一堂好课应该是有生成性的课。即一节课不完全是预设的结果，而是在课堂中有教师和学生的真情实感、智慧的交流，这个过程既有资源的生成，又有过程状态的生成。这样的课可以称为丰实的课，内容丰富，多方活跃，给人以启发。

➤ "平实"——一堂好课应该是常态下的课。课堂的价值在于通过师生碰撞，相互讨论，生成许多新的东西，这样的课称为平实的课。要淡化公开课，

---

① 吴亚萍."新基础教育"数学教学改革指导纲要[M].桂林：广西师范大学出版社，2009：86.

② 叶澜.扎实、充实、丰实、平实、真实——什么样的课算一堂好课[J].基础教育，2004，(7)：13—16.

多上研讨课，不管谁在听课，教师都要做到旁若无人，心中只有学生。

➢ "真实"——做到了以上几点，这种课依然是一堂有待完善的课。它不可能十全十美，它应该是真实的、未经过粉饰的、值得反思的、可以重建的课。只要是真实的，就有缺憾，有缺憾恰恰是真实的指标。

最后，关于"新基础"的理想好课，特别提醒以下几点[①]：

（1）"理想好课"的标准首先要清晰的是"应该"，而后是"如何"，最后呈现的是"实践形态"和效应。三个层次都立足"新基础教育"理念，都要关注整体，还要体现不同层面的具体转化。

（2）"应该"层面要体现"新基础教育"的改革立场与价值追求在课堂教学领域中的表达，弄明白"我是谁"，把握"新基础"的独特个性。

（3）"如何做"的层面，应该站在教师立场提出要求，把握好"设计—重建"的全过程。在每个环节上都把握住核心问题，把握住改革的重点和难点，以及牵一发而动全身的关键，这样才能不琐碎而有系统。

（4）"实践形态与效应"要站在第三者和主体提升的角度去看，它是可见的，包括整体式的感受和可评价的标准。

2. 创生"课堂"：实现预设与生成的有机转换

以上，主要从教师在实践中可能产生问题的角度，对新型课堂如何从走出传统到形成新的"好课"，作了分析。但要成为自觉进行课堂教学改革的教师，尚须在理论上清晰预设与生成的关系，及其改革的价值。在"新基础教育"研究中，关于预设与生成的关系，[②] 在理论与实践结合的意义上，进行了深入分析和创造。

（1）认清课堂教学两个阶段：预设与生成及其关系

课堂教学中的"预设与生成"，是课前预先设计与课堂实施生成的简称，它是完成课堂教学任务所必需的、前后相连、密切相关且相互构成的两个阶

---

① 叶澜与"生命·实践"教育学合作校、"新基础教育"基地校校长和老师等关于"什么是新基础教育理想好课"的微信讨论小结，2014 年 6 月 18 日（内部资料）。

② 叶澜. 课堂教学过程再认识：功夫重在论外［J］. 课程·教材·教法，2013，(5)：3—13.

段。这需要深刻理解两者内含的宗旨、要素、结构及过程逻辑等基本方面所具有的一致性。不能把它们当作两种对立的观点，相互否定，或只能取其一。预设与生成关系的提出，主要是针对传统教学中要求预设与执行一致，这一支配众多教师教学行为的观念。

除此以外，还要认识到两者的区别，并明白区别之存在。前者是为课堂教学开展而作的预先策划，后者则是课堂教学进入实践阶段的动态展开。后者比前者要丰富和复杂得多，故而不可能实现、也不必要追求事先预设与践行过程的完全一致性。

还要考虑到课堂教学是需要在较长时间内持续开展的学科教学过程，而非一次性过程。故而教师若要明晰教学的结果，实现教学的持续与改进，逐步提高教学质量和自我完善的自觉，则还应有评价、反思和重建三个阶段。

(2) 在教学设计中实现理念的转化与具体化

需要进一步研究教学预设的基本任务，以改变对其简单化或片面化的理解，并为课堂实践的改革创造条件。在学校实践中教师大多习惯于将课前预设称作备课或"教案设计"，在"新基础教育"研究中则称为"教学设计"。两种名称虽只有一字之差，但所含内容却大不同，前者强调为教而设计，后者则为教学而设计。显然，后者也不同于为实现先学后教、当前流行的教师为学生写的"导学案"。如前所述，是把教学当作课堂教学活动中一个不可分割的分析单位。因此，上述不同名称差异的实质，是认识问题分析单位的重要区别。以教学作为分析单位的教学设计，在教学内容的选择或重组确定后，至少应包括如下项目：

教学目标及其提出依据。教师需完成的任务，不是简单地套用课程标准要求或照搬教学参考资料，而是首先要为实现教学价值而深刻把握教学内容的育人价值：一方面需在清晰所教学科内容结构的前提下，认识本节课的内容在整体中的位置，它所必须掌握的知识、技能技巧与学习方法，以及与其他内容上下左右的关系。更难的另一方面是，要深度研究该学科的教学，在培养学生价值观、科学与人文精神，思想方法和独立思考，探究和发现的意识与能力，以及建立学科与社会、人生关系等方面的多种"育人价值"的可能，且落实到对本节课应该实现之目标的具体选择上，这是教师确定教学目标必须深究的重要依据之一。

教学全程设计。教学过程要求教师将目标转化为教学行为，目标意识应贯穿全程。因此，如何在设计中体现这种转化，是教学全程设计的难题。教学全程设计还需要全面安排教学活动的各个方面，为教学实践中必然会出现的变化预留弹性空间。教学全程设计具有极强的综合性。目标与过程的统一与转化，每一阶段活动的独特与阶段间的连贯，活动与活动之转换的合理通畅，师生活动交互生成重要节点的预设和可能空间的预留，以及教师设计意图的清醒和认真推敲后的清晰表达，是高质量的、包含教学实践生成可能性的教学预设的基本特征。它是我们认同的教育理念和教学观，在教学设计领域中的具体、生动、全息式的富有创意的表达。每节课的设计都会因此而呈现出本身的独特。教学预设本身并非是教学生成、学习主体的死敌，完全没有必要为后者而否定前者的价值。

根本的问题依然在观念与理念的更新，并坚信教育理念与教学观念不是用来"论"的，而是应该用来指导并转化为"行"。在理念清醒并认同后，进一步要努力的是如何切切实实地转化为行。

(3) 在转化生成中创生有意义的课堂生活

教学预设的实践是教师和学生在多向互动中不断生成、充满生机和活力的课堂生活过程，也是促进师生不同方面共同发展的过程。教学目标的实现与否或实现程度，教学预设的合理性和可改进性，最终由教学过程的实践来检验。

教学活动是师生在课堂上的共同生活（以下简称课堂生活），不同于将教学转化为日常生活，或类日常生活式地进行教学，要求将教学回归生活的主张。也不是仅指专属在教学中如何处理书本知识与日常生活、学生经验的关系，以提高书本知识学习实效等方面的主张。教师和学生的学校生活大量在一节节课中度过。他们在其中创造和收获，感受成功的喜悦，经受失败的挫折，慢慢积淀着难忘的同学缘和师生情，且滋长着对日常生活之外广袤的天地和世道人事的向往，增强着坚持的意志和成长的力量……这是课堂生活给予"在其中者"心灵的终身馈赠。之所以强调课堂生活的特殊性是为了说明：不只是学科有育人价值，而且课堂教学本身内含着育人价值，教师需要提升与学生一起创造丰富而有意义的课堂生活的自觉。为此，最重要的是在课堂教学中，教师要全身心地真诚投入，给予学生出自内心的关注与帮助，作出友善而清晰的表达；展现出敬业的精神与高质量的专业水平、灵动的智慧与个性的魅力。真实是课堂生活的灵魂，师生在过程中的成长是其最动人、悠长的旋律。

课堂教学过程中师生多元、多向、多层、多种方式的互动贯穿并组成全程，它也是推进教学行程的动力。教师在过程中不仅要关注溢出教学预设的意外与异常，将其转化为教学推进的资源，更要对全程中呈现的多种信息保持敏感，善于捕捉并及时作出恰当的，具有补充、完善、修正、扩展、提升等不同性质的反馈，给学生及时的鼓励、欣赏、启发性的帮助，增强其投入课堂教学的自信与积极性，同时保持独立思考的清醒和力度。师生在课堂上的各种交往，是有目标指向的、富有精神成长意义的交往。教师不仅要在教学设计前研究学生，更要学会在课堂上读懂学生，乃至在一切与学生共处的过程中，在学生的作业和行为表现中读懂学生。这是广义上的，却是十分重要的对教师学会倾听、而不是只会言说的要求。

不仅如此，还要求教师培养学生不只是急于表达自己的意见，还要学会相互倾听，"不仅相互倾听，而且要彼此听见，这才是所谓的'理解'"。只有不仅是互动而且有"理解"的课堂，才会有可能影响参与者的初始观念、拓展视野、促成变化，才会是一个不断生成的教学过程。可见，我们在此所说的生成，不只是指结果的生成、目标的达到，而且指教学过程本身具有独特的生成性，它本应是生成的，而不是预成的或预设的原封不动的兑现。

在课堂教学互动生成的过程中，教师和学生承担的任务虽各有区别，但角色规定并非单一和固定，在课堂上会随着教学的推进和生成状态而变。从教学活动的长期连续性看，又与学生的年龄大小、已有的基础和能力、师生关系建立的长短等一系列复杂因素相关。故而不主张用统一的模式规定学与教的先后顺序，也不认为凡是让学生在课堂上当小老师、让学生问老师答、或学生互问互答才是改革,学生活动越多、教师讲得越少,课堂桌椅摆成六人组状而非秧田式,就是体现当代教学改革要求的课。课堂教学改革在一定的理念影响或指导下,会有原则性的要求及具体形态的描述,但不能以有利于教师学习运用为由,简单地、或一定要求形成可操作的教学模式。

从已有的研究实践中认识并体验到:只有留给教师充分独立钻研、思考和创造的空间,只有改革的理论和经验呈反思重建的开放态势,才能使课堂改革本身成为教师发展的沃土,才能在成就课堂教学改革之事的同时,成就一批富有责任心和大爱、敢于探索和具有超越自我的精神与能力的、好学习善创造之时代所需的新型教师。

三、教学设计、过程与反思重建

有了上述认识后,我们还可以从教学活动中教师所必须经历和完成的每一个阶段的构建,作一些具体说明。"新基础教育"课堂教学改革,包含教学设计、教学实施过程、教学反思和重建等一系列过程。

(一)教学设计:基于"两个解读"开发"育人价值"

课堂教学是学校为实现教育目标而进行的人类实践活动,具有很强的目的性。所以,首先需要研究、设计,也就是广大教师熟知的"备课",新基础称为"教学设计"。

1. 传统备课的常见问题

多数教师所熟知的"备课",即备教材、备学生、备教法,甚至有更加齐全的做法:备课标、备教材、备教具、备学生、备教法、备板书、备作业、备资源等,意在尽可能从不同方面对教学过程进行完备的考虑,以确保"万无一失"。此种做法在公开课中尤甚,以至什么都"事先安排"。如此备课常见问题有:

一是对教学要素的"点状化"认识,尽可能"多"地考虑、不遗漏要素,但缺乏要素间内在关系的思考及其整体策划。二是对教学过程的安排力求尽可能"细化",形成详尽的、严密的教师"如何教"的程序。此种"碎片化"的亦步亦趋式备课思维,可以避免教学中的诸多"意外"情况,从而保证教学不受干扰、"按计行事"。

此外,教师备课时想得最多的是,准确、深刻把握各类考试中经常出现的考题,知识点的出题频率、考题题型、考题难度等。这是教师"教学经验"的重要构成。依据考题对教材内容进行取舍(也被有些教师称之为"用教材"),依据学生的答题状态来进行学情分析(事实上更多的是考情分析),并对学生回答问题做出"标准答案"的硬性要求。备课往往呈现"考题——知识点——学生答题——课堂教学"的应试逻辑,其核心是围绕考题的知识点分析,其目的是学生在考前记住、理解考试知识,并学会做题。客观地说,基于考题、知识的备课,在课堂教学中也会让学生有所收获。但这种收获长此以往,是以牺牲学生其他方面的重要发展为代价,最终导致学生的"片面"而非"全面","被动"而非"自觉"的发展。

备课中"人"的忽视,甚至可以说是有意或无意的被遮蔽起来,必然出现学生、知识和应试之间的本末倒置。"新基础教育"研究的教学设计,始终将"育人"置于教学思维的基点,开发教材内含的育人资源,运用复杂思维对要素间(教学)关系,进行长程、整体、转化、生成式策划。教学设计是课前的"预设",是研究中重要的构成,但不能取代课中的"生成"。

表 4-1　课堂教学弹性方案设计

学校：	教师：	班级（人数）：
课题：		

一、教学目标的确定依据

1. 教材分析

➢ 该教学内容所处单元的知识结构分析

➢ 该教学内容的教育价值分析

➢ 体现教育价值的教学策略的选择和教材处理情况的说明

2. 学生分析

➢ 学生个体对于所要学习内容的已有经验与个体差异

➢ 学生个体对于所要学习内容的各种可能与困难障碍分析

➢ 学生发展的需要和对学生可能达到的发展水平的估计

二、教学的具体目标

教学环节	教师活动	学生活动	设计意图
开放式导入	教师提出大问题 （思考：如何"放"下去？ 以怎样的方式呈现资源？ 如何有效利用这些资源？ 怎样促进生生、师生互动？ 应对学生各种可能的方案是什么？ 思考如何"收"得有层次？）	（思考：学生对问题的可能回应）	阐述为什么要这么设计的理由，体现哪些认识与追求，设计背后的理论支撑又是什么，等等。
核心过程推进	核心问题的生成与展开 （思考：问题之间是否有内在联系？ 问题的思考是否有递进和提升？ 如何形成生生、师生的互动？ 如何放收合理、自如、有效？）	（可能形成的问题域分析） 学生对问题思考的可能状态分析	
开放式延伸	总结提升与内容延伸 （思考：如何作概括性的总结？ 如何提炼学习方法结构？ 设计延伸性课外作业或活动）		

2. 开发学科独特、丰富的育人价值

"新基础教育"开发学科育人价值的行动策略是：开发现有学科的育人价值，而不是去创设新课程。这是以学校为单位、在学校中进行改革所可能采取的行动策略，也是和教师一起创造，并在研究性变革实践中实现发展的可行策略。

"新基础教育"研究的教学设计，首先思考的是本学科对学生发展的独特价值，而不是首先把握这节课教学的知识重点与难点。我们并不认为学科知识对学生的发展没有价值、可以无视，相反，它是教学中必须让学生掌握的基础性的内容。但教学对学生的价值不应停留在此，更不能把学生当作是为学习这些知识而存在的，教师是为教这些知识而存在的。教学为学生的多方面主动发展服务是最基本的立足点。因此，学科的独特育人价值要从学生的发展需要出发，来分析不同学科能起的独特作用。具体地讲，每个学科对学生的发展价值，除了一个领域的知识以外，从更深的层次看，至少还可以为学生认识、体悟、表达和改变这个自己生活在其中、并与其不断互动着的、丰富多彩的世界（包括自然、社会、人，生活、职业、家庭、自我、他人、群体，实践、交往、反思，学习、探究、创造等等），提供不同的路径和独特的视角，发现的方法和思维的策略，特有的运算符号和逻辑；提供一种唯有在这个学科的学习中才可能获得的经历和体验；提升独特的学科美的发现、欣赏和表达能力。唯有如此，学生的精神世界的发展才能从不同的学科教学中获得多方面的滋养，在发展对外部世界的感受、体验、认识、欣赏、改变、创造能力的同时，不断丰富和完善自己的生命世界，体验丰富的学习人生，提升生命的成长需要。[1]

3. 教材分析：长程、结构化育人

"新基础教育"研究明确提出了开发学科独特育人价值的两个基本策略[2]：

---

[1] 叶澜. "新基础教育"论——关于当代中国学校变革的探究与认识[M]. 北京：教育科学出版社，2006：254-255.

[2] 吴亚萍等. 学校转型中的教学改革[M]. 北京：教育科学出版社，2009：110-147.

一是教材"结构加工策略",即开发教材知识关系形态中的育人资源,将点状断裂的"碎片化"书本知识进行"修复",使知识呈现出整体的"结构态"。二是教材"生命激活策略",即开发教材知识过程形态中的育人资源,将凝固的"符号化"书本知识进行"激活",使知识呈现出鲜活的"生命态"。

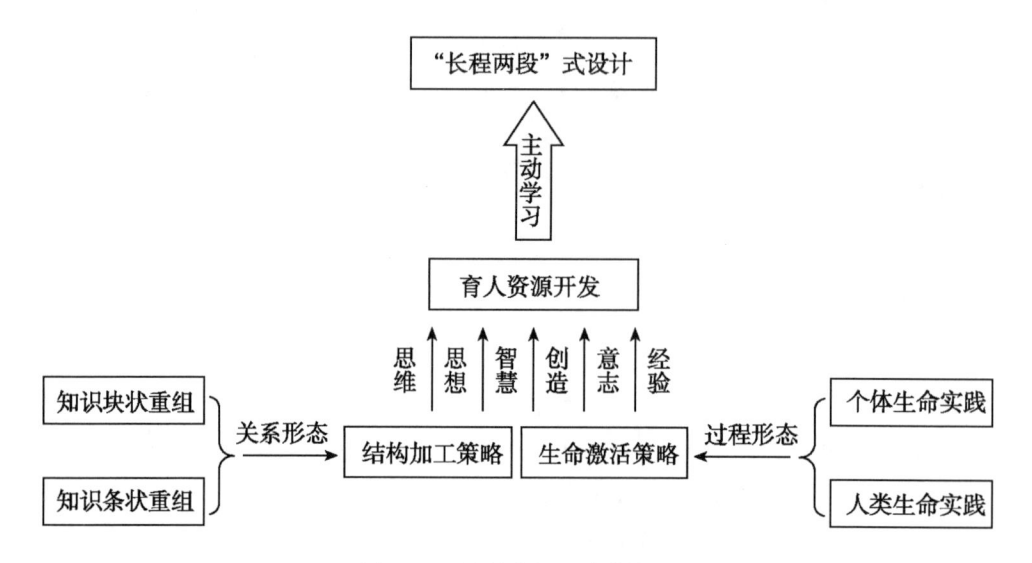

图 4-2　教材分析思路结构图

(1) 教材结构加工策略

学科知识的内在关系,具体体现为知识的结构化状态,一是突破知识的"点状",将知识点纳入到知识原本的结构体系中;二是突破思维的"点状",结合学生思考过程提升他们整体、系统分析的思维策略与能力。将知识之间的内在本质联系沟通起来,并与学生思维过程有机结合,真正在"育人"意义上养成学生的学习能力,挖掘出知识中所内蕴的生命色彩。

教材结构化之一:在一节课教学中进行知识加工,有意识地将某一知识点纳入一类知识体系中。如,初中英语的形容词最高级教学,结合句型分别依次学习了 long、young、high、big、expensive、good 的原级、比较级、最高级单词形式,然后要求学生通过列表方式,总结出上述形容词原级、比较级、最高级的形式变化规则及其类型。此种教学设计,一方面不只是单纯地教学最高级,而是在整体分析形容词原级、比较级、最高级的基础上进行教学；另一方面不只是将三种形式简单"放"在一起，也不只是由教师直接用表格呈现出来，而是由学生自己通过列表、归纳、发现，主动思考、讨论、总结变化类型及其规则。

教材结构化之二：在单元内、学段内结构链上进行知识加工，将一节课教学内容置于知识系列中。如小学数学的"空间与图形"教学，根据数学知识的纵向联系和变化发展的角度，将"空间与图形知识结构块，划分为三个不同分支的知识结构链，第一个分支是图形认识与论证知识结构链，主要包括一个图形的初步直观认识、要素认识、类型认识、特征认识和性质研究，以及两个图形的关系研究。第二个分支是图形测量与计算知识结构链，主要包括一维的长度的认识、测量工具和度量单位，以及平面图形周长的计算；二维的面积的认识、测量工具和度量单位，以及平面图形面积的计算；三维的体积的认识、测量工具和度量单位，以及物体表面积和体积的计算，还有数与形结合问题的计算。第三个分支是图形位置与变换知识结构链，包括位置不变的认识（位置、方向、坐标），位置运动变化的认识（图形的三种运动变换：平移、旋转和对称）"。[①]

由上可知，对于知识及其思维的点状，可以进行"条状重组"，按照某一类知识或知识块的内在逻辑，从知识间的纵向关联关系，在一节课内、单元内、学段内对教材进行结构加工，逐层形成简单到复杂的结构链；可以进行"块状重组"，按照不同类知识或知识块间的内在关系，在类比、概括、比较，主动发现知识间的横向关联。在对教材内容进行"条状"、"块状"重组、形成结构的基础上，进行"长程两段"式教学设计，即第一阶段是以知识为载体的教学结构，第二阶段是学生运用结构于同类知识或相关知识的学习过程中，上述的"教结构、用结构"的两个教学阶段，形成一个教学"长程"。这一教学内容的重组和加工，被称之为"长程两段"设计，其目的在于使学生在教学过程中能主动投入学习，形成主动学习的心态与能力。

[①] 吴亚萍. "新基础教育"数学教学改革指导纲要［M］. 桂林：广西师范大学出版社，2009：51.

(2) 教材生命激活策略

将结构化后的以符号为主要载体的书本知识重新"激活",实现与三重生命的沟通:① 书本知识与人类生活世界沟通,与学生经验世界、成长需要沟通,与发现、发展知识的人和历史沟通。用通俗的话来说,就是使知识恢复到鲜活的状态,与人的生命、生活重新息息相关,使它呈现出生命态。具有内在生命态的知识,最能激活、唤起学生学习的内在需要、兴趣、信心和提升他们的主动探求的欲望及能力。教师在寻找这三方面联系的同时,也拓展了自己的认识领域,并把注意力从研究教学内容转向研究学生的前在状态、潜在状态、生活经验和发展的需要,这是实现由"教书"为本转换到在教书中"育人"的十分关键的一步。

如在小学语文的"坐井观天"教学中,围绕着课文核心内容"小鸟与青蛙争论天有多大"进行阅读、讨论与体悟,在此基础上,教师一般会向学生提出问题"小鸟与青蛙谁对谁错",多数小学生会在教师的"循循善诱"下知道一个道理:要像小鸟一样见多识广,不能像青蛙那样目光短浅、自以为是。教师忠实地将教参中的"道理"传授给了学生,学生也用自己的"言说"方式忠实地接受了。但是,这样依赖教材、教参的道理说教,其本质在于,局限于课文内容中"孰是孰非"的知识意义上的争论,并未触及学生内心深处的困惑,也没有真正触动学生思维。在"育人"意义上,结合小鸟与青蛙关于"天有多大"的争论,让学生明白:"天的大小"不能停留于"小鸟对、青蛙错"的理解上,而是认识到其根本原因在于,小鸟翱翔于天空而青蛙则是"坐井观天",在现实生活中,我们每个人都有可能因为自己的视野所限,陷于"坐井观天"之境。事实上,此种情况并不可怕,关键是要学会跳出自己的位置、拓宽视野,从而看到更加宽阔的天空。

上述案例表明,从局限于、依赖于教材的知识性道理说教,转向了学生现实的未来生活,书本知识只有和学生现实生活沟通起来,才能完成人类社

---

① 叶澜."新基础教育"论——关于当代中国学校变革的探究与认识[M].北京:教育科学出版社,2006:256.

会文化向个体成长转化的过程，内化为学生自己的本领。

教材知识的符号化，实质上是从现实生活和世界中抽象、概括出来的，这一知识形成过程，饱含着人类的思想、智慧、创造、意志、精神、思维等。教师在进行教材文本分析时，将书本知识与人类生命实践沟通起来，与发现、发展知识的人和历史联系起来，"把教材中以符号为主要载体的现成知识，按其被人们发现和认识的过程进行还原，在教学中让学生经历和体验知识创生和发展的过程，在经历知识'再创造'的过程中，感受智慧、实践智慧、生长智慧"。①

当教师完成了上述两方面的教学内容的加工以后，就可能对学期的学科教学作出整体安排。"新基础教育"在教学时间的分布上要求打破"匀速运动"式的按章、按节的分配方案，主张按"长程两段"设计的要求，将每一结构单元的学习分为"教学结构"阶段和"运用结构"两个阶段。在"教学结构"阶段主要用发现的方式，让学生从现实的问题出发，逐渐找出知识的结构和发现结构的步骤与方法；通过总结，形成知识、方法、步骤综合的"类结构"。这一部分的教学时间可适度放慢，让大多数的学生有一个充分体验发现和建构"类结构"的过程，让"类结构"通过学生与教师的教学互动逐渐生成，成为学生自己的"类结构"。在此基础上，"运用结构"的教学阶段就能以加速的方式进行。根据改革试验中实际进行的结果看，在总体上，教学进度不仅不会因第一阶段的放慢速度而拉下，而且还比原定大纲的安排提前。

4. 学生分析：基础、困难与提升

在学生观上，"新基础教育"研究将"主动性"、"潜在性"、"差异性"聚集到"具体个人"的概念上。把学生当作"具体个人"去认识和研究，那就是"要承认人的生命是在具体个人中存活、生长、发展的；每一个具体个人都是不可分割的有机体；个体生命是以整体的方式存活在环境中，并在与环

---

① 吴亚萍."新基础教育"数学教学改革指导纲要[M]. 桂林：广西师范大学出版社，2009：58.

境一日不可中断的相互作用和相互构成中生存与发展；具体个人的生命价值只有在各种生命经历中，通过主观努力、奋斗、反思、学习和不断超越自我，才能创建和实现；离开了对具体个人生命经历的关注和提升，就很难认识个人的成长与发展；具体个人是既有唯一性、独特性，又在其中体现着人之普遍性、共通性的个人，是个性与群性具体统一的个人"。① 这是教育价值观中的生命性在学生观中的具体展开。

在"具体个人"理念下，教学设计中的学生分析，主要是指学生前在状态分析、潜在状态分析和学生差异分析。基于此，通过学科转化策略、教学转化策略，对学生的可能发展以及学生的学习困难、障碍等，做出合理的判断、决策。

图 4—3　学生分析思路结构图

（1）前在状态分析

每位同学在进入课堂之前，都带着自己的独特生活经历、实践活动以及由此获得的有着自己鲜明特点的个人经验，可能形成一种"前概念"。尤其在当前资讯发达的网络时代，学生获取信息的方式多、信息量大；同时，有些学生在家长要求和安排下，参加各种各样的培训学习，提前学习一些相关内容。学生的"前概念"、信息获取、提前学习等，构成了学生们多元、差异的前在状态。为此，教师要自问：根据学生不同的生活经历，学生可以分为哪些类型？不同类型的学生可能具有哪些前在状态？学生已有经验、知识和学习，对于教学而言，发挥促进作用还是干扰作用？如何促进或干扰教学、在哪些内容上可能会促进或干扰教学？这些对于学生学习而言，产生哪些学习困难、障碍？如何在课堂教学中转化为学生可能发展的机会？

---

① 叶澜. 教育创新呼唤"具体个人"意识［J］. 中国社会科学，2003，(1).

(2) 潜在状态分析

作为具体个人，学生在生命发展过程中，是以生命有机体的整体方式，参与与投入生命间的交往和沟通过程中。这是学生发展的"生命整体性"，也意味着学生发展具有主动性和多方面性。因此，学生潜在状态，意味着学生发展的多方面可能性：知识学习、认知发展，对己、对事、对他人、对群体等方面的情感，还有意志力、群体合作能力、行为习惯和交往意识与能力等方面的发展可能。其中，尤其要注意学生可能具有的独创性、个性特征和自己的思想、思维方式、表达方式等。课堂教学中，学生在与其相关的各种关系和本人参与的各种活动中，将自身的潜在可能性在教学参与中逐渐转化为现实存在。这一转化的实现，有赖于逐渐形成的自我意识，有赖于自己的价值观、自主选择及在实践中的投入和反思能力，这是学生个人的发展主动自觉潜能。在潜在状态分析中，教师要自问：学生在这节课教学中会有哪些方面发展？对于全班而言，不同层次学生可能呈现哪些类型的发展状态？他们可以达到何种发展水平？不同教学活动对于学生发展而言意味着什么？学生在教学活动中，可能存在哪些思维状态、发展空间？他们的主动创造、自觉发展可以分为哪些类型？学生在教学中主动形成多方面发展可能存在的学习困难、障碍？

以上只是可能涉及的各方面状态的集中表达，每节课的准备中，因教师对学生的了解具有连续性，故不必也不可能面面俱到，但尤其要关注新的可能性的研究。

(3) 学生差异分析

学生前在状态、潜在状态决定着学生之间必然存在着类型、水平的发展差异。教师在面对这些客观存在的差异时，不是也不可能消灭差异或者实现考试标准所要求的"一刀切"状态，而是要充分研究学生差异，变差异为资源，在学生发展的基线上实现个性化的生命发展，实现学生"活生生"的发展。

针对学生分析，通过教学转化，增强抽象的书本知识与学生已有的知识、经验和经历等前在状态之间的联系：一是抽象的书本知识与学生的生活世界的丰富、复杂联系；二是抽象的书本知识与学生发现问题、解决问题、形成知识过程的丰富、复杂联系。学生前在状态与书本知识的结合，作为组成教学基本内容的"原始资料"，成为教学的重要构成。因此，书本知识充满着"人气"，内蕴着学生的思维、经验等，而非一堆"死"的符号型的结论。

5. 目标分析：具体的底线与高标

教学目标，意味着在一节课、一个单元或一学期的学习结束后，学生能够知道什么、能够做什么。"新基础教育"中，教学目标是教学价值观转化的"第三层次"，使共通育人价值具体落实到每一学科的每节课中。与前述的教材分析和学生分析相呼应，目标分析要具体，包括从底线到高标要求的层次递进。

比较完整的教学目标，大多包含着"学生主体＋能力动词（行为动作或心智活动）＋内容（知识与能力）"，再到新的"能力动词"。教学目标设计基本要求有：

➢ 具体、清晰、有层次

课上学习的主体是学生，明确学生能够知道什么、做什么。教学目标的句式应当是"（通过……）（学生）能……"，而非"通过……使（让）学生……"。

动词必须是看得见的学生行为动作、心智活动，并据此判断出其内在的能力类型及层次。教学目标中的能力动词应当具体、明确，如："学生能结合1~2个实例，说出负数的实际意义"，而非"学生能够理解负数的意义"；"说出一个好孩子的主要特点"，而非"懂得要做一个诚实善良、爱劳动的好孩子"，等等。

内容必须与教材内容的具体分析结合起来，明确学习内容的结构及其内在关系。如，"学生能总结测量小灯泡电阻的步骤"，而非"让学生掌握测量小灯泡电阻的基本过程"。

➢ 目标指向教学过程

教学目标，根据学生在一节课内可能的学习、发展过程，设计3个左右目标系列。如形声字的教学，从中可看出教学过程大致是：先拼读生字，然后找出每个字的声旁、形旁，接着据此读准字音、解释字义并组词、造句，总结形声字"形旁表义、声旁表音"的构字方法，最后迁移到其他生字的学习，在此过程中能认读、默写生字。因此，本节课的教学目标，应当根据此学习过程，合理地设计目标系列。

  教学目标，一个目标就是一句话，明确一个学习结果，基本上对应着一个教学环节及其相关活动。"通过独立阅读，在发现中学习实义动词的过去式，初步感知其读音及构词规律"，这个表述包含着多个目标，为了便于更好地指导教学，进一步分解为"通过阅读一篇短文，在笔记本上写出有新形式变化的动词"、"通过四人小组讨论，总结动词的形态变化规律和读音规律"。这样，教学目标就能清晰而明确，学生在动词过去式的音、形教学环节时进行阅读短文、书写过去式动词、小组讨论、比较不同、总结规律等活动。

  下面提供一个完整的教学设计案例①，以便更好理解上述一系列要求。

《我欣赏的随笔》教学设计　　洵阳路小学　郑煜

教学目标：

1. 从随笔赏析中体会"细致观察"和"感悟生活"的重要，进一步激发学生的写作内需，懂得珍爱生活。

2. 从相互学习、交流和欣赏的过程中，领悟一些写作技巧，培养学生对文章的赏析能力。

3. 在赏析随笔的过程中，感受文章作者内心的真善美，从学习"赏文"中学习"赏人"。

制定依据：

1. 教学内容分析：

  本次作文教学的内容完全来源于五（1）班学生日常的随笔。从五年级上半学期至今，我班学生人均写作随笔超过 50 篇。我阅读点评了这千余篇的文章，感受到学生的笔头从生涩到熟稔，从呆板到灵动，我感着孩子们的思想，感受着孩子们的心情，也享受着阅读孩子作品给我带来的种种灵感与欢愉。

---

① 吴玉如. 中小学生语文能力培养与实践［M］. 福州：福建教育出版社，2014.

本课教学重点选择了三篇有代表性的随笔，请学生点评。

　　第一篇《馨怡的微笑》（作者……）：……

　　第二篇《就这样喜欢上随笔》（作者……）：……

　　第三篇《写在备忘录里的……》（作者……）：……

　　以上三篇随笔的选择也考虑其育人价值和学生的成长需要。从写作角度来讲，文章体现多个优点，有一定的写作技巧，是学生学写作文的借鉴。同时在读文评议的过程中提高欣赏的能力；从学生间的交往来看，文章写的都是发生在同学之间的真实生活，《馨怡的微笑》可以读到作者在与班上一个特殊孩子交往过程中的情感变化，《写在备忘录里的……》这篇随笔是写作者在同学交往中发现别人优点。学生间相处真诚而美好，希望通过文章的赏读把这种美好放大，成为所有人的美好；从孩子成长角度来看，《就这样喜欢上随笔》一文是作者在生活中面对自己缺点的自省，它对孩子成长的作用要比旁人说教更大，孩子们慢慢长大，即将跨入中学，这种自省会使他们进步成长得更结实。

　　学生"信手涂鸦"和"随性而发"的作品是我组织作文教学的宝贵资源，我很尊重和珍视孩子的创作，要借助这些资源来进一步推动学生的成长。我每天都会在阅读孩子们随笔时停下笔细想，以往想得多的是如何与学生一同评点文章，帮助他们提高写作的水平、赏析能力。而今，我想得更多的是每个孩子本身，从"读文"到"读人"。因此，随笔赏析的价值变大了，我不仅要和孩子们一同"赏文"，在读文的过程中感受作者的思想、情感，而且要引导孩子们从"赏文"走向"赏人"，拼出作者思想和行为的美好，不仅喜欢作者的文章，也喜欢作者本人，并且愿意也成为这样的人。

　　根据日常随笔讲评课的情况以及学生间相互借阅随笔后写下的"向你推荐"、"我很欣赏"，我可以感受到学生大多将点评的眼光停留于文章材料选择、语言表达、主题、构思等方面。我觉得学生赏文不是非常困难，但"赏人"需要老师的点拨引导。我只读一篇《晓雯的随笔本》，感受该文作者对文和人的共同关注。

2. 学生基础分析：

　　一般的语文教学中，除了教材中安排的6～8篇课堂作文外，学生还会在考试、周记中接触一些命题、半命题、话题作文等，这些作文给学生的限制较大，使不少孩子产生畏难情绪或不愿写，能够写得好的凤毛麟角，愿意主动写的几乎没有。

　　愿意写、主动写是写好的基础。因此，首先要做的就是激发学生写作的内在需求。我觉得学生写作应该是一种"倾吐"，应该在一种自由的、不受拘束的状态下实现。于是，我自2008年9月开始提议学生用写随笔的方式记录生活。在近8个月的时间里，我和学生过上了一种全新的"写作生活"。我称之为"写作生活"，是因为我原本只是想借助写随笔的方式提供学生自由表达的场所，引导学生观察和捕捉生活中的人与事，积累写作的材料，解决作文教学中的"写什么"的问题，然后再通过讲评课解决"怎样写"的问题。最初的眼光与目标都定位在提高学生的写作能力上，但随着时间的推移，随着这种教学方式的不断推进，我真正体验到作文教学在我班促进了师生生命的成长。回顾这个过程，大致经历了以下几个阶段：

（1）老师要求，勉为其难。由教师提议用随笔的方式记录生活，学生将"随笔"当作老师布置的作业来完成。许多学生苦于"无米下锅"，老师就给一些命题，学生作文套作较多，重复以往写过的材料。

（2）班刊创意，调动热情。教师提出在毕业前办一本班刊，作为礼物送给班上的每个人，希望班刊中有每个人的作品。学生产生兴趣，热情较高地开始写自由命题的随笔，出现了一些好文章。但内容局限性大，几次后又开始无话可写。

（3）高分驱动，及时点评。我开始给学生随笔打高分，只要有一个优点，或在原有基础上自我突破就给出"优"的高分，还在"优"后加星，学生获得了成功的满足。我每次都会在全班2/3的学生随笔后留言，有对作文的鼓励、有评析，也有与学生思想的交流、对话。每次随笔批改之后，及时进行全班评点，侧重点是材料的选择，让"亮点"凸显，又促使一批孩子进步。渐渐的，孩子随笔中的内容多了，小事儿也信手拈来。

（4）评价激励，推崇个性。为了让孩子们将这样一种表达成为"自觉"，班上开展了一系列评比活动。每写一篇佳作可以获得排行榜上的10分，通过分数累计评选"小作家"。以"这是我的原创"为主题，开展随笔中个性化语言积累，并在作文课上用"考考老师"的方式促进相互间的学习、欣赏，鼓励更多的孩子说"自己的话"。推荐班上的"小作家"加入学校记者团，参加市区的作文竞赛，鼓励投稿。很多孩子自信心大增，写随笔成了一部分学生的自觉，而且内容极为丰富。产生如下几种现象：学生催促老师发随笔本；空余时间就随感而发写好文章置于教师案头；兴致高时，一天可以写2～3篇；期待老师上随笔讲评课；把老师的"随笔讲评课"写进文中，颇有看法。学生对生活的观察更细致了，许多文章中所写的内容都是一些看似不起眼的小事，但孩子们借此抒发情感、自我教育、积累生活。

（5）良性竞争，彼此借鉴。本学期开学的时候，几个学生聚在一起统计随笔本上的得"优"数，细数"优"后加三颗五角星的作文篇数，彼此羡慕。3月的时候，我发现这种羡慕慢慢转变为彼此交换随笔本阅读同伴作文了，他们在阅读中彼此学习、借鉴、欣赏。我这个第一读者或者说是唯一读者成为了"过去式"。学生的这种交流启发了我，我在全班倡导相互交换随笔本阅读，形成相互学习、交流、借鉴和欣赏的氛围。我让学生在阅读后完成一份"向你推荐"，写下欣赏的作品名、作者名、精彩语段以及点评，促使学生的点评能力有了一定的提升，能够从选材、构思、表达等多种角度进行评价与赏析。我期待这种氛围成为一种自然，一种习惯。于是，正式成立班刊编委组。由学生和老师一同选文和策划班刊的编辑。

近来，孩子们彼此欣赏随笔本已经成为一种氛围，我常为这事儿感动。有时，他们会悄悄互换随笔本，放学带回家欣赏，第二天再选择其他人交换。有时，读同学随笔后的感受又成为一篇新的随笔。我常会因为这种发现而感动！孩子们会观察生活了，情感细腻，似乎在不知不觉中长大了许多。这种长大不仅是学习能力的发展，而且是全方位的。他们在随笔中用文章进行自我教育，但不是说教；他们在随笔中用文字表达自省，又充满孩子气；他们在随笔中让我读到他们的善良、率真、可爱、宽容，还有一点点的调皮，一点点的古灵精怪……现在读孩子们的随笔时，我更多的是在读每一个孩子，读每一颗心。我和孩子们拥有和享受这样的"写作生活"。

教学过程				
用时	教学环节	教师活动	学生活动	设计意图
2分钟	热身运动：如数"班"珍。	教师可以参与，并激活这个活动。	学生以小组竞赛的方式交流自己或同学日常习作的精彩语段。	从侧面反馈学生日常相互交流、欣赏随笔的量，感受彼此间"欣赏与被欣赏"的快乐。

| 10分钟 | 一、我欣赏的随笔——向你推荐 | 1. 引入交流的话题。
　　师：通过阅读同学的随笔，你最欣赏的是谁的文章？为什么？
2. 根据学生的交流进行归纳总结和板书。
　　预设几大亮点：
　　观察细致、选材独特
　　构思精巧、语言生动
　　描写细致、感情真挚
　　主题鲜明……
3. 教师以参与推荐的角色进行小结：我曾说过，你们的每一篇文章都是我眼中的宝。现在，这种感觉依旧，而不同的是我还读懂了许多许多原本不曾读懂的东西……想知道是什么吗？ | 课前在班内相互阅读彼此近期的随笔，至少完成一份"向你推荐"。

各抒己见，进行交流；
学习和老师一起归纳随笔中呈现的亮点。

从老师的总结中获得感悟，引起新的思考。 | 课前的阅读与赏析让本课的教学资源得到丰富。
利用随笔资源，创设机会让学生相互学习交流，进一步体会"细致观察"和"感悟生活"的重要，增强写作的内需。
教师通过总结表达内心最真诚的赞美和欣赏，让学生感受到自己的成长与进步，感受到老师对随笔作品的珍视，也产生珍爱自己作品的情感。这种珍爱亦是对生活的珍爱。 |

18分钟	二、我欣赏的随笔——以典型材料为例，共同赏析	1. 师：三篇随笔： 　　第一篇《馨怡的微笑》 　　第二篇《就这样喜欢上随笔》 　　第三篇《写在备忘录中的……》 （根据时间调整为欣赏其中的2篇，也可能会随着学生新作品的出现重新选择材料） 2. 组织大组交流。 3. 师：为什么老师要让大家一起赏析这3篇文章？ 　　（引发新的思考）	小组交流观点。 大组交流。 学生归纳。 预设：情感真实、观察与描写细致。	个人点评基础上在小组内进行交流，相互启发，产生新的想法。大组交流时再次沟通，并通过老师的引导进一步领悟一些写作技巧。在赏析随笔的过程中，感受作者内心的真善美，从学习"赏文"中学习"赏人"。
2分钟	三、我欣赏随笔后的收获	师：这节课你有哪些收获呢？ 　　教师与学生一起总结。	学生总结收获。	学生总结收获，形成总结学习方法的习惯与能力。
5分钟	四、继续激发内需	师：选读随笔集《童年是一段旅程》。	学生通过老师的话语产生内心的感悟。	养成记录习惯，爱文学，爱生活。

（二）实施过程：基于"有向开放"的预设与生成

"新基础教育"课堂教学改革，是建立在教师把课堂"还"给学生的基础上的，是在"动态生成"的教学实践中逐渐推进的。课堂教学呈现出面向每位同学的、"活"的状态。

1. 课前活动：教学的"热身"

每节课的课前 2~3 分钟左右时间内，为了让学生能从课间的嬉闹、运动、兴奋中安静下来，教师最常用的方法就是，要求趴伏在课桌上"静息"，静静地等待上课铃声响起。"新基础教育"中，教师合理且有意义地利用课前 2~3 分钟，指导、组织学生开展一系列健康、快乐又与教学密切联系的活动，奏好课堂的序曲，让学生自然而然地过渡到上课状态。

经与孩子们商量，我们设计了一张课前 2 分钟的活动表格：

日期	周一	周二	周三	周四	周五
内容	歇后语擂台	成语大比拼	绕口令	快乐表情操	财富大考场
口号	小小歇后语，无穷吸引力！	成语大比拼，我们是冠军！	磨磨嘴皮子，人人是尖子！	叽里呱啦，嘻嘻哈哈，快乐表情操，欢乐你我他！	民心所向，没得商量！财富大考场，真棒！

我们把这种活动称为"课前热身操"。"课前热身操"受到了大家的欢迎，孩子们在这两分钟里品尝了游戏的快乐，感受了合作的甘甜，逐渐地，他们开始大胆创设新的课前热身操，内容也越来越精彩，形式越来越丰富。例如：

（1）名篇串串联

生 a：书籍书籍，我最爱！

合：什么书，说说看！

生 a：施耐庵《水浒传》、罗贯中《三国演义》。

合：了不起！了不起！聪明少年就是你！

生 b：曹雪芹《红楼梦》、吴承恩《西游记》。

合：了不起！了不起！你真是一个小书迷！

(2) 五彩心情操

生 a：我来说个"喜"——喜上眉梢、喜笑颜开、喜洋洋。

合：大家一起喜洋洋。

生 b：我来说个"兴"——兴致勃勃、兴高采烈、兴冲冲。

合：大家一起兴冲冲。

……①

2. 开放式导入：资源生成

"良好的开端是成功的一半"，导入新课是课堂教学的重要环节，教师一般都非常重视导入环节，大多采用"温故知新"、"设置疑问"、"创设情境"、"表演实验"等方式，通过精心设置导言，激发学生的好奇心，引起学生积极的思维活动，使学生产生对新知识的强烈渴求。巧妙导课，可以紧紧抓住学生的注意力，一上课就进入学习状态。但，现有的导课往往是站在教师立场，从"教"的角度设计的。

"新基础教育"课堂教学的开放式导入，不是教师单纯"教"的一个环节，而是"互动生成"教学的第一个层次，是后续开放、生成的基础和前提条件。"新的教学过程的形成，首先必须让学生的内在能量释放出来，让他们在课堂上'活'起来，从原有的静听模式中走出来。如果没有学生的主动参与，就缺乏重建过程的资源。"②

《万以内数的读法》教学片断：③

师：请大家读出下列各数： 79 83 50 66 100 34

（学生先自由读，后齐读）

---

① 上海市闵行区江川路小学. 奏响课堂的序曲［A］. 吴亚萍、吴玉如. "新基础教育"发展性研究专题论文、案例集（下）——教师发展·学科教学［C］. 北京：中国轻工业出版社，2004：109.

② 叶澜. "新基础教育"论——关于当代中国学校变革的探究与认识［M］. 北京：教育科学出版社，2006：276.

③ 常州市第二实验小学. 万以内数的读法［A］. 吴亚萍、吴玉如. "新基础教育"发展性研究专题论文、案例集（下）——教师发展·学科教学［C］. 北京：中国轻工业出版社，2004：233.

师：我们学过的百以内的数应该怎么读呢？

生：（相互补充，共同归纳）高位起，往下读；看数字，想数位；末尾0，都不读。

师：老师昨天请小朋友回家搜集了一些有关万以内数的信息，请大家来汇报一下。

生1：我家去年用水452吨，是我妈妈告诉我的。

生2：太阳表面的温度大约是6000度，我是从《少儿百科全书》上看到的。

生3：昨天我家的电表度数是3002，是我自己看的。

生4："9·11"恐怖事件中遇难的人数约是6453人，我上网查到的。

……

师：（电脑上逐一记录这十条信息，然后隐去文字，突显十个数字）

452　6000　3002　6453　980　1050　101　8002　9070　1864

师：（电脑上显示数位）自己轻轻地读一读。

万位	千位	百位	十位	个位
		4	5	2
	6	0	0	0
	3	0	0	2
	6	4	5	3

……

（学生轻轻地在下面读）

师：你在试读的过程中，有没有遇到不太会读的？

生1：第四个数我读得不太熟练。

师：你读读看。

生1：六千——四百——五十——三。

生2：第三个数我读得不太熟练。

师：你读读看。

生2：三千——零——二。

师：这个数有没有不同的读法？

生3：二千——零——三。

（学生哄堂大笑）

生4：我们中国人读数一般都是从左往右而不是从右往左，应该读成三千——零——二。

师：刚才小朋友说，有一些数还读得不太熟练，那么怎么让自己读得既对又快呢？请小朋友把桌上的数字卡片分一分，再说一说为什么这样分就能读得既对又快？

（学生同桌两人边分、边读、边议）

在开放式导入阶段，需要注意：

(1) 面向全体学生、有向开放，抛出"大问题"。

(2) 还给学生独立思考"大问题"和交流的时间和空间。

(3) 收集学生资源，进行资源重组，推进教学走向核心环节。

开放式导入要估计到学生可能出现和达到的状态，开发学生潜能，这需要面向学生的不同思维状态、不同发展层次开放，相信学生有足够智慧，能用自己的知识、才智打开问题分析的思维广度和深度，都有可能在自己思考的基础上形成解决问题的多种方案。

在课堂开放后，利用资源推进教学时，往往出现不同的状态，可简要分类为如下几种情况：

"不开放"：按照既定路线行进或直接给出答案，不允许意外或错误；

"假开放"：等待自己需要的标准答案，走过场，对"意外"视而不见；

"白开放"：只选择自己需要的、为开放而开放；

"半开放"：无法判断自己需要什么，也无法做出恰当处理；

"真开放"：用生成的资源丰富预设目标，甚至改变之。

上述状态在课堂教学中具体表现如下表所示：

表4－2 课堂教学状态类型

维度 状态	学生思维	资源意识	课堂提问	师生关系	教学目标及学习结果
不开放	封闭学生思考	就没有想到要开放资源	小问题、满堂问	教师牵扯着学生"小步走"	零碎知识的机械记忆、训练
假开放	学生思考受限	资源出来但没有意识到	大问题、发言与回应脱节	缺乏实质性互动、真正尊重	局限于教材、标准答案、接受知识
白开放	学生思考被忽视	不知如何捕捉、利用资源，更多是筛选资源	大问题、有选择性地针对部分回答回应	教师要求学生配合着进入预设轨道	在强势引导下思考、理解知识
半开放	学生思维主动，有创意但欠深化	未能充分重组、开挖资源	大问题、回应缺乏提升	师生互动，教师有替代思维	在充分思考下理解知识，但缺乏主动发现
真开放	学生思维被激发，主动、创造性思考	资源生成丰富、高效	大问题、回应针对性强，且推进教学生成	读懂学生，师生、生生多向互动	在思考中学知识，在知识学习中养成思维

所以，开放设计不是一蹴而就的，互动生成的本领是需要在日常研究性变革实践中练就的新基本功。为此，教师要做好心理准备，学校领导要做好改革支持。

3. 核心推进过程：过程生成

真正开放的课堂，要做到"放"、"收"有机结合，实现"有向开放——交互反馈——集聚生成"。这是"新基础教育"教学的核心推进过程。

195

（1）核心推进过程的基本步骤

教师在确认教学目标的前提下，设计大问题，以指向目标实现进行"有向开放"。因此，把问题"放下去"，使每个学生都能够独立面对问题，并参与到解决问题的过程中，激活学生的相关资源，改变个别学生的思考代替全班同学的"替代思维"、改变学生信息和资源贫乏状况、改变教学缺乏针对性的现象，使得教学贴近学生的实际。

"交互反馈"是随着"有向开放"而生的一个步骤，它可以在"有向开放"基本完成后继续进行，但更多的情况下，是穿插在"有向开放"过程中。穿插在有向开放过程中的交互反馈，不仅能激活各种新资源的产生，而且能起到初步筛选有效资源和提升已有资源的作用，因而可以改变教学"视而不见"、"走过场"、"为开放而开放"等现象。

在此基础上，教学推进到下一步"集聚生成"。这就是强调教学"资源重组"，把学生解决问题的不同状态和相关信息"收上来"，生成教学得以展开的基础性资源，再通过教师（学生）的评价、反馈，生成与教学内容相关的新问题"生长元"，继而经网式的生生多元互动，形成对新问题、多解的问题解决的"方案性资源"，然后，再就方案性资源进行研究讨论，形成更丰富、综合、完善的新认识，进而引出新的开放性问题。

"集聚生成"是将师生在"有向开放"、"交互反馈"两个步骤中形成的、相对分散的、局部性的认识，进行聚类、清晰化和结构化的处理，形成相对完整、丰富和较聚集前更高层次的概括或更进一步的问题。

《萤火虫找朋友》教学片断：[①]

孩子们围绕自己提出的"萤火虫为什么找不到朋友"这一问题展开讨论。

生1：我认为纺织娘和蚂蚁并不是不愿意和萤火虫交朋友，只是它们现在都有自己急着要去做的事，顾不上交朋友。也许，等它们忙完了就会和萤火虫交朋友了。

---

① 上海市普陀区洵阳路小学．"教参"姓"参"，不姓"我"[A]．吴亚萍、吴玉如．"新基础教育"发展性研究专题论文、案例集（下）——教师发展·学科教学[C]．北京：中国轻工业出版社，2004：71—72．

（孩子的表达充分体现了他交友的标准和他的宽容和善良。）

师：你的观点是，萤火虫虽然没有帮助纺织娘和小蚂蚁，但它们仍愿意和萤火虫交朋友，是吗？

生1：是的！

师：其他同学也是这样认为的吗？

生2：我对他的发言有意见。我认为纺织娘和蚂蚁后来也不会和萤火虫交朋友。因为文章最后3节写萤火虫还是打着灯笼飞到东、飞到西在找朋友，说明它还没有找到朋友。

师：你的意见是纺织娘和小蚂蚁不愿意和萤火虫交朋友。你从书上找到了依据。那么，你能说说它们为什么不愿和萤火虫交朋友吗？

生2：我认为萤火虫没有找到朋友是因为在朋友有困难请它帮忙的时候，它却说自己要去找朋友，没空。所以别人都不愿意和它交朋友。

师：你分析了萤火虫找不到朋友的原因。

生3：（抢着说）我不同意他的看法。萤火虫忙着找朋友，不是出来帮忙的。它要做自己喜欢的事，急着要做的事，没有空帮助纺织娘和蚂蚁。这有什么错？我想，等它找到朋友后一定会去帮助别人的。

（这个孩子的意见代表了他或者说还有一部分孩子以自我为中心的意识，他们或许认为找个朋友仅仅是找个陪伴自己玩的人。）

师：你认为萤火虫不帮助别人是对的。其他同学认为这个观点对不对呢？

（教师抓住这一点引发学生的深入讨论。）

生4：我不同意×××（生3）的意见，同意×××（生2）的意见。萤火虫不愿意帮助别人，谁会和这么自私的人交朋友？

生5：在别人有困难的时候应该尽力帮助。我曾经接受过陌生人的帮助。（举例）

师：我赞同他的观点。当别人有困难时应该尽力帮助。（板书）萤火虫不愿帮助别人，难道就不和它做朋友吗？

生6：（坐在座位上插话）好像这样也不对？

师：那该怎么办？

生6：我们要帮助萤火虫，让它懂得朋友之间应该互相帮助，特别是在别人有困难的时候。

生7：萤火虫不懂，我们也不应该怪它。而是要主动和它交朋友，让它感动。

师：听了你们的话，老师也很感动。你们愿意帮助有困难的人，愿意帮助伙伴改正缺点错误，都很懂事。希望你们在生活中也能够像今天说的这样去做，老师相信，愿意帮助别人的人，别人也一定愿意和他交朋友。老师希望你们能够交到许多朋友。（板书：愿意真心帮助别人的人，会交到很多朋友）

在教学核心过程推进阶段，需要注意：

➢ 学会倾听、读懂学生、判断提升；

➢ 任何"意外"发生都有原因，即时判断、引导；

➢ 将教学"意外"转化为教学资源。

案例中，通过有向开放的大问题，激活不同学生的各种资源，有的资源相互补充，有的资源彼此相反，教师必须即时回应、判断。倾听、判断出学生出现"自我中心"的倾向后，意识到需要引导，但不能以教师的说教"替代"儿童思考。如何引导？教师对学生3的发言进行提炼，然后抛给全班，激发全班的新思考。学生5的发言露出了在新水平上思考的端倪，于是不仅口头回应，而且及时板书，放大新水平思考的育人价值："萤火虫不愿帮助别人，难道就不和它做朋友吗？"学生6的"好像"，体现出模糊的新思考，这是大部分学生在没有高一级的帮助、提升时，很难独自达到清晰的新水平。于是教师及时加入、深化思考："那么该怎么办？"学生6终于清晰了，而且有序地表达出来了。通过转问其他同学、追问怎么办，引导思考的路径和深度，在思考过程中不断提炼、提升，最后，全班在师生互动中达到了新水平，认知的、道德的、情感的。

认真地分析学生的课堂发言，点出其精彩之处，才是真正地尊重学生，在教学资源的意义上，认同学生对于课堂教学有贡献，不仅是学的主体，也是教的参与者。仔细辨析、即时判断发言达到的水平，进行引导、提升，才是真正地在教学，学生进出课堂发生水平级变化。

当教师面对"意外"，可采取下述策略：

➢ 通过反问、追问，给学生解释的机会，努力想清楚、说明白；

➢ 通过转问，放大资源价值，鼓励全班学生在互动中思考；

➢ 请同伴相互补充，评说，在碰撞中发现新思路；

➢ 即时提升学生问答的精彩，点睛，走向新水平。

（2）教师是教学过程的重组者、推进者

在开放的课堂中，学生是教学"资源"的重要构成者和互动生成的积极参与者。教学过程在一定意义上，就是围绕教学目标，激发、捕捉、重组各种资源，尤其是学生的"活资源"，促进学生实现新发展的过程，这样的教学过程本身不断在互动中生长，有生命性。因此，教师要学会研究学生、倾听学生、发现学生，在教学过程中不仅要成为学生资源的"激发者"，而且要不断捕捉、判断、重组课堂教学过程中生成的"活"资源，成为课堂教学过程中的"重组者"和动态生成的"推进者"。面对丰富的学生资源，教师需要注意：

➢ 观察、倾听，充分了解学生资源（书面资源、口头资源）；

➢ 根据目标，判断、选择学生的不同状态；

➢ "并联式"地呈现资源，引导辨析、完善，实现每个人的结构化生长；

➢ 留下资源生成痕迹，养成好习惯（板书、设计一题多解作业、练习等）。

课堂上可能发生的一切是鲜活的，并非在备课时都能预测到。教学过程的真实推进及生长结果，在很大程度上取决于教师即时的互动方式。在课堂教学中，教师可以选用如下策略：

➢ 整合策略：针对学生的点状思维，引导学生结构化；

➢ 分类策略：针对学生的多向思维，引导学生建立标准、分类；

➢ 比较策略：针对学生的偏差或错误，引导学生在比较中聚焦；

➢ 放大策略：抓住亮点、精彩之处，全班学生都来思考、碰撞、生成；

➢ 质疑策略：针对思维困惑或矛盾之处，反问、追问学生，深化思考；

➢ 提升策略：针对学生的具体思维，帮助学生概括、抽象，达到新水平。

通常说法，要给学生一碗水，教师要有"一桶水"。但是，在"开放"课堂中的引领学生发展，教师即使有"长流水"还不够。因为面对"放下去"的课堂，教师与学生之间"多向互动、动态生成"的过程推进，不仅在于知识"量"上呈现的多寡，更在于思维品质状态的高低不同。因此，教师更需要有"生水法"、"点金术"，随着课堂上一波接一波的生成之潮的涌动，教师还要有"冲浪"的勇气与能力。只有在自己的日常实践、持续学习中，不断蕴蓄、锤炼，教师才能养成教育智慧，教学相长，和学生一起成长。

4. 开放式延伸：拓展生成

多维度、多视角的拓展和总结，一方面可以运用巩固已经形成的知识结构、方法结构，并使它具有灵活、多面性；另一方面又可以形成后续研究的问题，为下一个整体性的教学过程提供新的方向和目标。

多维拓展至少包括：理性知识与生活世界相联系的拓展；基本结论与认识向多形态变式的拓展；认识向应用延伸后带来中心问题向四周的拓展，以及进一步深化问题产生的拓展。所有这些拓展，并不是要求在每一节课中都要实现，而是视学习内容、学生状态、发展的需要与可能等实际情况作出具体综合。

总结是良好的学习习惯之一，要引导学生学会总结，通过写课堂记录卡、课堂笔记等，自主总结和自我提升，学会如下四个方面：

➢ 在自我意识上，对照教学目标进行反思、评价，判断自己达成目标的程度，分析课堂表现以及自己学会的、不会的等内容。

➢ 在知识结构上，对所学内容进行整理，形成新旧知识之间的内在联系，通过解决问题打通知识与现实生活之间的沟通，从而真正使所学知识结构化、活化，实现灵活运用。

➢ 在方法结构上，深入知识结构中的思维生成过程，以及在学习、解决问题中的策略、路径和方法。

➢ 在为人处事上，通过知识学习的思考、总结以及学习、解决问题过程中合作，学会做事、做人的原则和品质。

表 4－3　课堂记录与评价卡

_____课堂记录卡

姓名：_____ 学号：_____　　　　日期：_____
学习目标自我检测 目标 1　　　　　　　　　　　　　　　　　　是　　否　_____ 目标 2　　　　　　　　　　　　　　　　　　是　　否　_____ ……
课堂参与状态（学生自己描述，或者列出清单，请学生自己打√）
课堂思维状态（学生自己描述，或者列出清单，请学生自己打√）
需要进一步思考的问题（不同类型的作业设计）
课堂学习效果（今天的课堂问题是否会做了？） 会做的： 不会做的：
课堂学习反思（学生自己描述） 今天课堂上，最骄傲的、开心的事：_____ _____ 今天课堂上，最纠结、郁闷、困惑的事：_____ _____ 今天课堂上，需要改进的地方：_____ _____ 与以前相比，有进步的地方：_____ _____ ……

（此卡不必每节课都填写，可在不同的学习时段，插入式填写）

(三) 反思－重建："发现问题就是发现发展空间"

教学结束后的反思与重建是完整的教学过程不可缺少的部分。教师可以自觉地通过教学日记、案例记录和上重建课等方式进行反思和重建，把自己在研究的过程中思考和行为的感悟过程、改变过程和发展过程进行梳理，留下成长的痕迹。在教研组层面上，反思和重建，大多数是通过研讨课的备课、上课、说课、评课和重建等进行。在课堂教学研究的基础上加强对研究经验和研究过程的资料积累，特别是在案例的积累上要花时间、下功夫。继续将备课——听课——说课——评课——重建——案例分析，作为每一次教研活动的一个完整的过程来抓。关注教师在研讨中的变化、成长，不断增强教研活动的质量，提升重建能力和积累意识。原则性的问题，前面已讨论。这里补充一些具体建议：

备课：采取"教研前移"的策略，把个体、集体的智慧联合起来，转化落实在具体的教学设计上。在"研讨课"之前，教研组或备课组内的所有教师都是在一起进行集体研讨、理论分析并在"头脑风暴"中共同设计出弹性化的教学方案，落实"三步式"备课制度，第一步：由教师根据自己对教材的理解和教学风格进行独立备课；第二步：由骨干教师和教研组长参与讨论，在"新基础教育"指引下进行修改和调整，将教师的初始设计进行优化；第三步：由开课教师根据自己的班级基础和学生实际进行第三轮的修改。有条件的组，还可进行"接力式"重建备课，即通过平行班试教，对备课进行重建，再研究、再调整。

听课：秉承"主动介入"的原则，听课前要拿到材料，有所准备，不是空空而来，因为听课是对课堂教学行为、学生状态和多边互动关系的理论解读，需要学习、思考，有备而来，才能满载而归。"新基础教育"的听课，一般坐在教室的两侧，与教师和学生成45°角左右，确保能同时看到教师和学生，从而具体、准确地判断教学互动状态和学生发展情况等，而不是习惯上坐在教室后面，主要看教师的"功夫"，孩子们成了模糊的"背影"和抽象的"后脑勺"。听课者也是教育者，应该介入到观察学生、介入教学，去看孩子们丰富、不一样的眼神与表情,去听孩子们丰富、不一样的书写与表达,去判断孩子们丰富、不一样的发展,去思考孩子们可以怎样发展得更好。尤其是在"还"的时空中,听课者要走进学生,去看,去听,去判断,去思考。发现具体的师生状态,才能捕捉细节背后的理念、问题与创造。

说课:是教师个人对教学设计及其现实推进过程的理论思考,包括教学设计、过程反思和重建思考等。说课切忌背稿子或重述教学设计,要深究教学行为(包括教学设计、实施过程等)背后的理念,重心放在对教学过程实践的感受与思考。特别要说清楚大问题在哪里,是设计的问题,是互动的问题,是教学价值定位的问题,还是教学组织方式的问题?是思想的问题,是思维的问题,还是行为习惯的问题?有针对性地把重建思考说清楚。

评课:切忌泛泛而谈,要切中阶段发展的大问题。围绕育人价值的开发和落实,起始阶段:放了没有?全部学生都投入了吗?怎么开放设计大问题?放和放之间有什么关联。发展阶段:收得怎样?怎样互动生成、提升资源价值?每个孩子都有发展变化吗?初步成型阶段:日常化了没有?一节课反映出孩子们的学习养成如何?教研组、备课组内教师参与了初建、重建和现场研讨等全程活动,可以指出变化、亮点和个人"顽疾",由此提炼研究成果,同时聚焦出阶段发展需要花力气突破的主要问题。

教师的"二次反思和重建"意味着他需要在教师同行或研究人员的评价基础上更加深入地思考教学重建策略和具体举措,并在自己的下一次的课堂教学中进行实践重建,这是"二度重建"在后续教学实践中的"三度重建"的体现。实质上,完整的备课、听课、评课和几度重建,是教师磨砺心态开放、学习、转化,炼就新基本功的"长程两段"发展过程,也是教研组提高策划能力和研讨价值的日常过程,是学校推进教学改革的必由之路。

四、课型研究与教师发展

课型研究是"新基础教育"研究在教学改革领域的重要抓手和系列成果之一。它是类结构化教学思想的实践表达,是知识结构、方法结构和过程结构的具体综合。

课型研究的开展与学校转型研究的阶段性发展相应:在探索阶段,课型研究尚在萌芽中,因为课型研究需要建立在许多节课的具体研究基础上;在发展、推广阶段,课型研究从点状逐渐形成系列,是日常研讨和专题研讨的厚积薄发;在成型、扎根阶段,课型研究呈现出梯队系列,成熟系列走向精品,普及系列走向成熟,新系列还在创造中。对"新基础教育"新进学校而言:在起步阶段,以成熟课型的移用为研究抓手,优势课型先行,点状突破,领悟新基础;在发展阶段,从几类课型的突破中,提炼出做类似课型研究的事理,迁移运用到校本课型的开发中,创造新基础;在初步成型阶段,课型形成系列化,包括类课型的纵向系列和各领域的横向系列。

课型研究有助于教师围绕育人价值深度开发、重组乃至创编教材,提升教师的学科教学素养,养成课堂教学新型态,打破一节节课的点状思维,形成长程、整体、递进式结构化思维。这是教师发展的深层瓶颈与突破。

(一)课型研究的内涵:类结构

在"新基础教育"研究中形成了一系列"课型",它是专题研究融通后的提炼,是"长程两段"式结构化教学的体现,是围绕"育人价值"梳理和重组教材,创造性地开发"类结构"育人价值的研究成果。"'型'有两种意思:一是种类、类型,二是样式、模型。故此,可以将'课型'理解为课的类型与课的模型。每一类课型都具有独特的教学目标、基本规律和过程结构特征。

……课型具有结构性和参照性，……但不是模式，而是'类范式'。"① 课型研究不是把课固化、僵化、模式化，而是从学科教学的长时段整体视野，发现课与课之间的内在关联，发现类知识结构和类方法结构的类教学过程，把探索知识、主动思维的意识和能力还给学生，培养主动、健康发展的学生。"'新基础教育'语文教学改革之所以进行课型研究，主要宗旨是体现'新基础教育'追求的'结构'理念，在对教材的创造性重组中，使教学设计、教学内容、教学过程都形成特定的结构，这种结构化的过程，除了可以提升语文教学的逻辑性和结构性之外，还可以满足学生成长的需要、教师发展的需要和教研组文化建设的需要。"②

课型及其案例，建立在对学科不同课型在不同年级中分布的分析基础上。这意味着，要做每个年级的学科教学课型分析，再拿出课型分析中具有典型性的内容做案例。课型性案例不同于通常看到的案例，课型性案例的价值是要辐射一类课型，可以"类"迁移。提出一个课型不是让教师只掌握这节课怎么教，而是让教师理解这一类课型有哪些关键性的因素，如何来把握，如何来教。

不同学科在培育主动、健康发展的学生方面，有着各自的独特价值，同时因为学科知识、教学内容以及师生互动方式、过程以及教学策略等方面不同，以致课堂教学呈现出"多"的丰富性。课型研究追求的是让散漫无序、形式和内容迥异的各种课成"型"，按照一定的维度，形成有层次、有结构的体系。

原来"研究"不仅仅是上一节课

课堂教学研究一向是学校紧抓不放的核心内容，日常教学研究扎实、优秀的青年教师群体，在省、市级课堂教学比赛中成绩优异，局小人的课堂教学研究在稳步推进。局小人原来思考较多的是一堂课中教学内容的确立、教

---

① 卜玉华."新基础教育"外语教学改革指导纲要[M].桂林：广西师范大学出版社，2009：156—157.

② 李政涛、吴玉如."新基础教育"语文教学改革指导纲要[M].桂林：广西师范大学出版社，2009：98.

学方式的选择、课堂组织活动的设计、练习设计的优选……磨好一节课、上好一节课成为众多局小青年教师的追求。"一节课"思维是我们熟悉的，也不觉得有什么问题。

2005年当"新基础教育"研究团队的专家第一次要走进我们的课堂、了解我们的研究现状时，我们暗自高兴："来吧，我们磨好一节课，让专家看看局小的人才、局小的水平。"局小的试验教师团队如往常一般，开始了前期准备工作。选课题、备教案、试教、再试教……多轮教学实践，自觉对教学内容把握得十分到位，就等专家来"指导"了。……"请问教学加法与乘法两个概念之间有没有什么联系，学生在学习方式上有无共通点，加法的认识对乘法认识有哪些能力递进？""两节课中教学内容有无联系，在文章理解中有无共性的方法指导……"吴亚萍教授一下子抛出了一系列问题，让在座的老师们陷入思考之中。"今天几个学科，上了几节课，我想问的是，课上完了对于你的学生而言，获得了什么？你为什么会选择这一内容，你的目的又是什么呢？"专家团队不断抛出话题，在座的试验老师有些着急了："对呀，内容之间、方法上有没有联系呢？可以建立怎样的联系呢？内容的联系可以形成一类知识吗？我们为什么选择这一内容呢？"问题思索的背后是对研究内容本源性的认识，我们的研究缺了些什么？问题又是什么呢？"上好一节课不是全部，关键是要思考一类课如何上得好，学生收获更丰富。"

对研究内容思考的割裂使我们过多关注知识点的理解应用、环节的精致完整，而对学生在教学过程中的思维发展缺少思考和针对性提升。将研究放在一节课中，想通过一节课解决所有问题，现在想来，这种"只见树木，不见森林"的现象也正说明了为什么老师能上"一节好课"，却不会上"一类好课"，学生会用好"一个知识"，却用不好"一串知识"的原因。①

（二）课型研究的开展：专题系列

每一课型都是因特定的教学目的与任务，进行实践探索、经验创造、概

---

① 常州市局前街小学李伟平等著"合作校变革史丛书". 整体化成：始于理念成于生存方式[M]. 福州：福建教育出版社，2014.

括提升而形成的。进行课型研究大致经历：点状突破，形成研究专题；专题研究，聚集课型，形成研究系列；对研究系列进行深度梳理，提炼出课型系列。

1. 从突破到汇聚

"新基础教育"是整体转型变革，它有整体视野，但它从选点突破开始，在整体中全息式的点的突破，具有对全局的辐射放大效应。课型研究的开展，从做专题研究开始。

首先，对中小学教材的所有内容进行梳理、规划与组织，形成若干个专题领域，采用主动申报的方式对各个专题研究活动进行认领。华东师大研究人员、学校领导与试验教师一起进入到专题内容系列化的全面研究阶段。所谓专题研究，就是把教材中相关内容的教学以专题的方式进行集中，探讨相关知识之间的内在联系与结构教学。"例如，度量概念教学的专题研究，其相关的长度概念、面积概念和体积概念等内容，尽管它们不在一个单元内，甚至也不在一个年级内，但是把它们以专题方式进行集中研究的好处是，可以帮助教师发现这些看似不相关其实却有着非常密切的内在结构关系，通过对蕴藏其中的育人资源的开发来实现这些内容教学的具体价值；可以帮助教师认识和掌握这些相关内容教学过程结构的展开逻辑，通过对教学中异同之处的比较来沟通与实现结构化教学的目的"。[①]

在最初的专题研究内容策划上，我们显得很无助，具体表现为：对"一节课"的简单化移植，点状思维让研究走了样，为"上"而"上"，还未起步，就想登天。一节课的研究，对学情分析了吗？对过程背后的意图明确了吗？教师的基本功形成了吗？……这些都是影响着研究进程不顺畅的主要问题。没有结构化的设计，只能是低层次的模仿，无法深入研究。这时，李伟平校长感受到了我们的问题所在，提出："稳步走"、"静下心"的策略，边学边思考，不能仅学一节课，而是要将每一个专题、每一节研究课的来龙去脉

---

① 吴亚萍. "新基础教育"数学教学改革指导纲要［M］. 桂林：广西师范大学出版社，2009：106.

把握准确后再来研究与实践。

于是我们首先对专题研究进行结构化整体思考。

(1) 明确目标：基于研究内容的内功打磨

……数学组最终以"数概念"专题为切入口展开专题性的结构研究。在数概念专题的研究中，数学组初步形成了对研究内容的整体思考："二年级上册乘法口诀的整体内容设计"，关注的是对学习材料的重组与开发；"二位数加减一位数"的研究内容设计，关注的是"整体感悟"教学策略的实际应用；"九加几"的研究内容设计，关注的是"长程两段"教学思想的具体落实……

(2) 课型推进：基于内容整体的系统结构化

明确研究内容的内涵价值，把握研究过程的结构序列，使得局小人对课堂功能的价值转换有了新的认识，对研究的过程、内容、方法载体的逐步深化认同，实现了基于内容素材的由点及面，由面成体的结构化研究。在此同时，课型研究作为结构化、序列化研究的有效载体，成为各学科研究的基本范式。

语文组的课型研究以"抒情类课型"为抓手起步，逐步向其他课型拓展。

首先是呈现结构、点状交流。每个教师基于以往的实践研究，畅谈自己对于某一个研究落点的思考和原有经验。这一种研讨充分唤醒了每一位教师曾经的研究焦点，这样的话，全新的研究就纳入到了教师已有的认知体系与实践体系之中，使课型研究不再陌生。

其次是点状深入，以点带面。带着原始形态的结构分析与理解，老师们就感兴趣的某些点形成责任团队，开展深度研讨。在课型研究方面，将着力点放在三个专题域中——即"抒情类"课型的概念界定、"抒情类"课型的目标制定和"抒情类"课型的鉴赏建议。三个领域之间的研究呈现结构开放的形态，且时时分享过程性研究成果。在二次"成果集聚"深入分析中，我们形成"抒情类课型研究月历"。

第三是结构推动，序列发展。在前期研究的基础上，语文组将后续的研究着力聚焦于结构基础上的有机灵动。从两条线上并线推进：一条线是同一种抒情类文本在不同年段的教学研究。另一条线是不同抒情类文本在同一年段的教学研究。通过研究内容的序列化架构，"抒情类"课型有了更具体的抓手。

随着"抒情类课型"不断深入，语文组借助结构化研究的具体方式，将研究内容进行拓展与完善，以课型范式为基础，将研究重心"向内融"、"向外扩"，逐步形成专题研究领域（课题）指向于"价值转化的有向开放性的教学活动设计与组织"，进一步深化并提升了专题的内涵价值。

……①

多方合作的专题研究，持续开展逐渐形成各专题研究的经验、成果，有了这些宝贵的专题经验，就有了整体汇总的资源。学校要组织有关部门和人员，充分利用已形成的研究经验和成果，使之达到更大范围的校内资源共享。在专题研究中逐渐聚集出各类课型，发现课型区分的维度，形成多维度交织的研究系列。然后对研究系列进行汇总，深度梳理、提炼。

2. 已形成的课型系列

在"新基础教育"成型研究中，课型研究是教学改革的系统化思考，具有结构性、参照性。课型是在教学价值观、过程观和评价观的理论指导下，通过教学改革实践探索，逐步在课堂教学中形成任务明确、知识能力分析到位、育人价值清晰、教学逻辑符合学生发展、过程有机化的结构较为稳定的教学活动框架和活动程序。但它不是固化、僵硬的教学流程模式，而是某一类课堂教学的"类范式"。课型既是教学理论的具体表达，又是理论的实践转化与思考，每位教师都是依据自己的课堂教学实际，就某一类课堂教学从基本任务、育人价值、知识结构、教学过程、教学逻辑等进行具体的思考和创造性思考。

正是在与广大试验老师持续合作的日常与专题研讨中，"新基础教育"提炼形成了各学科教学的课型系列。

语文基本课型教学例举：②

---

① 常州市局前街小学李伟平等著"合作校变革史丛书". 整体化成：始于理念成于生存方式［M］. 福州：福建教育出版社，2014.（个别处省略，有调整）

② 吴玉如. 中小学生语文能力培养与实践［M］. 福州：福建教育出版社，2014.

基本课型	适合教学内容	教学重点	范例课教学基本过程	变式课型
文体类课文教学课型	常见文体课文（记叙文、说明文、议论文）	体现文体特点	初读感知——精读理解——归纳写作特点——归纳学习规律	运用规律学习新课文，根据课文特点做有关调整（略）
主题类课文教学课型	同主题课文（爱国主题、诚信主题）	理解主题精神	根据不同主题特点逐篇教学——配合班级活动开展主题活动	
单项能力培养教学课型	各单项能力培养（归纳主要内容、质疑能力、圈划批评能力……）	明白单项能力要求；进行行为实践	范例分析，提升规律——提供情境实践	
阅读感悟教学课型	小说、散文等文学类课文	学习感悟策略、提升感悟水平	开放质疑——核心问题讨论、感悟	
读写结合教学课型	文本中有可供模仿的典型句式、语段、结构和写作技巧	在阅读理解前提下，模仿写作	整体阅读感知——重点解读被仿内容——口头、笔头仿说仿写——参照被仿内容点评修改习作	
阅读表演课型	童话、寓言、诗歌、剧本等	通过学生表演理解感悟	整体阅读感悟——各表演组排练——各组在全班表演，全体学生参与点评	
阅读探究课型	议论文、随笔等哲理思考课文	通过讨论说明白事理	提出问题——分组议论——全班讨论、辩论——总结	

单元组合教学课型	同类（文体类、主题类）组成的单元	学习类课文特点，运用类特点，形成类意识	单元导读课教学基本过程：通读全单元课文——提炼单元特点 单元推进课教学基本过程：逐篇围绕单元特点教学 单元总结课教学基本过程：单元特点总结并模仿运用	
综合活动课型		活动实践	准备活动——实践活动——总结活动	
课外阅读指导型	课外阅读	激励阅读兴趣，了解内容，运用方法	课堂阅读——以活动形式交流	

数学基本课型一览①：

知识形成课型 ｛ 概念形成课型　分类研究、聚类研究、规律研究
　　　　　　　运算形成课型　运算产生、法则形成、运算运用
　　　　　　　规律形成课型　枚举研究、推理研究

方法练习课型 ｛ 单课练习课型
　　　　　　　单元练习课型

综合复习课型 ｛ 拓展深化的复习课型
　　　　　　　结构梳理的复习课型　章结构、条结构、块结构
　　　　　　　专题技能的复习课型

---

① 吴亚萍. 中小学数学教学课型研究［M］. 福州：福建教育出版社，2014.

外语基本课型一览①：

一级基本课型	按能力分	听力课、口语课、阅读课、写作课
	按内容分	语音、词汇课、语法课、社会文化课
	按教学进程分	新授课、练习课、复习课、拓展课
二级分化或组合课型例举	如词汇新授、词汇练习、词汇复习、词汇拓展。再如：写作课在不同阶段具体分为：小学起始年级的书写课：①字母的书写；②单词的书写；③句子的书写；小学中高年级以后的语段写作；初中阶段的语篇写作。	

有关课型研究在"新基础教育"持续、深化过程中，还在不断丰富和深入。

（三）课型研究对教师发展的价值

"新基础教育"的课型研究是类结构化教学，知识结构、方法结构和过程结构在教学过程中的具体综合。它对教师发展的价值，至少包括：提升学科教学素养，更新教学行为和改善思维方式等。

1. 提升教师的学科教学素养

"新基础教育"课型研究，追求课堂教学的类结构，在对教材的创造性重组中，使教学设计、教学内容、教学过程及其中的师生、生生多向互动关系与内在逻辑，都形成特定的结构。此种教学的类结构，为教师的日常研究提供实践依据，也可以成为教研组发展的抓手，推动教研组专题研究日常化、系列化。"首先，课型研究有助于教师形成学生立场，立足于育人价值和学生状态进行教学。其次，课型研究有助于形成教师个人的知识积累，可以为教师提供更多的教学选择。课型如同药方，教师可以依据不同的教学内容和学生，照方抓药，各取所需。药方越多，应对复杂的教学内容和场景的选择和工具就越多。再次，结构化的课型可以帮助教师打破传统的点状思维和割裂

---

① 卜玉华．"新基础教育"外语教学改革指导纲要［M］．桂林：广西师范大学出版社，2009．

思维，形成整体性思维、结构性思维。"①

（1）提升学科教学素养

课型研究首先要具体分析学科特点。在此基础上，系统梳理教材，发现原来以点状形态出现的内容之间的内在联系，开发学科教学丰富、独特的育人价值。这是教师夯实、提升基础性学科教学素养的必由之路。在任何课型教学中，知识能力是基础性目标。但是，知识能力不是点状的，而是结构化的。知识结构需要在不同层次的知识体系中进行梳理，才能发现。通过知识结构分析，还要进行相应的方法结构分析。同时，明确指出在教学过程中如何能够将知识结构、方法结构有机结合起来，如何让学生在知识学习、技能掌握的基础上，自主分析与探究、归纳、整理知识结构，并养成自己的思维结构、学习策略等。如，"一年级20以内加减法与百以内加减法的教学"。②

第一，注意引导学生整体感悟百以内数的加减运算的基本类型。由于学生在20以内数的加减法学习中已经对加法的进位和不进位，以及减法的退位和不退位积累了一些认识经验，所以在百以内数的加减法运算教学的一开始，教师就要引导学生从整体上去感悟和把握百以内加减法的基本类型，这是学生学习百以内数的加减运算的三级框架性结构。

百以内数的加减法类型

	加法	减法
整十数的加减	整十数与整十数相加	整十数与整十数相减
	整十数与一位数相加	整十数与一位数相减
	整十数与两位数相加	整十数与两位数相减

---

① 李政涛、吴玉如."新基础教育"语文教学改革指导纲要［M］.桂林：广西师范大学出版社，2009：99.

② 吴亚萍."新基础教育"数学教学改革指导纲要［M］.桂林：广西师范大学出版社，2009：131—142.

两位数与一位数相加减	两位数与一位数不进位加法	两位数与一位数进位加法	两位数与一位数不退位减法	两位数与一位数退位减法
两位数与两位数相加减	两位数与两位数不进位加法	两位数与两位数进位加法	两位数与两位数不退位减法	两位数与两位数退位减法

第二，注意引导学生把握百以内数的加减运算的学习方法结构。因为百以内数的加法运算与百以内数的减法运算在运算定义、运算算理、运算法则等方面具有类比的结构关系，学生如果掌握了百以内数的加法运算的结构，就有可能主动迁移到百以内数的减法运算学习之中。所以，我们可以采用长程两段的教学策略，在百以内数的加法教学中教给学生基本的学习方法结构，即学生先要了解百以内数的加法的基本类型，然后，进入每一类型知识学习时，要理解和掌握加法的三种基本算理和算法：一是利用数的组成进行计算的方法；二是利用运算法则进行计算的方法；三是利用分拆凑整进行计算的方法；最后是对三类算法进行举一反三的灵活运用。学生一旦掌握这样的学习方法结构，就可以主动迁移到百以内数的减法学习之中。

(2) 提升学科内在育人价值的开发能力

实现学生的"主动、健康发展"是"新基础教育"研究的核心目标。主动去开放、提升课堂教学的育人价值，是教师摆脱教材、教参、课标等束缚，围绕学生成长，自如运用教材、教参、课标的重要研究内容。开发育人价值，意味着课堂教学不只是停留在学习知识、掌握能力上，而是要进一步深入思考在知识、能力习得过程中，学生如何养成主动梳理知识结构，如何在主动思考中提升思维品质，如何有思路、有条理、多维度地分析问题，如何保持对知识的兴趣、探究知识的欲望，体验学习过程中挫折后的坚持、成功后的喜悦，持有对知识的尊重、对学科的喜爱，学会表达发自内心的真情实感，体悟在生活中待人接物、为人处世的道理和基本规范……如"度量概念的育人价值"①，如"初中阶段小说教学"的育人价值。②

小说是以刻画人物为中心，通过完整的故事情节和具体的环境描写来反映社会生活的一种文学体裁。它是典型的表现社会生活的叙事类文学作品，是"形象"的艺术，语言的艺术，创造性构思的艺术，综合地、有创意地运用表现手法的艺术。

小说的育人价值，可以从两个视角阐述：一是基于小说这个文体的特殊性而生发的育人价值；二是基于时代的特征而生发的育人价值。

基于小说文体的特殊性而生发的育人价值

作为虚构文学的典型代表，小说的学习和阅读有助于提升学生的想象力，满足学生的想象需要。

在感悟人性的过程中，塑造人的心灵，积淀一代人的心灵记忆，丰富和提升学生的精神生活。

基于时代特征而生发的育人价值

培养学生阅读书籍的兴趣和习惯。

形成学生的经典意识，提升学生的阅读品位。

2. 有助于教师形成新教学行为

系统梳理教材，发现学科的内在逻辑，开发学科教学的育人价值，是"新基础教育"解读教材的基本功，除此之外，还要具有充分认识、了解学生的基本功，才能形成教学设计的基本功。好的教学设计是新教学行为的重要前提。课型研究是包括解读、设计、实施和重建等一系列基本功的具体综合式表达。

课型研究不是给教师亦步亦趋的教学步骤，而是提供该类课型教学结构的思考路径。在课型意义上，结合不同年级、年段学生学习与发展状态，教学内容的内在关联性，分年级（年段）提出关于该类课堂教学设计、教学实

---

① 吴亚萍."新基础教育"数学教学改革指导纲要［M］.桂林：广西师范大学出版社，2009：219—220.

② 李政涛、吴玉如."新基础教育"语文教学改革指导纲要［M］.桂林：广西师范大学出版社，2009：263.

施过程的一般性指导意见、建议性要求和注意事项，显得尤为重要。这是教师在参照课型结构的基础上，进行创造性探索的思考前提。如，"英语语法教学"的基本原则与教学需要考虑如下建议。①

语法教学的基本原则

1. 在发现与归纳过程中思考语法特点

教师在教学中就有必要有意识地帮助学生对散落在教材中的语法知识进行梳理和整合。语法梳理主要体现在对同一册教材中语法现象出现的先后顺序方面，梳理过程中首先要考虑已出现的语法与先前已经学过的语法现象是否有关系，先前学习的内容会对后面的新内容起促进还是阻碍作用，学生对已有知识的掌握程度如何，他们在学习新的语法现象时在哪些方面可能产生混淆，以及新语法现象如何为后面将要呈现的语言现象进行铺垫等。

2. 在意义化的语言运用中初步理解和掌握

理清语法知识内部的结构关系之后，需要考虑的就是学生生活经验、知识积累与教材主题之间的关系，在制订教学计划时要尽量考虑教学材料与学生生活、经验、能力、兴趣、发展需求之间的结合点，用适当的大主题统领整个课堂教学，尽可能做到材料生活化、情境化、结构化，体现语法教学对学生积极思维的调动和利用，使语法教学实现形式与意义的统一。必须清楚，语法教学不只是知识的教学，它必须和情境、意义、生活体验结合起来。

3. 在语言综合运用中灵活掌握

从教学方法上讲，由于学生的学习需要、学习方法和学习风格各异，教师在教学中需要运用适合于各种需要的教学方法，而不是局限于一种方法，或者试图找到一种最好的方法。因此，为了有利于激活学生思维、有利于学生主动参与课堂教学、有利于学生语言能力发展，教师应采用各种适当的教学方法来创造适合于学生学习的环境；将听、说、读、写融入教学过程中，并使之成为语法学习的载体；尽量使用可以给学生整体背景的语篇与语段，

---

① 卜玉华."新基础教育"外语教学改革指导纲要［M］.桂林：广西师范大学出版社，2009：226—231.

让学生有可能在一个相对而言互相之间存在联系的语境中理解语法现象的真实内涵。

分年级段教学原则与建议：
➢ 小学一二年级：注重渗透，在体悟中发现语法；
➢ 小学三至五年级：创设情境，在体悟、对比与归纳中发现语法；
➢ 六年级：创设情境，在语言使用中发现、理解和掌握语法；
➢ 七、八年级：自主发现和正确使用语法；
➢ 九年级：在纵向梳理与横向对比中形成语法的结构化认识。

根据"新基础教育"课堂教学过程的评价标准，重点思考教学的开放导入、核心过程推进和拓展延伸等基本环节，从师生、生生互动、资源生成、问题设计、教学活动等方面，分析其中可能出现的教学问题、教学状态和有成功的、合理的教学做法。如，英语学科"词汇教学"过程与结构性特征。[1]

（1）开放性导入：激活学生旧知，导出话题

首先，呈现开放式教学情景或提供一个开放式的话题，激发学生在对话中呈现已学词汇或句型；

其次，教师在归纳总结学生呈现资源的同时，导出本课话题，引导学生进入学习的情境意义之中。

（2）开放式教与学的互动转换，学生理解、记忆与运用新词汇

首先，设置开放式教学情景或提供开放式问题，激发学生在谈论话题的过程中，引出学习新词汇的需要。

其次，每个词汇的处理，都从音、形、义与词法（如搭配、词汇性质、在句中的位置等，不同年级强调重点不一样）的意义上进行教与学。

第三，每个或每组词汇学习都应向学生开放，下移重心，让学生在两两互动或小组互动中，以多种方式运用词汇说话，体现词汇的意义化生长，形成新资源，之后在课堂中反馈，化个体或小群体资源成大群体资源，充实词

---

[1] 卜玉华. "新基础教育"外语教学改革指导纲要[M]. 桂林：广西师范大学出版社，2009：210—212.

汇教学的内容，加强学生在语言互动中的听、说技能。

（3）开放语言综合运用环节，形成学生的语言综合运用能力

经过前面两个环节的理解、记忆与运用，这个环节主要是形成学生的语言综合运用能力，在更为开放的语言情境中巩固新词、新句，拓展语言能力。一般分成三个步骤：

首先，围绕核心词汇、词组，设置开放性教学情景，让学生在语言运用过程中进一步巩固本课的新词汇和句型。

其次，围绕单元核心新句型，呈现开放式的情景或话题，使学生在语言运用中提高对新句型的理解与灵活运用的能力。

第三，基于并超越于本课的新词和新句，呈现开放度更大的教学情景或话题，激活学生所有语言基础，让学生不拘泥于本课的新词与新句，结合语言实际需要，综合灵活运用，在有意义的语言交际中养成综合语言的能力。

（4）设计学生可独立完成的家庭作业，巩固所学所知，同时补充课内学习的不足，加强听力或书面写作能力的形成。

3. 改善思维品质，培养骨干成为专家型教师

课型首先要从明确教学意图开始，结合知识、能力等方面的要求，从促进学生发展角度，综合多种维度，确定课型的教学任务与基本过程。实现类结构化教学，需要多维度具体综合的思维方式，有利于防止点状化、形式化、片面化等简单思维，改善教师思维品质。如，英语复习课的基本任务及特征如下：[1]

基本任务

复习、重温和巩固已学习的语言知识和技能。

查缺补漏。如新授课中，学生主要是通过听说掌握语言点，那么，在复习课中就要注意加强读写掌握语言点的能力。

整理、归纳和概括已学知识，使知识条理化、系统化。

---

[1] 卜玉华. "新基础教育"外语教学改革指导纲要［M］. 桂林：广西师范大学出版社，2009：172.

形成综合语言应用能力。

形成学生独立复习的策略，培养学生自主整理知识与技能的能力。

特征

其一，复习内容多样化。

其二，复习任务有阶段性侧重。

其三，课外自主复习和课内指导复习相结合。

以课型为载体进行课堂教学改革，是选择了复杂思维的路径，因为课型研究综合了教学的知识结构、方法结构和过程结构等多方面的关系因素，系统研究课型的目标、内容和过程结构。

通过以课型研究为综合载体的教学改革研究，努力改善教师，尤其是骨干的思维品质，才能培养出"新基础教育"意义上的专家型教师。专家型教师不仅对学科理解、学生理解、改革理解，对从一个学科的价值到如何在课堂上实施，能独立开展研究，还要求能把握自己所教学科的学科知识整体结构；不仅自己能实践，还能带动本校相关的成员发展。"成人·成事"，是"新基础教育"研究的集中体现。

为此，教师首先要结合自身的研究基础，在整体系列中选择基本课型，形成自己的课型系列。

其次，以基本课型为基础，依照课型分类维度，即教学内容、能力要求、能力类型、教学进度与教学活动等相互结合，衍生出二级、三级子课型。如，小学英语学科的词汇新授课、词汇复习课、词汇阅读课，等等。这个研究过程，是整体与具体、层层深入的思维体现。

第三，进行"横切面"的专题研究，如课例研讨、案例研究，案例研究不仅仅是实录和评点。更重要的是，结合教师的工作进行全程考察，包括设计（其中可能还有第1次、第2次或更多次的设计）、实施和反思等部分。全程考察是要对教学设计、实施、反思、评价等进行全程研究；不过，这里进行的不仅是一节课的研究（这就与案例研究不同），而是着眼于教师在这一系列过程中的变化。"新基础教育"的理念要被教师接受并有所发展，就必须通过对具体的教学行为进行系统探讨。

所有的教学研究围绕的核心是对"人"的研究，首先要研究学生是怎样学习的，由此促进其发展。其中，需要研究学生学习时的状态、特征、障碍等因素。其次要研究教师在研究过程中是如何实现自身发展变化的。在此过程中，教师不断反思、重建自己的行为、观念、角色理解、人生态度等。不只是教书匠，甚至不只是教师，而是教育工作者，是以全部人生修养的丰富性，和整体的人格魅力，引领、陪伴学生走好人生起步历程的启蒙者。

第五章

学生工作改革研究

"新基础教育"两层面三领域的整体变革中，学生工作是与课堂教学并行的"两条腿"之一，是最日常和基础性的学校教育活动之独特构成。该领域的改革包括班级建设、思品教育、班队会和全校性的学生活动等，涵盖面十分广泛，其中班级是改革的基本单位，改革也从重建"班级"开始。"新基础教育"特别强调要形成对学生工作本身的整体性认识，并把学生工作纳入到学校转型性变革的整体视野中。它不仅涉及少先队工作、班集体建设，不是单项的德育改革，而是在认识学校整体变革的基础上，把学生工作与儿童成长需要，与学科教学改革，与家庭、社会生活等联系起来。

"新基础教育"认为：学生是在自己的生命实践中成长的；对学生生活的关注、研究与重建，尤其是重建一种能够促进学生主动、健康成长的生活，是学生工作的核心所在。首先，在学校整体转型视野中，做实班级层面的学生工作；然后，在班级层面的改革日益推进的情况下，进一步关注学生在年级内、跨年级、学校层面、学校与社会沟通、学校与家庭沟通等多层面的生活内容，关注学生班级生活与教学生活的沟通，关注学生不同组织形态下的生活，并由此形成"新基础教育"学生工作系统的改革思路。

一、学生工作改革目标

"新基础教育"学生工作从反思开始,基于对现实问题进行理论反思、理论重建,理论适度先行再开始实践重建,在实践重建中实现新理论与新实践的交互创生。

(一)学生工作常见问题的反思

和课堂教学相比,学生工作是一个经常被忽视、被弱化的学校基础性教育领域。常见问题首先是对学生工作"育人价值"的窄化、虚化、弱化和矮化;其次是学生工作儿童立场的缺失、被替代,变成对上级布置的层层执行;与之相应,在工作过程中,普遍存在统一化、堆材料、讲空话等现象。

1. 育人价值的窄化和矮化

(1)以德育、班级管理等代替学生工作

从现实来看,学生工作变革必须从打破学生工作、班级建设等同于"德育"和"管理学生"的传统观念。在当前学校内部的机构中,普遍设有德育处或政教处、心理健康辅导咨询室等,专门负责全校的学生工作,主要开展对学生的思想政治教育、组织全校大型学生活动、班级管理工作等,少先队大队部和大队、中队辅导员,则属另一条系统。从中可以看出,学生工作一方面是被纳入学生的德育工作范畴,即:教学是智育;班集体建设是德育。另一方面被视为在学生管理意义上,维持学校教育正常秩序,开展学生奖优评先进、维持纪律和处理冲突的"抓手"。

班主任常常由担任基础性学科教学的教师担任,班级管理往往被当作繁琐的工作任务,被视作大量教学工作之外的额外负担。他们一般将班主任工作视为对学校的义务和个人专业发展不得不付出的代价,将班主任工作定位在为学科教学提供基本的组织、纪律保障层面,很少在学生工作方面进行研究和投入；在学生发展目标上，"停留于最基本的对行为习惯、对班级学科学习状态的关注，最多再加上配合全校型活动的班级活动的开展"。① 因此，学生工作当前的实际状态，无论对于学生成长、班级建设，还是教师个体发展，都缺乏内在价值。从班主任工作与学生发展的关系来看，当前的重要问题是教育性的缺失，即班主任工作局限于约束与规范，尚未指向学生发展、班级建设，班级生活缺乏生气，缺乏学生发展价值。

(2) 给上课"让路"的学生工作

学校教育实践中，上述传统观念或多或少、或明或暗潜藏于班主任、负责学生工作领导人和校长头脑中。这给学生工作带来一系列的消极影响，其中最要害的是，形成一种习以为常的认识偏差，即学生工作在智育、分数成就决胜负的背景下，成为"课堂教学"的附属，是有效完成课堂教学的前提、保证。

从学生工作负责人或校长来看，学生工作大多处于"口头上很重要、行动上没必要"的被忽视状态。当校长将学校办学质量与课堂教学、教学效果和学生成绩混为一谈时，学生工作被边缘化、处于不起眼的地位，也就"理所当然"了。即使重视学生工作，也是特别强调学生的行为规范、思想品德等方面，如果与学科教学发生冲突，学生工作必须为课堂教学"让路"。此种做法是不成文的潜规则，也是被教师接受的"一致做法"。显而易见，学生工作处于应付、应急状态，从学生在校的日常行为规范、人身安全到各种学生矛盾、班级问题的处理，从对学校布置的规定工作的落实到组织学生参加各种活动，从与任课教师沟通到与家长联系等，数量繁多、种类繁杂、任务繁重，让班主任陷入到学生"事务"中。

2. 儿童立场被替代、重心高

(1) 学生工作自上而下"空降"给学生

从班主任与自己工作要不要创新的关系来看，问题集中在学生工作时班

---

① 李家成、王晓丽、李晓文."新基础教育"学生发展与教育指导纲要[M]. 桂林：广西师范大学出版社，2009：44.

主任按部就班、被动按照指示完成上级"规定动作",缺乏研究、缺乏创意,这是学生工作教育价值缺乏的主要原因之一。班主任把日常的班级管理看作是无需多少专业支持的事务,更多的是凭着自己的良心、保持一份责任心做能做好的工作。[①] 班队活动、主题教育等方面多是来自于上级教育行政部门的布置、学校的统一安排,而非由班主任、学生工作负责人自主研究学生、主动策划系列主题活动,探索班级生活的育人价值而生成。

学校把自上而下"空降"到学校的工作,再"空降"给班主任和各个班级,班主任再把这些任务,组织、策划后"空降"给学生,经过层层传达、加工,学生在活动中变成了接受者,他们鲜活的生活体验被替代了,成长需要被遮蔽了,主动、健康发展的健全人格、公民素养和自我意识当然无从实现。

在传统的班级生活中,学生日常行为表现的评价主要存在以下问题:首先,以他评为主,而忽略了学生的自我评价以及学生相互之间的同伴评价,导致教师的"一锤定音",限制了学生的自我意识、自律能力的培养,以及他们对自身发展的认识与追求意识的发展。削弱了学生对同学间相处和班级生活中各种关系和事件感受的敏锐性和评判意识。其次,评价标准的单一化,往往以学习好作为前提表现,小干部的表现易得到肯定,其他学生要在某一方面非常突出,并被老师关注到时,才会获得单一化的点状表扬。第三,评价次数少,集中性的评价大多只在学期结束时进行,也缺乏全班性的相互沟通。

(2)个别明星替代每一个具体的学生

首先,是班级干部岗位的长期稳定。

在班级组织中,班级干部岗位的设置,普遍存在着传统的"层级化"管理分配制度。这表现在班级岗位设置上,班级中少数同学担任大、中、小干部,多数同学则是无"一官半职"的"群众角色"。越往高处人越少,班级组

---

① 李家成、王晓丽、李晓文."新基础教育"学生发展与教育指导纲要[M].桂林:广西师范大学出版社,2009:45—46.

织整体呈金字塔形结构，管理格局长期相对稳定。这样的角色分工和工作性质定位，使班级中出现了鲜明的两个层面——由少部分学生组成的管理层和由大部分学生组成的被管理层，两个层面之间流动的可能性和概率都不大。此种状况对学生健全人格的培养造成了不利影响：大多数学生常处于被管理与被动服从的地位，缺乏合作、组织和管理能力的培养，也缺乏自我策划、自我管理的意识；长期担任班干部的少数学生，由于长期处理班级管理层的优越感，"官本位"的意识被渗透、强化、固化，也缺乏健全人格的形成，缺乏责任、权利与义务意识。显然，这些都不是新时代所期望、所需要的"主动、健康"新人。

其次，活动、工作过程中主要是明星展示，个别强势学生还会处于垄断地位。

在班级管理过程中，少数担任班干部的学生成为了"管理阶层"，他们还作为教师的"情报员"和"代言人"，协助班主任或其他教师完成班级管理，因而也就获得了很多的荣耀感、优越感以及各种类型的奖励和荣誉等。但是，他们中很少人具有岗位责任意识、公共服务意识。与之相应，多数的"群众阶层"也因此对班级建设漠不关心、缺乏信任，被动、消极的班级生活状态使得许多学生逐渐失去了将来在社会生活中承担社会责任与义务，获得健全自我意识所必备的道德品质和心理素质。

与上述价值窄化、弱化，重心太高、层层执行相关的是，在学生工作中容易堆积素材，素材内在的育人价值浅表化，活动过程流程化，缺乏互动、生成的有机生长。深究其里，这些都是班主任在班级管理上深层次思想认识的现实表现：班级管理工作，主要是为了让学生帮助班主任。在显性的班级环境布置、标语板报等制作、学校大型活动或比赛中，更是少数明星大展才艺、特长、强项，他们的成绩往往成为装饰学校门面的资源，多数学生则在门面之后默默无闻。

由此可见，"学生立场"是亟须学生工作反思和回归的基本立场。

（二）学生工作改革目标的确立

针对上述常见问题及其成因的深度分析，"新基础教育"从学生工作的独特育人价值、班级建设、活动策划和班主任专业发展等维度进行理论与实践重建。

1. 提升价值，开发学生工作的独特育人价值

充分开发学生工作尤其班级建设的育人价值，促进学生社会性和个性主动、健康发展。

班级、少先队（共青团）是两种基本的学生群体组织，以此为核心的学生工作，无论属于班级、年级或学校层面，在促进学生发展意义上，都是相对独立的实践领域。"新基础教育"将"班级"看作因学校行政划分而处于同一个班的学生组成的同伴群体，对生活于其中的学生社会性和个性的发展有着内在教育力量。相对于课堂教学而言，班级建设是学校"育人"的独特教育实践领域，它并不依附于"课堂教学"，而是与"课堂教学"并列的，以"班级发展"为直接目标，以重建儿童的学校教育生活为合作目标的独特教育实践领域。学校变革中，班级建设或学生工作要成为育"主动、健康"之人的重要实践领域，在目标、性质、功能上具有其他实践领域所不具有的特殊性和不可取代性。

学生工作要从窄化的德育、片面的管理中走出，创造体验成长的良好氛围，形成丰富的学生活动系列，建构全方位、多层面的学生发展评价体系，聚焦于学生健康人格、自我意识、成长需求以及未来公民素养等，在丰富、改变学生生活的班级建设中使学生成为"主动、健康"发展的个体，从学生社会性和个性方面，积极有效地实现"三维双向"的新人培养，形成新的工作格局。

2. 重心下降，以"学生立场"开展学生工作

围绕学生成长需要，立足学生立场，创造性开展学生工作尤其班级建设，使其成为发挥独特育人价值的重要教育实践。

班级建设：

在小岗位设置和班委会选任上，班主任需认识到：班级管理工作是让管理、制度本身成为一种重要的教育力量，培养每个学生的社会性与个性有机的健全人格和自我教育能力。帮助、促进每一个学生更好地认识自己和实现

主动发展，是班主任工作的最高价值，让学生淡化做干部就是"当官"的思想，增强自己的公共意识，服务意识，创造条件锻炼每个学生在不同范围和任务驱动下，提高策划、组织和协调等管理能力；在积极、主动的班级生活中，形成自己的责任与义务意识。其次，建立班级常规，初步形成班级岗位管理制度，从增设班级岗位、轮流上岗和岗位升级等方面，降低班级管理的重心，一方面丰富班级管理角色，另一方面形成班级管理角色的动态提升，"把班级还给学生"，每个学生都有参与班级管理、为班级服务的机会，从中锻炼、养成会合作、善组织的社会能力和健康人格。积极有效地组织学生参加岗位轮换、竞选演讲、投票选举、竞争上岗等班级日常生活。由此，将班级管理的权力还给每一个学生的同时，也为学生社会意识和能力的发展提供了实践的舞台。

主题活动策划：

关注学生生命成长，整体策划学生工作，让学校、年级、班级的教育围绕学生的成长需要形成合力，使学校教育成为提升学生生命质量的重要力量。在学校制定学生培养总目标和分年级目标的前提下，构建学校5－6年的主题教育系列。培养学生社会性与个性，班级个体和群体"主动、健康"发展。引导学生在班级中自我管理、团结向上，在各项活动中主动探究，形成健康人格与心理，获得多方面发展；能够悦纳自己、自我激励，培养服务意识；以积极进取、乐观向上、勇于探索和挑战的精神，不断完善自我，逐渐形成未来公民需要的基本素养。

在各项日常工作中确立学生立场，从以成人立场为主的层层执行，转向研究儿童鲜活的生活世界，提升学生的成长需要，研究学生生命成长的全程、综合性，策划教育活动的系列性、有机性，做到学生工作的管理、策划、研究与持续推进的机制扎实有效。开展体现学生成长需求、内涵丰富的学生活动，学生的校园生活与成长体验呈现丰富、有序和多元。

3. 培养一批善于研究、提升儿童成长需要的智慧型班主任

在学生工作的过程中，从培养骨干班主任开始，由点带面，一批热爱儿童，善于研究儿童，发现、运用和创生教育契机，具有过程智慧的班主任，

是"成事·成人"思想在学生工作领域的体现。

基于学生工作的日常实践，形成班主任队伍建设机制。承担试验班的班主任率先从学习、转换观念、积极实践中脱颖而出，呈现出关注学生的成长与发展需求，能主动、创造性开展班级工作，学生活动的研究、策划能力强；全体学生积极投入各项活动，在日常岗位工作与丰富多元的活动中，班级学生的成长与发展显著，普遍受到学生与家长的好评，成为在校内与年级组内能起到骨干作用的力量。

然后，通过学校学生工作部和年级组等行政组织，优秀班主任工作室、沙龙活动等多种行政和非行政组织、正式与非正式的方式，放大骨干的辐射和引领作用，以点带面，促使更多班主任的专业发展。在儿童发展方面，理解学生心理，善于疏导和多方面沟通，主动构建多维度合力的教育；在班级建设方面，小岗位设置、班干部轮流制的建设与执行，从显性的班级环境设置，到具体的班级活动策划，隐性的班级人际关系和班风的健康发展，增强班主任研究意识，提升责任、策划、放手与提升的教育智慧。提升班级、学校和社团等学校组织的教育力量，促进儿童社会性与个性主动、健全发展。

二、学生工作改革阶段及任务

"新基础教育"研究的学生工作，经过二十年历程，走出如下路径，对学校有序推进学生工作，实现学生工作的阶段突破、累积和提升有以下启发：

在探索性阶段，以骨干班主任为核心改革主体，以班级建设（包括环境建设、组织建设、主题活动和文化建设等）为核心内容。

在发展性阶段，以班主任、年级组长等为改革主体，在主题班队的研究深度、学生成长需要的系列研究等方面深化拓展。

在成型性阶段，以班主任、团队负责老师、学生工作负责人等构成更加立体、相互支撑的改革主体，"从班级建设拓展到年级组、学校层面的大型活动、系列活动、日常工作的变革研究，开始着力于学校与家庭、社会教育的整合研究，已经在班级层面与学校层面工作的整合、班级建设与学科教学的沟通方面，迈出了新的改革之步"。①

在此，特别要提醒的是：班主任是学校教师的一员，他们都还承担着学科教学的任务。这从量上来看，是一种"负担"，但从质上来看，因"新基础教育"改革理念和领域具有内在融通性，故双肩挑的班主任，有可能对"新基础教育"会有更多、更丰富的认识，因班级建设而带来的学生发展、自主性的增强、同学关系、师生关系的改善，会提升学生学科学习的积极性与能力，也会越来越使班主任"少操心"，能独立完成更多原来由班主任做的工作，从而由开始的"繁重"，走向发展后的"轻松"和由学生发展带来的"享受"。

（一）加强学习，落实班级建设的独特价值

1. 深入认识班级建设的独特价值

在"新基础教育"的"班级建设"概念中，"班级"不只是作为课堂教学的基本组织形式来理解，而是作为学校各项教育活动组织的基本单位来理解。这是班级对学校实践而言的组织功能。但在"班级建设"概念中，班级不只作这一解，更重要的是指学校教育相对独立、且有目标的实践领域。班级群体中，学生之间因长期的共同活动形成各种正式与非正式的关系，形成带有本班特征的文化、心理氛围。这些都构成班级建设的资源，它会随着班级集体的变化而变化，也是班级建设的结果。因此，"班级"即使作为学校组织，它内含着生长变化的需要与空间，内含着变化发展的可能。"建设"是不断创造着班级内涵与个性的过程。"班级"与"建设"所构成的"班级建设"一词，不只是两个词的简单组合，而是作为有着内在关联、相互限定的复合概念来理解。

---

① 李家成、王晓丽、李晓文. "新基础教育"学生发展与教育指导纲要［M］. 桂林：广西师范大学出版社，2009：89.

相对于"课堂教学",班级建设是学校教育实践的另一个基本构成。如果说课堂教学是学生与教师在学校中合作进行的,为实现学和教的目的而开展的学校实践,是学生在校课程性学习生活的重要组成;那么,班级建设则是学生与教师在学校合作进行的,为促进学生社会性和个性健康、主动发展而开展的学校实践,是学生在校社会性学习生活的重要组成。正如课堂教学不是学校教学的唯一实践形态,班级建设也不是学生社会性和个性健康、主动发展的唯一实践形态。但两者都是各自所涉领域中主要的、基本的、具有学校教育特殊性的实践形态。学校更大群体的学生社会性学习生活和活动,一方面大多还须依托于班级这一基层群体,另一方面往往呈现出松散性和短时段组合的特性。

将学生以班级为单位开展的社会性学习生活的学校教育实践称为"班级建设",强调学校教育中班级建设主要的功能是促进学生个体社会性和个性的健康、主动发展。集体的建设过程是学生的成长过程,班级群体个性的形成是为了有助于群体中每个人的发展,而不应倒过来理解,个人的发展是为了群体的发展。从教育最终目的的意义上,班级建设、集体形成都只是手段。"新基础教育"追求的是通过班级建设,改变大多数学生在校社会生活中受支配、被管理的生存状态,因而提出了"把班级还给学生,让班级充满成长的气息"的重建班级的口号。这个口号表达了我们所言的班级建设与传统的班集体建设在指导思想上的重要差别。

要充分认识和落实学生工作的独特育人价值,在起步阶段,必须加强学习,首先改变原来对班级、班队等基本概念的认识误区,深化对"班级建设"之独特性、重要性的认识,才能在后续活动中牢记"学生立场",做到"把班级还给学生,让班级充满成长气息"。

2. 有序落实班级建设的育人价值

首先,在班级环境建设方面,由展现个体成长的特殊经历、个体创造智慧、独特才艺等学生作品构成的物质环境,反映出每个学生个体的自主选择和参与创建,给他们每个人的成长以积极的支持。其内涵形成的民主、负责、理解、合作和共同成长的班级精神,不仅潜移默化地影响学生个体的健康成长，保持积极的合理的精神状态，而且能够以班级文化中的独立性、凝聚力、创新活力等特质，发挥班级团体的教育力量，激励和滋养身处其中的每个人的生命成长。

其次，在班级组织建设方面，强调岗位设置的教育性，确立"因需设岗"的原则，"只要有利于促进学生发展，就可以设置岗位；岗位是教育学生、促进学生成长的具体方式"。[①] 积极发挥岗位在培养学生个体的责任意识、服务意识、合作意识、能力锻炼等养成性价值。在岗位设置过程中，尊重学生的需要和创造性，由学生提出、策划各种类型的岗位，自主设计岗位职责、确立合理的岗位目标，并且自主地进行集体评价和自我评价。在干部轮换过程中，坚持全班所有学生参与其中的基本制度要求，通过"竞选"或"自荐"，进行竞选演讲、投票，扩大学生参与面、参与机会，实现所有岗位向全体学生的回归；完善竞争、流动、评价机制，激活班级制度以及其中的运作机制。

第三，在班会主题活动方面，确立学生立场，读懂学生、研究学生成长需要，既要有对全班学生整体状态研究，也要有对学生个体的个案研究，形成学生成长系列并据此教育活动系列。与此同时，教师和学生共同协作，真正做到主题班会、队会，从题目的诞生、活动的准备、环境的布置、到最终的班会主题活动举行，主要都由学生自主策划，且能实现学生全体参与。因此，主题班会活动在内容上更贴近学生的发展需要与兴趣，体现班级个性和学生的创造力，也呈现出更为自然、真实、开放的状态，由更多学生积极参与并在其中得到满足、快乐和成长体验。

最后，在班级内部评价方面，"新基础教育"研究在改革过程中力求做到丰富班级评价，把"评价权"还给每个学生。为此，主要做到：加强"一事一评"，阶段推出班内多种明星，通过明星榜评定学生某一方面的优秀之为，以便开发他们的潜力和发现个体身上的优点；"加强对班级小岗位和班委的工作评价"，由此指向履行职责的状态，是按一定的岗位规范展开评价，旨在增

---

① 李家成、王晓丽、李晓文."新基础教育"学生发展与教育指导纲要［M］.桂林：广西师范大学出版社，2009：200.

强学生的义务和责任意识、能力;"建立每日一评制度",在评价内容上综合评价每日班级生活的方方面面,勾勒出班级日常生活的最基本状态,在评价主体上体现了学生、任课教师和班主任的三结合,在评价时间上呈现出了连续性日常化评价。这体现出了班级内部评价的改革指向和指导思想,即"把评价自己和他人、个体与群体的责任还给学生,使他们在实践、反思、评价和树立新的目标过程中发展集体、发展个性"。[①]

(二)研究成长需要,形成具体的主题活动系列

1. 以学生"成长需要"为学生工作的出发点

与教学改革相比,学生工作没有具体的教材,班主任往往为此而苦恼:我如何找到教育主题?如何形成主题活动的系列?恰恰是没有确定的教材、内容,才极大地体现了学生工作的研究性、创造性和教育性,即直面学生的生命存在,研究学生的成长需要,聚焦学生的生命质量提升,创造性地策划和组织开展系列教育活动。与传统德育和班级管理相比,新基础当然也关注感恩、诚信、文化传统教育、时事教育等,也加强各类学生组织建设,但是,工作的价值取向、过程育人等不同,因为最核心的工作立场不同,新基础强调"学生立场"。不会仅仅为参与外面的评比而组织班队活动,而是在学生成长需要呈现时,发动孩子们、为了孩子们,和孩子们一起策划、组织和提升活动的育人价值;不会仅仅为了完成上级的任务而开展班级建设,而是把它融入到学生工作的日常生活中。

坚定、鲜明、基础性的学生立场是任何教育活动的根基之所在,这在学生工作领域尤其明显。学生工作面对着具体的学生,指向于学生的主动、健康发展,不能不关注、研究学生,不能不将工作建立在"读懂学生"的基础上,不能不以"成长需要"研究引领学生的成长。因此,这一工作领域的独特性,要求我们不能以成人立场:成人的思维、价值观、行为处事习惯来对

---

① 叶澜."面向21世纪新基础教育"探索性研究理论纲要[N].叶澜."新基础教育"探索性研究报告集[R].上海:上海三联书店,1999:42—50.

待学生,不能以成人的一厢情愿替代学生,不能以被动与重复的方式面对天天都在成长,日日有所不同的具体学生。

在学习研究中确立、深化学生立场,开展基于学生需求、提升需要层次的调查分析、活动建设、策略提炼,使学生工作时时可能萌生出新的视角、新的重点和新的内涵。以年级为单位成立由学科教师和班主任组成的学生发展工作组,定期召开学生发展问题联席会议,从不同角度提供分析学生发展资源,以充分、全面、准确地把握学生阶段特点,不断完善并形成更为科学、有效的教育目标,并在实践中不断完善。

2. 研究学生,系统把握学生的成长需要

从发展的意义上把握学生的需要,关注学生在不同发展阶段所呈现的特殊的,与成长相关的需要;而不只是学生现在表现出来的需要。教育的重要任务是促进和提升学生的需要层次。在一定意义上说,提升需要层次是作用于学生发展内动力的教育,是提升个体内在力量的教育。这种内在需要是学生身心发展、生存环境的氛围、提供的刺激或实践可能,周边包括同伴和教师的影响力和影响方式,以及发展主体已有生命史的积累等内外因素综合交互作用的产物。它既反映发展可能性所指向的领域,也包含着学生在不同发展阶段必须跨越的领域。因此,班级建设的实践行为,应建立在对不同年级、班级学生发展状态和成长需要研究的基础上。尝试分析有关中国当代小学和初中学生成长发展需要的演化路线。把握学生的"成长需要",才能使班级建设发现新视角,呈现新内涵。

班主任需要在"研究学生"的理念指导下,改变家访即告状、谈话即训话、观察即监视等传统管理"手法"。在"新基础教育"研究中,自觉地运用家访、个别谈话、集体谈话、同事间的咨询、日常观察、故事记录、调查问卷等方式,获得有关学生发展状况以及在发展中所遭遇的问题、困惑等真实情况。此外,教师也可以创造各种与学生思想认识、情感、态度和价值观有关的活动方式,诸如心愿树、自我发展计划制作、学生日记或者"你我有约"信箱、"心声热线"等,了解、读懂学生的真实情况和发展需求,在此基础上开展工作。

班主任只有与学生建立起相互信任的关系，尤其是让学生对班主任有一种"安全感"、"信赖感"，才能真正走进学生内心，善于谈心、交心，由此真正认识、分析、判断、提炼学生的成长需要。班主任还应将研究学生活动"日常化"，"在与学生多种方式、场合的交往互动中，有意识地收集、捕捉反映学生状态的信息，将研究学生的活动变为日常工作的组成，而教师也在工作中养成研究学生的习惯"。同时，班主任要在日常化的研究中，形成学生需求系列，系统梳理各年段、各类型学生成长需要。

在发展性研究阶段，研究人员初步形成了对不同年级学生成长需要的基本认识。这一认识强调的是清晰每一年级段学生的成长特征与发展需要，[1] 为班主任研究更加具体、特殊的"这个班级"、"这个孩子"，提供了新的认识基础和参照系。

我们具体形成了对一年级到九年级学生发展特点与成长需要的认识，基本的认识轨迹是把不同年段学生的生活空间与内容变化、身心的成熟与变化、个体生活实践的特殊性、个体角色的发展变化等作综合分析，并聚焦到对该年段学生的发展目标、与人与事的关系状态，形成对该年段学生成长需要的具体认识。

对一年级、五年级和六年级、九年级学生发展特点与成长需要的认识，特别要考虑该年段在"学段转换"中的特殊性（起始阶段或结束阶段）及其与学生成长的多种关系，综合考虑了家长、教师、同伴等关系人的变化；对三年级、七年级学生发展特点和成长需要的认识，特别考虑到"学习要求"的转换；对四年级、八年级学生发展特点与成长需要的认识，特别关注到"生理、心理"的发展变化。

---

[1] 参阅：李家成、卢寄萍."新基础教育"班级建设改革研究报告［A］.叶澜."新基础教育"发展性研究报告集［C］.北京：中国轻工业出版社，2004：195. 本书以列表方式，对1—9年级学生的成长需要及相应的成长系列进行了概括。在2009年出版的"新基础教育"成型性研究丛书之《"新基础教育"学生发展与教育指导纲要》中，对1—9年级学生的成长需要及相应的学生工作进行了具体展开，详见：李家成、王晓丽、李晓文."新基础教育"学生发展与教育指导纲要［M］.桂林：广西师范大学出版社，2009. 第三编"学生成长需要与学生工作改革"。

在不同年段学生工作路径的研究中，特别要考虑到改革实践带来的影响，尤其明显地体现在学生成长与班级组织关系的变化上：如一年级重在形成班级、开展岗位启蒙；二年级发展到小组、小队的建设；三年级转换为部门、班委的建设。改革实践本身构成了促进儿童发展的力量，并形成不同年段儿童的具体发展特点和成长需要。

3. 策划主题活动系列，丰富学生成长体验

基于对不同年段学生成长需要的具体认识，通过日常研究、实践的大量积累，逐渐形成提升学生成长需要的主题教育系列。

首先，从促进学生成长的意义上，形成对各年段学生发展目标的认识，具体内容包括：为人、处事、自我发展、参与并建设群体生活等，与对当代儿童成长的整体认识相呼应，直接指导各年段的教育工作。

其次，建立起各年段学生工作的具体要点，直接聚焦到学生工作的各领域，形成有指导性的工作建议。比如，小学一年级，其要点涉及"习惯养成，顺势完成幼小过渡"、"岗位启蒙，初步建立班级组织"、"让墙壁成为展示自我、树立自信的舞台"、"家校合作，建立良好社会支持系统"等内容；小学三年级的工作要点具体包括"在活动中培养班委自主管理能力，建构立体化的班级组织"、"引导学生聪明地自我管理，从小培养策略意识"、"提高岗位要求，鼓励学生聪明地做好岗位工作"、"拓展视野，自主建设班级环境文化"、"自主设计班歌、班徽、班级口号"、"在家庭中成为独立的成员"等，在岗位建设、干部培养、文化建设、家庭教育资源开发等领域具体展开，并体现出年段差异。相关工作既可以通过日常工作展开，又可以以主题活动的方式进行。

主题活动的开展可以围绕四个方面进行：一是一日学校生活的几个活动环节：早读、午间、放学；二是阶段性的班级活动，如选举班干部、岗位轮换等；三是结合全校性的主题活动，如读书节、科技节、体育节、劳动节等，自主确立本班的活动主题和方案；四是与思想品德相结合的主题班队活动。班级各项活动的开展，都努力使活动主题贴近学生生活；内容选择和组织适应并促进学生发展；活动类型丰富多样，为学生发展潜能提供舞台；活动组

织由师生共同承担。①

再次，形成各年段学生工作的具体策略。主要加强的是对班主任工作路径、工作艺术的关注，其内在的依据，还是该年段学生的发展特点。

在学校层面，以年级组为单位，创新全体班主任工作例会，轮流主持班主任例会，重点研讨年级组的主题教育系列活动，开展主题研讨培训，如：一年级的"小岗位促成长"；二年级的"自设小岗位自主把家当"；三年级的"班委会的轮换制度"；四年级的"双班委的建立与培养"；五年级的"自主管理争当明星校当家"。

在年级组层面，以骨干班主任为核心，加强对各年段学生成长系列的研究。形成以满足学生需求为出发点，以学生成长为主线，以日常管理为抓手，以专题活动为契机的研究新思路。

班主任中的陈老师等，在"金牌班主任"马老师的辐射下，一起开展主题班会的系列研究，对六年级到八年级的整个带班过程进行完整梳理，研究学生成长需要，进行专项课题研讨，这样的一个群体还带动了其他班主任研究班级的热情，纷纷进行实践研究，并把宝贵的经验进行总结，打下可持续研究的良好基础。②

在班主任个体层面，完成一系列转变：从"管住学生"到"激励学生"，从"任务要求"到"学生需求"，从"回避问题"到"寻找问题"，从"事务型"转变为"研究型"。

几年来，在促进学生主动发展，引导学生寻找内动力的过程中，我的班主任角色地位，也在不断地变化——

由一个站在学生对立面的"管教者"，转变成站在学生后面的"鼓励者"，又由站在高处指挥学生进步的"设计者"变为带领学生发展的"引路者"，最终又成长为站在学生中间，以学生立场看待问题，与学生一同发展的"合作

---

① 常州市第二实验小学王冬娟等著"合作校变革史丛书". 越而胜己：源于坚持日常实践变革之伟力 [M]. 福州：福建教育出版社，2014.（个别有调整）

② 上海市闵行四中屠红伟等著"合作校变革史丛书". 自育自强：滋养生命之林蓬勃生长 [M]. 福州：福建教育出版社，2014.（个别有调整）

者"和"成长者"。

可以说，我正在从原来的那个勤勤恳恳的事务型、操作型的班主任，逐渐走向研究型与反思型相融合的教师，逐渐成为"新基础教育"所期待的"具有生命自觉"的新型教师。①

（三）多元融通，实现学生工作的常态化综合育人

"新基础教育"学生工作变革实践，是在学校整体转型中，围绕提升学生的成长需要，涉及校内外、学校内各年级、班级多层面的整体研究。学生的成长与发展是综合的，学校工作的任何阶段、任何领域都不能片面或孤立。因此，学生工作的改革、推进，各层面主体都要建立起在整体转型中相互融通的意识和策略。学生工作的整体融通体现在校内外的家校社融通，校内各年级纵横融通（包括跨年级的融通），校级、年级和班级的融通，以及学生工作与学科教学和学校领导与管理的融通等。

1. 学生工作多元融通的基本内容

学生的生活、生长原本就具有整体转化式的融通性，学生工作需要回归其整体融通性，这是学生工作变革研究在变革内容之间关系上的内在要求。整体融通性是学生工作变革的基本呈现方式与内在性质特点。

首先，在性质定位上，将学生工作置于学校转型的整体背景中，自觉意识到学生工作的独特价值，从学校整体规划，到学校组织变革，都充分关注到学生工作的独特价值。学生工作变革本身，在价值提升、重心下降、结构开放、过程互动和动力内化的新型态上努力体现新型学校的机制与特质。

其次，在工作内容上，学生工作的整体融通性体现为多方面，包括：学校重大工作、节庆活动等与各年级和班级的具体转化，学生工作与学科教学之间的跨域融通等。主动开展与学科教学整合的专题研究，直面学生生活的

---

① 上海市闵行华坪小学王叶婷等著"合作校变革史丛书"．一坪绿色：在新世纪阳光下呈亮［M］．福州：福建教育出版社，2014．

两大基本领域,"新基础教育"已探索出与多类学科整合的具体路径。① 整体融通性还多维地体现在学生工作改革实践的内部,如从小岗位与班委培养之间的整合,不同年级学生工作的整合(包括年级间的纵向系列,跨年级的"大手拉小手",年级内各班之间的横向联系与区别等),班级建设与年级建设与学校建设的整合,班队活动与班级日常生活的整合。

学生虽然现在学习、生活在学校,但必将走向社会,而且社会也无时无刻不地在影响、作用于学生,我们所有的活动都有这样的考虑:让学生在校园版的"微型社会中"初步积累起作为健全社会人的"资本"。

我们一年级的孩子,在新生入校"校园探秘"中和高年级的孩子们一起探索校园;二年级用所学的方法协同小队成员走入自己生活中的社区,关心、了解社区设施及其功能;三年级,在十岁生日集会之后,他们会和伙伴们一起走进福田环保教育机构,号召全校的孩子一起收集"垃圾",变废为宝;四年级的孩子走进社会实践基地,学会基本的生存能力,和同龄孩子一起体验不一样的集体生活;五年级的孩子更是自发地在毕业季开展了有意义的活动,把自己最好的言行作为弟妹的榜样,把对母校的情感化作对学校的经典建议,把相伴五年的校服捐给山区的学生——五年里,学生在一次次实践体验中积累起公民的基本素养,学会承担起自己的社会责任。②

上述各年级活动系列,体现了学校与社会的融通,跨年级活动的融通,活动与教学的融通等,一系列融通的核心是学生社会性与个性的健康、主动发展。

2. 学生工作多元融通的制度保障

一是学校管理层面。学校层面增强学生工作的整体性策略,首先是完善校级层面学生工作的管理架构,改变学生工作原来由德育处、教导处等多处室分别策划,由学生工作部一家单独承担的管理方式,采取"以学生工作部

---

① 李家成、王晓丽、李晓文."新基础教育"学生发展与教育指导纲要[M].桂林:广西师范大学出版社,2009:120—121.

② 上海市闵行区实验小学何学锋等著"合作校变革史丛书".根深叶茂:老校在变革中焕发活力[M].福州:福建教育出版社,2014.

为主，其他部门共同参与"的方式。在各中层部门的工作中渗透相关联的学生工作要求，中层各条线、各领域的各项工作，从提升学生成长与发展需求的角度，来策划、推进工作。

同时，增加学生参与学校管理的方式、途径、制度和机制。

二是年级与班级工作层面。年级与班级工作层面增强学生工作的整体性策略，健全相关年级与班级学生工作制度。一是以年级组为基本的分析单位，以各种教育资源整合下的学生工作日常化研讨为依托，理性思考不同年龄阶段学生的发展需求和成长问题，以小课题为抓手，结合晨会、品德与生活（社会）、健康、班队、综合实践活动等开展扎实有效的日常化实践研究；二是构建互动学习平台，以专题例会、专题小结、教育随笔等形式进行信息交换和经验共享。

年级层面建立起"年级学生工作研讨制"，每月定期开展一次研讨，由年级学生工作教研组长主持，校分管工作领导与年级内所有班主任以及年级各学科教研组长参加，各班班主任作本班学生工作情况的分析介绍。班级层面建立起以班主任为核心的学生工作"协作制"，即各主要学科教师有非常明确的职责要协助班主任开展日常班级学生工作。年级与班级层面的学生工作由学生工作部管理。

三是学科教学层面。学科教学层面增强学生工作的整体性策略，一方面是在学科教学中开发学科育人价值层面，以学科为单位梳理育人价值，长程策划学科教学的设计与落实，渗透与学科教学紧密相关的学生工作要求。另一方面，在校内外、校级、年级、班级等各层面的学生工作中，直接以学科知识为载体开展学生工作，谓之直接融通；或在学生工作中渗透学科教学的相关要求，谓之间接融通。直接融通，如书香节、科学节、数学节、英语节、艺术节等学校文化建设活动。间接融入，如学习小组的建设、学习方法的交流、主题活动中的各类创编等。

针对三年级孩子正值"心理断乳期"，特别想变"聪明"的特点，引导学生丰富对"聪明"的内涵理解，让"做一个聪明的小学生"焕发出独特的育人价值，班主任改变儿童化的教学方式，注意对学生提出智慧的挑战，培养对学习过程的自我反思能力；对学生的学习作具体指导，避免产生不必要的学习挫折；注意评价的具体化。此外，还可让学生搜集、阅读、交流与智慧有关的故事等，做到与学科学习相整合，开展探究性的文化创编活动。①

三、班级建设实践

"新基础教育"的学生工作从学生最大量接触的班级建设、班级活动开始，逐渐拓展至全校整体性的学生工作改革。其中，班级建设主要由两大部分构成，一部分是班级日常的社会性生活质量的提升型建设，另一部分是学生集中进行的有专题性的、有设计的，班级主题活动的系列化建设。前者具有弥漫性和渗透性，后者则有集中表现和分散筹划、前移准备及后续延伸的长程特征。班级建设的内容主要有组织制度建设、文化建设（内含显形与隐性）和系列主题活动建设，主要指与学生成长需要相结合的班级活动的系列策划与实际开展。

班级建设的内容因学生成长需要和学校生活的丰富而呈现出丰富性，比内容的丰富更重要的是，班级建设的方式与过程所蕴含的育人价值，因此，特别提醒：防止重心高、个别表演，育人浅表化，大多数学生被替代等问题。为此，班主任首先要读懂学生，提升班级建设的育人价值，降低活动重心，首先做到"还给学生"，在还的基础上，互动、提升，积累形成系列，化到学生的班级日常生活之中。其中，尤其重要的新实践有：

（一）增设班级岗位

日常班级工作可分为管理和服务两大方面。一般地，管理的任务由相对固定的小干部承担，服务则由值日生轮流承担。全班能当上小干部的同学为

---

① 上海市闵行华坪小学内部资料。

数甚少，在学生和老师的头脑里，普遍把当小干部看作是一种荣誉、信任和具有管别的同学的权利，即享有在班上"高人一等"的地位，值日则主要被看作是一种义务，作为班级成员应参加的工作，人人有份，在有些老师那里，做值日生扫地有时还成为一种惩罚的手段，绝无光荣及高人一等的地位可言，对每个学生来说也无选择的余地。这样的角色分工和工作性质定位，使班级中出现鲜明的两个层级，少部分学生组成的管理层和大部分学生组成的被管理层，两个层面之间流动的可能性和比例都不大。为了改变这种状态，在涉及大多数学生的班级服务工作中，"新基础教育"采用增设班级岗位、自愿选择和轮流上岗的方式，让每个学生都有参与班级管理、主动为班级生活负责的机会。

设岗方面的主要做法有：

第一，根据班级生活的实际需要，增设目标与任务明确的、为集体生活所需的多种岗位，岗岗有责，人人有岗。岗位的确定、任务的明确，最初可由教师根据班级需要提出，经与学生协商、同意，全班讨论、设置具体岗位并命名。以后，由学生自己选择规定和改变。岗位可根据实际需要，随班级发展进行升级、合并、分设、取消或新增。

第二，岗位在承担责任的大小上有差别，性质上也有不同。小的如"守门员"这一个岗位，要求在岗学生每天第一个到校开门，最后一个离校关门，任务虽不重，但贵在坚持。在培养责任感的同时，锻炼意志品质。中的如卫生检查员，上岗学生自己先要养成清洁卫生的习惯，才能督促、帮助别人做好清洁卫生工作。这里有如何学会自律，学会以恰当的方式对别人提出要求，让对方乐于接受、改进，这是重要的社会交往能力。最大的要数"值日小班主任"，他要像班主任那样统管一天的工作，把握全局，发现各种好的行为或问题苗子，处理突发事件等。培养大局观、全面协调能力，同时培养及时发现、判断、沟通和决策的能力。大小不同的岗位组成全班学生自主管理的网，各岗做到各司其职，又整体协调，人人在班级中都是责任人，又都是合作者。在持续建设有效的班级中，几年下来，2/3以上的学生参与过大的岗位工作，100%的学生都在不同的岗位上锻炼过。

小岗位制从一年级就开始。环境的改变让一年级学生每天都充满新鲜感和新自我的可能。小岗位的设置遵循"需要"原则，关注学生当下的成长需要，同时立足于班级建设的需要。班级是我们的家，既然是家，就需要有人来关心，来管理。"这个家需要我们做些什么呢？"请学生自己去留心观察，寻找、发现班级需要的岗位和自己能承担什么。因为岗位是学生们自己寻找、发现、设置的，班级建设就成为学生的主动行为，为岗位的落实定下基调。

　　设岗：班级就是我的家，管理服务靠大家。那么，哪些事情需要我们经常去做呢？小朋友经过讨论，你一言我一语，说出了许多事：擦黑板、开关电灯和饮水机、清洁小书库、整理图书、开关电脑、午餐后的餐具管理等。根据学生的回答我写了满满一黑板。

　　给岗位起名：由教师和学生一起给每个岗位起好听的名字。于是，绿化小天使、节能小卫士、白鸽卫生员、黑板美容师、眼操小医生等非常吸引学生的岗位名称诞生了。一个好听的名字能够增加一份情感，学生在岗位上会干得更快乐。然后，我向学生一一介绍每个岗位的职责，比如：绿化小天使的职责是给班级植物角里的花草浇水、晒太阳；节能小卫士要负责开灯关灯，全体小朋友离开教室去出操、上体育等课时一定要关电灯。

　　认岗：先由我确定每个岗位所需人数，再简单明了地向学生提出岗位工作的要求：每天做、坚持做、认真做。随后就让学生思考选择，把自己的学号写到刚才罗列在黑板上的相应的事情下面。然后，我再根据岗位所需人数进行协调："大家看，选这个岗位的人太多了，而那个岗位却没人选。给你们几位小朋友一次重新选择的机会，谁愿意选那个岗位呢？"

　　说明：岗位是多层次的。像"打扫教室卫生"这样最基层的岗位，人人都要参与，无所谓选与不选。于是，每个学生就有了必选岗位和自主选择的1—2个岗位了，形成了人人有多个岗位的情形。

　　岗位轮换：教师引导学生讨论现有岗位是否有设置的必要，是否要缩减，是否还需要增设新岗位。经过师生共同讨论确定了岗位之后，教师就将所有的岗位名称和所需人数公布于众。随后两天学生开始自主选岗、认岗。如果某个岗位需要多人，学生可以自由组合后再认岗，这样教师会首先予以支持。

总之，岗位轮换也体现了学生自主报名、教师合理协调的原则。①

（二）培养班级委员

班级管理工作，主要不是为了让学生帮助班主任，而是让管理、制度本身成为一种教育的手段与力量，开发学生的潜力，帮助、促进每一个孩子更好地认识自己，实现主动、健康发展。建立小干部轮换制度的主要目的是，改变干部在班级中作为"特权阶层"的地位，提供更多学生在班干部岗位上锻炼的机会，淡化"当官"意识，强化"公共"意识；通过竞争上岗，加强群众对班干部的帮助；使每一个学生都明确当班干部不仅是光荣与信任，同时也是更高的要求和更多的责任；班干部要努力地为大家服务，而不只是教师"情报员"、"代言人"、"协管员"；强化"干部"能上能下的观念，淡化"终身制"；增强学生承受变化、挫折的能力和自信心。这些都是学生在未来社会中生存发展所必备的品质和心理素质。

这一改革制度在实施的过程会遇到许多问题和阻力。首先，阻力来自班主任，他们主要认为轮换会带来新干部过多且缺乏工作能力，用起来不得心应手，而且可能管理不好班级，出现混乱消极的后果。另外，若人人都能当干部，就没有光荣感，会缺乏做好工作的动力。其次，阻力来自家长。特别是在轮换时不再担任小干部的学生家长。他们最大的思想障碍是：我的孩子犯了什么错误，不能再当小干部？干部被换下来是否会对孩子今后发展不利？这些思想最初在孩子身上也有反映。大部分的学生都爱当干部，当竞争落选或不再担任干部后，会产生消极和不服气等情绪。这些阻力，在一定程度上反映了长期形成的"官本位"意识和学生干部制度的深远影响。改变这种状态，非一日之功，需要认准价值，持续实践，首先班主任在新认识的基础上，做学生家长的思想工作，说明试验目的，要求家长与老师的教育一致起来，不给孩子施加压力，鼓励他们不做干部也积极地为班级工作，积极参加岗位锻炼，做一个好学生。在外部压力减轻、支持力上升的环境下，再加上班主

---

① 上海市闵行实验小学的"小小岗位，成长舞台"节选（内部资料）。

任的教育引导，学生的思想会向试验目标靠拢。

在试验过程中，逐步完善轮换、竞争机制。首先，确定主要岗位的轮换比例不低于 1/3，不超过 2/3，在 3/5 较为合适；第二，轮换的时间间隔不要过于频繁，每学期最多 2 次，每人可连任一次，也可轮换下来以后再次上岗；第三，干部轮换选举，事先自愿报告，竞争上岗，无论选上还是选不上，要保持积极的态度。新一届干部选出后，要做好与原先班干部群体的交接工作，并提出自己的工作计划，让同学评议；第四，"下岗"的干部可参与别的岗位的工作，新干部工作时可让他们参与、帮助；第五，在班级表扬工作上，要表扬那些不担任干部后仍然积极为班级服务的同学。

在过程中不断调整、完善，持续一段时间，前述主要矛盾大部分会得到改变。班级制度改革的期望效应也基本实现，而且有所扩展。如有的试验班，把班活动的设计、主持也交给全体学生，允许提出多种不同方案投标，然后由全班学生评选，中标者承担活动主持并进行全部组织工作。这样，每一次班活动的前前后后都成为学生学习、锻炼、丰富生活的机会。正是在把班级管理的权利还给每一个学生的过程中，大部分学生得到锻炼，责任人与合作者的双重角色改善了班级人际关系，学生民主和自律的意识、公共意识和责任心普遍增强。有特长的学生，能力得到更全面的锻炼和开发，大多数学生不仅得到师生的认同，而且自我意识发展更主动、更健康。

建立符合各年段学生发展需要的班级组织结构，关注各层面的学生不同发展需求，让大部分学生参与到干部岗位的轮换中，激励大部分学生的发展。①

年　段	班级组织结构	干部轮换时间	岗位（干部）参与人数
一年级	小岗位	一学期	全体
二年级	小岗位与小队结合	一学期	全体

---

① 上海市普陀区洵阳路小学"新基础教育"成型性研究阶段修订规划（2007 年 3 月—2009 年 10 月）。

三年级	班委与部门结合	一学期	1/2
四年级	双班委与班级社团、年级社团结合 大手牵小手中的跨年级互助组织	一学期	2/3
五年级	班委与学校社团整合	一学期	2/3

（三）建设班级文化

班级文化建设是一项长期和综合的工作，最为显性的是教室环境布置和卫生，最隐性的是班级人际关系和班风，处于中间的是班级制度、学习成绩、各项比赛获奖等。班级文化的核心是班级形象的设计和群体个性的形成，从这个角度看，每一个班级文化都是一种具体的综合，呈现出差异性。大致上可以将独立性、凝聚力、创新活力和竞争实力作为形成班级文化的四个指标，四方面的具体综合构成班级的个性，个性创生的班级文化是学校文化建设的重要内容。

班级文化是学生班级日常生活质量提升的重要方面，也是学校文化的重要组成部分。把学生作为班级文化建设的主体，通过学生创造性地参与，提升班级文化建设的整体性和生命性，为此：

一是进一步加强显性层面的班级环境和班级形象建设，注意全班参与，人人有责，防止教师替代、明星学生替代；

二是加强班级制度建设，协商制定班级公约、岗位制度等，强化班级学生全员参与、自主管理的过程性要求；

三是鼓励并指导学生自主设计富有特色的班级文化产品：如目标、班训、口号、班徽、班歌等，让学生生活在自己创设、反映自己生活的班级文化中，增强班级亲和力和自豪感；

四是结合班级实际，指导策划或是与校级活动有机整合，或是具有班级特色的各类活动，通过开展主题班队等活动，逐步形成班级独特的凝聚力、创造力以及和谐的人际关系。

五是继续丰富学生个体与群体的评价，把学生在家庭、社会和学校生活的丰富性引入、融汇到班级文化建设中，形成结构开放、过程互动、相互沟通的班级生活世界，形成学生教育生活的合力影响。

教师在班级中除了设多种岗位外，还可创生各种育人小"角落"，如生物角、班图书馆等；学生自办的刊物、小报，记述了他们的欢乐和苦恼，幼稚和成长。班级还用班歌、班旗等作为群体心愿的象征。教师在组织学生尽好班内职责的同时，积极参与学校和社会服务。这样的班级文化，靠的是每个人的真诚投入和共同努力，包括班主任和所有任课老师的关心、支持，每个人都能在共同营造的生成环境中找到自己的位置，获得社会性和个性的多方面发展。群体的个性不是靠教师塑造的，而是由他们自己创造形成的。

（四）开展系列主题活动

"新基础教育"学生工作策划与研究，不是机械、模式化的，而是必须基于学生研究及成长需求分析，依据学生个体和群体的现实来展开。一方面，从育人价值提升、重心下降和过程互动等角度，对原有的班队主题进行梳理，对已有活动方案进行反思和重建，根据当前需要加以必要的调整和补充，形成各年级新的主题活动菜单。另一方面，参照新理念，探索新的主题活动，如游戏类主题活动、评选类主题活动、学科活动类（探究式）主题活动、热点探讨类主题活动，年级组内进行同一主题不同班级类型的研究，不同年级组进行同一类型不同年级主题的研究，形成纵横交织、丰富灵活、富有成长感的主题活动系列。

为此，班主任首先要认真学习"新基础教育"学生发展与教育指导纲要，结合本校、本班学生发展的实际，把握一至九年级不同年级学生的心理特征，据此读懂自己的学生，确定具体、有递进的教育主题，从学生生命成长中社会角色的变化出发，提出从低到高逐步发展的、具有内在联系的教育要求。

围绕各年段学生成长角色特点和培养目标，根据每个年段学生的成长角色，明确教育要求，提出日常活动建议和激励方式，从而形成年段活动系列。①

年段活动系列一览表

年级	成长角色	教育要求	日常教育活动建议	激励方式
一年级	我是神气漂亮的小学生	知道自己是小学生，熟悉学校的环境，爱学习，养成良好的学习习惯。	1. 入学准备期，大手牵小手活动。 2. 参观校园、喜欢学校、老师和新朋友等活动。 3. 以儿歌、童谣、游戏等方式开展行规教育。 4. 热爱儿童团，了解团知识，举行儿童团仪式，成立儿童团中队。 5. 有自己的小岗位，开展自理技能竞赛。	苗苗章 自理章 好朋友章 游戏章
二年级	我是光荣的少先队员	知道自己是少先队员，树立少先队员的荣誉感和责任感，爱领巾，主动在小"岗位"上为集体做好事。	1. 围绕小组合作、岗位竞争开展"为大家服务"活动。 2. 积极加入中国少年先锋队，开展"奔向火炬城"活动。	星星火炬章 小岗位章 合作章

---

① 上海市普陀区洵阳路小学朱乃楣等著"合作校变革史丛书". 寻阳之路：从选择探索到扎根内生 [M]. 福州：福建教育出版社，2014.

年级				
三年级	我是聪明的小学生	知道自己已经是十岁的大孩子，懂得父母养育自己、老师教育自己的不容易，要爱长辈、孝父母。	1. 民主选举队干部，成立中队委员会，组建个性化小队，完善队务。 2. 学做家务，当父母的好帮手。 3. 举行"我十岁了"生日活动，展示成长日记。 4. 开展"阅读真有益"、"学做聪明人"活动。	家务章 礼仪章 阅读章
四年级	我是小小志愿者	知道自己已经是学校里的大哥哥大姐姐，要乐于助人、文明好；节能保洁、行为美；做低年级小朋友的好榜样。	1. 开展"大手牵小手"活动，为同学、为集体、为弟妹、为社区做一件好事，填写服务记录。 2. 开展认养小树苗，分类回收废物、节约水电等环保活动。自主自动开展"快乐队建"活动，在实践中培养谦让、合作、独立生活的能力。	自动章 环保章 小辅导章
五年级	我是毕业生	知道自己是小学毕业班学生，要爱母校、敬师长、守承诺、心灵美，让明天的洵阳以我们而骄傲。	1. 遵守网络安全公约，争当网络小先锋。 2. 回顾成长历程，体验成长快乐，开展为母校留下珍贵纪念等活动。	手拉手章 信息章

四、学校整体性学生工作实践

这是以学校为单位、以学生工作负责人为主要责任人所开展的改革研究领域,重心下降,还包括年级组层面的改革研究,即以年级组长为主要责任人所开展的学生工作研究。①

(一) 学生仪式活动

学校生活中有很多仪式活动:开学典礼、毕业典礼、升旗仪式、入队(团)仪式、少代会仪式、干部竞选仪式、运动会开幕式等。这些仪式活动往往是在学生发展的关键期为众多学生发展而开展的。

仪式活动构成了学校生活中学生成长的重要背景之一,非常有教育意义。通过对学校教育生活的整体建构,逐步实现学生在校生存方式的转型,是学生工作的目标和结果,需要深入分析仪式活动的内涵、组织和过程对学生发展的意义;仪式活动对于各年级学生的象征意义;仪式活动如何体现学校文化,等等。

基于班主任老师对学生"成长需要"的认识,学校首先从晨会入手展开研究。在对晨会进行调研的过程中,发现晨会同样是提高学生基本素养的重要载体,但是就学校目前晨会的开展情况看,存在以下几种倾向:只重视传授文化知识,忽视教学生怎样做人;习惯"说教",忽视学生在体验中的成长;内容安排随意,主题散点化。这些都违背学生主动、健康发展的需求,有悖于在教育现代化进程中,重视学生人格培养和个性发展的世界趋向。学校进行的专题调研中,"你喜欢怎样的晨会"这一问题的调查,大部分学生表

---

① 这一部分内容主要参阅了李家成、王晓丽、李晓文."新基础教育"学生发展与教育指导纲要[M].桂林:广西师范大学出版社,2009:104-110.

达了以下的想法："我喜欢内容吸引人的晨会","我喜欢同学们自己来说说身边的或者电视上看来的新闻,能拓展视野","我希望晨会让同学轮流来主持,这样我们的能力都能得到锻炼","我在我们班曾经主持过晨会活动,同学们都很欢迎","我觉得晨会应该通过一些故事来让我们明白一些道理"……

于是,2008年始,我们踏上了"健美4+1"晨会、班队活动新方式的探究之路。"4"就是每星期的四节晨会(除每周一的全校性升旗仪式),"1"就是每周一次的班队活动。具体开展的过程中,以专题统领,经专题研讨,结合学校工作重点、学生发展节点、社会发展热点,确定了十个教育主题:礼仪伴成长;我爱我的家;岗位小能手;科技大观园、阳光少年行;生命真美丽;读书破万卷;爱上中国节;从小学自主;应急我能行。十个主题涵盖小学生活的各个领域,各年级虽领域相同,但发展需求有层级式的变化,把长程设计和阶段落实有机结合,培养"乐学·求真·健美"的二实小学生形象。

一年级"礼仪伴成长"主题系列教育活动一览表

周次	教育主题	晨会教育内容(4)	班队活动内容(1)
第一周	整整齐齐排队	1. 我会按高矮排队 2. 我会排早操队 3. 我会走术科队 4. 我能走好回家队	我是会排队的神气娃
第二周	安安静静用餐	1. 排队拿饭有秩序,会向厨师说谢谢 2. 铺好桌布讲卫生,用餐时候要安静 3. 样样都吃不挑食,争取饭菜都吃完 4. 食物残渣要入桶,桌面地面都干净	我是会用餐的神气娃

第三周	认认真真上课	1. 课前准备先做好	我是会上课的神气娃
		2. 音乐响后能安静	
		3. 课堂纪律能遵守（一）	
		4. 课堂纪律能遵守（二）	
第四周	开开心心游戏	1. 先上厕所再游戏	我是会游戏的神气娃（大手拉小手活动）
		2. 玩联合器械注意安全	
		3. 游戏地点会选择	
		4. 游戏项目大家谈	

新晨会主题活动的探究，因为关注、研究了学生的成长需求，策划先于行动、资源综合呈现、过程动态调整的特点，是建立在有准备、有资源、有学生的基础上的，在提升了学生的成长需要，促进学生成长的同时，也使晨会、班队活动的质量再上了一个新台阶。[1]

（二）学校活动系列

学校活动分两类：一类是学校自定的节日，如读书节、科技节、艺术节、运动会等，时间为一天至一个月不等，主要由校方动员、班级活动、年级推荐、学校评选、上报参赛等环节组成，既让学生体验到校园生活的丰富多彩和增强自信，又能推动学校文化建设，体现本校学生精神风采。另一类是社会性节日，如教师节、国庆节、元旦、春节、元宵节、三八节、清明节、五一节、六一节。有的尽管不放假，但完全可以结合学生实际，挖掘育人内涵，合理配置，使之成为让学生终身受益的成长资源。

因此，需要构建体现学校特色的整体系列性学生活动"校历"，活动"校历"首先要呈现学校核心办学理念与文化特征；二是要确定每个年级学生在每个时段——"每日—每周—每月—每学期—每学年"共性活动中的不同目

---

[1] 常州市第二实验小学王冬娟等著"合作校变革史丛书". 越而胜己：源于坚持日常实践变革之伟力 [M]. 福州：福建教育出版社，2014.

标；三是必须关注1—9年级18个学期，根据不同年级学生发展的阶段特征，设计具有整体递进性的活动系列。

另外，整体性学生活动"校历"的构建，还要关注从班级到校级层面活动时间的保障，要增强简单、小型、即时的日常活动，和综合、大型、长期的阶段活动之间的内在关联，增强学生活动与学科学习力、社会交往能力和人格发展等的关联转化，以学生活动促进教学改革，共同促进学生社会性与个性的主动、健康发展。同时，在系统开展学生活动的平台上，结合学校的传统与特色，从综合性活动项目、学科性活动项目以及科技艺术体育领域的活动项目中，精心打造具有学校特色的品牌活动和品牌团队。

（三）跨班级、年级活动

跨班级、跨年级的交往活动，一方面有利于促进学生的社会性发展，放大教育资源；另一方面有利于降低教育重心，发挥学生间的群体教育价值。同时还可研究不同班级学生发展之间的差异与联系。具体包括：年级内不同学生互动有怎样的教育价值？当前的合作状态如何？出现了哪些反映学生成长需要的新问题与新现象？如何提升学生群体活动的质量？如何借助跨级的正式或非正式交往，促进学生正式组织与非正式群体建设？各种层次的跨级交往对学生发展产生了哪些具体的影响？通过活动设计，努力挖掘跨级交往中内含的独特育人价值。

玩是孩子的天性，游戏是学生课外生活重要的组成部分。走近学生的游戏，我们却发现了以下现象：有的学生把无意识的追逐，甚至打架作为乐此不疲的游戏；有的学生沉迷于电脑游戏、摸彩游戏、交易游戏等不健康的游戏；有的学生不会根据场地、时间开展合适的游戏，往往占据了走道，搞乱了教室，撞倒了别人；家长工作太忙，压缩的都是与孩子相处的时间，学生缺少亲子游戏；城市里的孩子困于高楼，放学后、双休日孩子有时间玩，但家长不放心孩子的安全，不让孩子下楼，常用电视和玩具来打发孩子……

鉴于学生没有时间游戏，不会游戏，缺少健康游戏的现状，我们建构了以"玩"为主题的综合性活动基本框架：一、二年级在大哥哥、大姐姐帮助下学着玩；三、四年级自己想办法玩，自娱自乐；五、六年级和小弟弟、小妹妹一起玩。这样一个活动，是在三年级"聪明来自玩"主题活动回溯研究的基础上形成的。

大手拉小手游戏活动具体如下：

时间	游戏名称	备注
九月份	跳皮筋、丢沙包	请高年级学生结合童谣传唱教一年级小朋友玩游戏。
十月份	跳绳	结合冬锻周训练教低年级孩子学跳短绳、跳长绳等。
十一月份	游戏汇总	新游戏展示交流。
十二月份	呼啦圈游戏	利用体育室的原有器材进行多种多样的游戏活动，由中高年级在综合实践课中进行设计，体验游戏创新的乐趣。

高年级的学生在活动结束时，感慨地说道：

"在与一年级小朋友玩耍的过程中，我觉得自己也很快乐，仿佛自己也回到了一年级，回味无穷。同时在和他们一起玩的时候，我也发现了自己的不足，真是帮助了别人，也提高了自己。"

"这次活动让我理解了'给予是快乐'的真正含义。我发现其实一年级的小朋友是需要朋友的，我们作为大哥哥、大姐姐的应该给予他们更多的关心和帮助。"

"我觉得自己与一年级同学拉近了距离；我觉得自己尽到了身为小主人的责任，能给他们带去帮助，我感到很快乐。"

"在给一年级小朋友设计游戏的过程中，既提高了自己的想象力，也提高了自己的创造力，最重要的是使一年级小朋友的课间活动更加丰富，付出总有回报。"

"关注弱小不是几天的时间，应该是'永久'；我们能够用自己的双手去丰富他们的童年生活，实现手拉手共成长的愿望！"①

（四）校内外多元融合

学生工作的多元融合，从校内外的维度看，至少包括：校内外的家校社合作，校内跨级、跨部门合作，学生工作和课堂教学的跨域合作等。校内的跨级合作、跨域融合，前面已有论述，此处重点表达校内外合作。如果说校内多层面、不同领域的合作，表明了"学生立场"的重要性，那么校内外的多元合作，则表明了"社会的教育责任"之重要性。

在当前信息化时代，教育资源丰富又芜杂的浪潮中，学校教育不可能是独立运行的孤舟，善用校外资源，则舟行海上顺风顺水，形成教育合力；不善用，则风吹浪打，消解教育力量。"学校要善于将各种优质教育资源集聚到为学生主动、健康发展的学校实践中来，同时又要将自己的优质资源向社会、同行辐射，以扩大学校教育资源的效益，实现学校向社会的回报和交流中的互惠。这是结构开放的学校所面对和必须解决的新问题，即教育资源在学校意义上的积聚与辐射。"②

为做好学生的校外实践，学校与区预备役部队、交通队、社会农科院、图书馆等单位建立了长期合作的关系，建立了实践基地和考察点42个，聘请了校外辅导员，发挥了学校、家庭、社会"三位一体"的综合效应。③

在当前人口流动的背景中，生源多元化，家校社的合作尤其重要，如何面对人口流动带来的多元融合问题？

2012年12月，校学生发展部协同家校合作管理委员会，以"体验"实践为途径，以"年味"，了解活动为载体，以"四融合"（师生、家校、亲子、

---

① 江苏省常州市第二实验小学中期评估专题总结报告"确立儿童立场，促进学生主动健康发展"（内部材料）.

② 叶澜. "新基础教育"论——关于当代中国学校变革的探究与认识 [M]. 北京：教育科学出版社，2006：235.

③ 上海市闵行区实验小学何学锋等著"合作校变革史丛书". 根深叶茂：老校在变革中焕发活力 [M]. 福州：福建教育出版社，2014.

社校）为策略，通过活动了解"年味"，了解各地方丰富的地域文化和风土人情（见下表）。

汽轮小学"畅说中国山水美"活动系列

主　题	适合年级	实践方式
小小画笔，点亮山水	一至五年级	低年级学生以单幅儿童画表达；中高年级学生用多幅水彩画、油画表现，提高审美文化品质。
小小游客，夸夸山水	一至五年级	多渠道地收集有关介绍祖国各地山水的诗词与歌赋，开阔视野，增加阅读量，激发"读万卷书，行万里路"志趣。
小小镜头，歌咏山水	中高年级	节假日，亲子共游，搜集、拍摄各自家乡山水风貌，从中体验中国山水文化。
小小美文，诵读山水	中高年级	阅读欣赏中国山水名篇，撰写读后感，从小养成阅读好习惯。
小小百灵，唱响山水	一至五年级	学唱家乡的歌谣，学跳家乡民族舞蹈，传播乡韵乡音，弘扬中华民族文化精神。
小小健将，玩转山水	一至五年级	延续"不到五岳非好汉"冬季长跑主题活动，坚持锻炼，增强体能及心肺功能，养成每天锻炼一小时的好习惯。
小小双手，爱护山水	一至五年级	保护地球，保护资源，变废为宝，巧手制作，歌颂中华民族勤劳勇敢的精神。
小小书法，寄语山水	中高年级	寄语新春，传递友情，书写正楷大字，成为可爱的新上海人。
小小祝福，续说山水	一至五年级	从各地山水地貌中，获得各地风土人情信息，以给长辈拜年等活动传递正能量。

基于此，2013年学校开发实施了"畅说中国山水美"乡土文化系列活动，旨在通过积聚学校独特的优质文化资源，形成"环境中渗透、学科中体验、感悟中提升"的教育路径，将学校"共生文化"落地，成为润泽学校每一位

师生、家长及其社区共同体的文化精神品质的源泉。①

名校、强校如何用好校外资源，增强教育合力，体现出社会的教育责任之可行与必要？

从"六一"迷你世博会到一年级"小红星"入团仪式，从三年级"十岁生日庆典"到五年级"毕业季"系列活动，从校门口维持学生上学安全秩序的"黄马甲"志愿者到课堂内各类讲座与亲子活动的"校外辅导员"，春城校区每时各处都有家长们活跃的身影和深度的参与，他们赞同学校的教育理念，他们支持学校的各类活动，他们参与每一项与学生生活息息相关的重大决策……因为有了家长们的倾情付出和全情投入，形成了春城校区开放、民主、创新的教育氛围，为孩子们的健康快乐成长保驾护航。②

学校为了培养"主动、健康发展"的新人，主动从内部各领域、向外界各方面挖掘教育资源，形成多元合力；反过来，社会也应该为了自身的持续、健康发展，主动关注教育，担负起社会的教育责任，如此，"新基础教育"会走得更加稳健、更加深远。

---

① 上海市闵行汽轮小学王培颖等著"合作校变革史丛书". 校无贵贱：是花朵就会绽放［M］. 福州：福建教育出版社，2014.

② 上海市闵行区实验小学何学锋等著"合作校变革史丛书". 根深叶茂：老校在变革中焕发活力［M］. 福州：福建教育出版社，2014.

附录 1:"新基础教育"研究中心简介

(此处简略,详见:华东师范大学新基础教育研究中心网站:www.xjcjy.ecnu.edu.cn/)

一、"中心"组织架构(略)

(一)组织架构

(二)领导团队成员简历

(三)合作学校概况

(四)基地学校

二、"中心"研究领域与核心成果(略)

(一)一套教育理论

(二)一批转型学校

(三)一条变革之路

(四)一种研究机制

(五)一支研究队伍

三、发展方向和主要任务(略)

华东师范大学新基础教育研究中心,批准建立于 2008 年 11 月,正式揭牌于 2009 年 5 月 17 日。右图为教育部领导和华东师范大学领导参加了隆重的揭牌仪式。

新基础教育研究中心致力于深化"新基础教育"研究和推进"生命·实践"教育学派建设,努力成为:

中国学校转型研究的合作平台

一代教育新人成长的精神家园

"生命·实践"教育学的创生摇篮

附录2："新基础教育"成型性研究中期评估标准及评分规则

表1 "新基础教育"学校管理评价表

项目	指标	A	B	C
一、校长发展	1. 价值引领	(1) 本人能领悟新基础教育的核心价值，并能用自己的话语进行阐述； (2) 能使本校领导班子及全校骨干教师进而到全校教师理解和认同新基础教育理念； (3) 将上述理解和认同体现在本校发展目标的制定中，引领学校变革。	(1) 本人准确理解新基础教育的改革目标与核心价值，并能清晰表达； (2) 能使本校领导班子及骨干教师理解和认同新基础教育理念，开展学校变革。	(1) 本人能识别、认同新基础教育的改革目标与核心价值； (2) 能使本校领导班子及中层干部知晓和认同新基础教育理念，参与学校变革。
	2. 决策能力	(1) 研究本校发展史和现状，能准确诊断出发展的优势、困难和潜力，在此基础上作出合理决策； (2) 有清醒的时机意识，能分析、判断并积极把握住发展机遇； (3) 能关心、研究（国际国内）基础教育改革的大势，作出相应判断，并用于学校发展决策。	(1) 对本校发展史和现状有清晰了解，能准确诊断出学校发展的优势、困难和潜力，在此基础上作出合理决策； (2) 能分析、判断并利用发展机遇。	能诊断出学校发展的优势、困难和潜力，在此基础上作出合理决策。

258

	3. 组织能力	(1) 知人善任，了解班子成员的能力和特长、潜力与不足，善于调动领导层积极性并促进其发展； (2) 善于合理向下赋权，使责权利统一，形成领导班子合力； (3) 善于组织全校教师，积极有序创造性地推进学校改革。	(1) 知人善任，了解班子成员的能力和特长，善于调动领导层积极性； (2) 注意向下赋权和使责、权、利的统一，能领导班子成员有成效地开展工作。	知人善任，了解班子成员的能力和特长，善于调动领导层积极性； (2) 能组织班子成员合作共事。
二、校级班子和中层干部	4. 个体要求	(1) 独立承担本部门工作责任，体现学校的共同目标与意志，能以身作则； (2) 知道本部门工作与相关部门关系，能主动协调合作，工作重心下降，落实责权利统一； (3) 能把所领导部门的相关人员积极性调动起来，勇于实践并作出成效。	(1) 独立承担本部门工作责任，体现学校的共同意志，能以身作则； (2) 知道本部门工作与相关部门关系，能主动协调合作，工作重心下降，体现责权利统一。	(1) 独立承担本部门工作责任，体现学校的共同意志，能以身作则； (2) 能应答相关部门的合作要求。

	5. 团队合作	(1) 能合作完成全校性重大工作和活动；建立领导层的学习、研究制度； (2) 形成有学校特色、富有活力的领导团队文化； (3) 积极地表达自己的思想和建议，在团队中贡献自己的智慧，团队负责人能倾听大家意见，敢于发表自己的意见，参与讨论，创造性地开展工作。	(1) 能合作完成全校性重大工作和活动； (2) 形成有学校特色，能共同学习研究学校发展问题。	(1) 能合作完成全校性重大工作和活动； (2) 能合力解决学校发展中的问题。
三、规划制定	6. 自我诊断	(1) 规划中对本校发展的优势、问题和潜力有准确的判断和分析； (2) 能深刻分析上述优势、问题和潜力产生的原因； (3) 能将自我诊断与把握外界条件和机遇结合起来思考，为发展决策提供重要依据。	(1) 规划中对本校发展的优势、问题和潜力有准确的判断和分析； (2) 对上述优势、问题和潜力产生的原因有系统分析。	(1) 规划中对本校发展的优势、问题和潜力有准确的判断和分析； (2) 对上述优势、问题和潜力产生的原因有分析。

三、规划制定	7. 发展目标	(1) 体现新基础教育基地学校建设要求，发展目标切合本校实际； (2) 目标具体、清晰，结构合理； (3) 长远目标与阶段目标设置合理，总目标与分目标关系清楚，目标实现的可行性强，可检验度高，目标有生成空间。	(1) 体现新基础教育基地学校建设要求，发展目标切合本校实际； (2) 目标具体、清晰，结构合理； (3) 目标实现有可行性，可检验度。	(1) 体现新基础教育基地学校建设要求，发展目标切合本校实际； （2）目标表达清晰。
	8. 发展策略	(1) 发展策略明确，与目标相关度高，有创意； (2) 推进步骤清晰合理，措施具体有力； (3) 策略选择体现系统思想和蕴涵适应变化的可能。	(1) 发展策略明确，与目标相关度高，有创意； (2) 推进步骤清晰，措施具体、落实。	(1) 针对目标实现提出策略； (2) 有推进步骤与措施。
	9. 发展机制	(1) 具有学校发展规划及重大决策全体成员知情、参与的民主机制； (2) 具有以研究推进基地学校建设和鼓励创新的动力机制； (3) 具有监督执行和适时调控的保障机制；	(1) 具有学校发展规划及重大决策全体成员知情、参与的民主机制； (2) 具有以研究推进基地学校建设和鼓励创新的动力机制； (3) 具有监督执行和适时调控的保障机制。	(1) 具有学校发展规划及重大决策全体成员知情、参与的民主机制； (2) 具有以研究推进基地学校建设和鼓励创新的动力机制。

		(4) 具有协调校内外力量，推进学校发展的集聚辐射机制。		
四、组织建设	10. 机构设置	(1) 从学校变革与发展的实际需要出发，体现重心下降要求，系统地对校内组织机构进行改革； (2) 改革后的组织结构设置合理，组织建设有效，职责明确、具体； (3) 组织的设置及运作方式有新意，对其他学校具有示范性或参考价值。	(1) 从学校变革与发展的实际需要出发，系统地对校内组织机构进行改革； (2) 改革后的组织结构设置合理，职责明确具体。	从学校变革与发展的需要出发，对校内组织机构进行改革并逐步完善。
	11. 职能整合	(1) 改革后的组织机构能在提高效益和质量基础上发挥综合效应，更适合学校发展； (2) 建立组织内部和组织之间规范各自行为的有效制度； (3) 大部分新的组织内部形成了有自己特色的组织文化。	(1) 改革后的组织机构能在提高效益和质量基础上发挥综合效应，更适合学校发展； (2) 建立组织内部和组织之间规范各自行为的有效制度。	改革后的组织机构能在提高效益和质量基础上发挥综合效应，更适合学校发展。

五、制度建设	12. 制度更新	(1) 对已有制度进行系统研究，审视其中存在的问题； (2) 体现成人成事的改革精神，根据发展需要整体策划制度更新； (3) 在新制度运作中逐渐形成新的日常管理机制。	(1) 对已有制度进行系统研究，审视其中存在的问题； (2) 能够根据发展需要整体地进行制度更新。	(1) 对已有制度进行了系统梳理和有效整合； (2) 在某些方面进行了制度更新。
	13. 制度程序	(1) 制度制定过程的程序规范、透明度高，制度系统对学校工作全覆盖； (2) 制度的形成过程中，学校干部教师有广泛而积极地参与； (3) 制度参与中有充分的对话与协商，体现管理民主。	(1) 制度制定过程的程序规范、透明度高，制度系统对学校工作全覆盖； (2) 制度的形成过程中，学校有中层干部和骨干教师的积极参与。	(1) 制度制定过程的程序规范、透明度高，制度系统对学校工作全覆盖； (2) 校级班子和中层干部参与制度制定。
	14. 制度落实	(1) 制度执行过程规范，保证学校基本工作有序运作，且对学校发展有明确促进； (2) 制度实施发挥了明显的激励作用； (3) 制度执行宽严适度，刚柔相济。	(1) 制度执行过程规范，保证学校基本工作有序运作，且对学校发展有明确促进； (2) 制度实施发挥了明显的激励作用。	制度执行过程规范，保证学校基本工作有序运作，且对学校发展有利。

六、文化建设	15. 文化建设	(1) 理解和重视本校文化传统，有明确的学校文化建设目标，能清楚表达学校文化的核心理念，明确建设学校文化的重要意义并积极行动； (2) 文化建设有利师生发展，能用学校文化理念有意识地评价或调整自己的言行； (3) 学校核心价值理念能在全体教师的日常实践中得到持续体现。	(1) 理解和重视本校文化传统，有明确的学校文化建设目标，能清楚表达学校文化的核心理念； (2) 文化建设有利师生发展，中层干部和骨干教师能率先用学校文化理念有意识地评价或调整自己的言行。	(1) 理解和重视本校文化传统，有明确的学校文化建设目标； (2) 文化建设有利师生发展，学校核心价值理念能在中层干部的日常实践中得到体现。
	16. 文化特色	(1) 学校形成了自己的文化特色； (2) 学校文化特色得以贯通各个工作层面； (3) 全校师生员工品牌意识强烈，学校的文化标识明显。	(1) 学校形成了自己的文化特色； (2) 学校文化特色得以贯通各个工作层面。	学校形成了自己的文化特色。

七、发展环境	17. 与各级教育行政部门关系	(1) 根据学校实际创造性地开展上级主管部门要求的工作； (2) 善于争取行政对学校改革与发展的支持； (3) 处理好适应外在要求与自主改革创新的关系。	(1) 根据学校实际创造性地开展上级主管部门要求的工作； (2) 善于争取行政对学校改革与发展的支持。	(1) 根据学校实际有成效地开展上级主管部门要求的工作。
	18. 与社区关系	(1) 积极争取社区资源，改革理念和措施得到社区的理解和认同； (2) 学校在社区中的文化影响力大； (3) 社区对学校有好评。	(1) 积极争取社区资源，改革理念和措施得到社区的理解和认同； (2) 学校在社区中有文化影响力。	(1) 积极争取社区资源，改革理念和措施得到社区的理解和认同； (2) 学校乐于为社区发展服务。
	19. 与家长关系	(1) 有稳定有效的家校互动机制； (2) 改革理念和措施得到家长的理解和认同； (3) 形成了以学校变革与发展价值为核心的家校教育合力。	(1) 有稳定有效的家校互动机制； (2) 改革理念和措施得到家长的理解和认同。	(1) 有稳定有效的家校互动机制； (2) 促进家长了解、关心和支持学校改革。

表2 "新基础教育"教研组建设评价表

项目	指标	等级描述		
		A	B	C
一、教研组长	1. 角色意识	1. 能带头做好教研组的日常工作和教学研究活动。 2. 针对本组的特点，能调动教研组成员积极参与和有计划、有效地组织开展教学改革研究，包括组织学习活动、听说课研讨活动以及课题研究活动等。 3. 能有创意地开展教研组活动，并关注和促进组内教师在教学改革中实现发展。	1. 能带头做好教研组的日常工作和教学研究活动。 2. 针对本组的特点，能调动教研组成员积极参与有计划、有效地组织开展教学改革研究，包括组织学习活动、听说课研讨活动以及课题研究活动等。	能带头做好教研组的日常工作和按计划开展教学改革研究活动。
	2. 策划能力	1. 能把学校教学改革的要求落实到教研组工作中去。 2. 研究关注本学科教学改革的发展趋势，将学科研究和校际学科现场研讨活动的主题、内容，迁移延伸到教研组内。 3. 能够准确判断和分析教研组教师的发展状态，帮助教师实现个人发展规划。	1. 能把学校教学改革的要求落实到教研组工作中去。 2. 能够把握本学科教学改革的发展趋势，将学科研究和校际学科现场研讨活动的主题、内容，迁移延伸到教研组内。	能把学校教学改革的要求落实到教研组工作中去。

	3. 组织能力	1. 能明确教研组发展目标，善于调动和发挥教研组成员的积极性，创造性地组织开展与目标实现相关的、有实效的活动。 2. 善于和学校内的其他教研组学习、沟通；积极发挥本教研组在全校性教研活动中的作用，主动承担研讨任务。 3. 善于利用各种校外资源和发展途径，组织教研组成员参与学习交流活动，推进教研组的发展，在区或更大范围内发挥积极作用。	1. 能明确教研组发展目标，善于调动和发挥教研组成员的积极性，整合教研组的发展力量，组织开展与目标实现相关的、有实效的活动。 2. 善于和学校内的其他教研组学习、沟通，积极发挥本教研组在全校性教研活动中的作用，如主动承担研讨课任务。	能明确教研组发展目标，善于调动和发挥教研组成员的积极性，整合教研组的发展力量，组织开展与目标实现相关的、有实效的活动。
二、教研活动	4. 活动内容和次数	1. 能够保证每月在组内正常有序地开展1次校内"基地"听课研讨活动。 2. 能够保证每月正常有序地展开一次组内专题学习活动。 3. 能够做到每周正常有序地开展一次学习活动或听课研讨活动。	1. 能够保证每月在组内正常有序地开展1次校内"基地"听课研讨活动。 2. 能够保证每月正常有序地展开一次组内专题学习活动。	能够保证每月在组内正常有序地开展1次校内"基地"听课研讨活动。

267

二、教研活动	5. 参与的全员性、全程性、全面性	1. 全体教研组成员都全程参与相关的备课、听课、评课和重建课的活动。 2. 学期内80%以上的教师能够在教研组、备课组和校内等不同层面上承担研讨课活动。 3. 一个学期内，所有综合学科能开展1次以上校际新基础教育的研讨活动。	1. 全体教研组成员都全程参与相关的备课、听课、评课和重建课的活动。 2. 学期内有80%以上的教师能够在教研组、备课组等不同层面上承担研讨课活动。	1. 全体教研组成员能全程参与相关的备课、听课、评课和重建课的活动。 2. 一个学期有60%以上的教师在年级组、备课组等不同层面上承担研讨课活动。
	6. 活动设计	1. 能针对教学实践的主要问题，设计活动主题，目标明确，人员参与面宽，活动过程开展有序。 2. 能够结合学习或教学实践需要，整体、系列、递进地设计一个学年或学期的活动主题或内容。 3. 能够从学科教学改革发展趋势的高度，设计创新性的研讨主题或内容，尝试突破性的教学研讨活动。	1. 能够针对教学实践的主要问题，设计活动主题，目标明确，人员参与面宽，活动过程开展有序。 2. 能够结合学习或教学实践需要，整体、系列、递进地设计一个学年或学期的活动主题或内容。	1. 能够针对教学实践的主要问题，设计活动主题，目标明确，人员参与面宽，活动过程开展有序。 2. 学期教研活动的主题、内容设计，具有关联性，与其他年级有区别性。

二、教研活动	7. 活动实效	1. 研讨活动中问题诊断清晰准确，教研组成员讨论热烈，并能形成可行的、有启发的整体改进意见。 2. 研讨活动的成果能够做到前移后续，逐渐渗透到教师的日常教学改革实践中去。 3. 研讨活动能吸引相关教研组成员的主动参与，对其他教研组活动起到启发和示范作用。	1. 研讨活动中问题诊断清晰准确，教研组成员讨论热烈，并能形成可行的、有启发的改进意见。 2. 研讨活动的成果能够做到前移后续，逐渐渗透到教师的日常教学改革实践中去。	研讨活动中问题诊断清晰准确，教研组成员能讨论热烈，并能提出可行的改进意见，并加以实施。
三、课题研究	8. 课题确立	1. 骨干教师积极参与校际学科改革纲要研究，并带动组内相关研究。 2. 组内课题能为解决本校学科教学改革实践改革中的问题而提出，有助于提高教学质量和教师从事教学改革的能力。 3. 课题研究问题清晰，有明确的研究目标。 4. 课题具有发展性，可开展具有系列性、延伸性的后续研究。	1. 骨干教师积极参与校际学科改革纲要研究，并带动组内相关研究。 2. 组内课题能为解决本校学科教学改革实践改革中的问题而提出，有助于提高教学质量和教师从事教学改革的能力。 3. 课题研究问题清晰，有明确的研究目标。	1. 骨干教师积极参与校际学科改革纲要研究，并带动组内相关研究。 2. 组内课题能为解决本校学科教学改革实践改革中的问题而提出，有助于提高教学质量和教师从事教学改革的能力。

三、课题研究	9. 研究思路	1. 研究内容充实，思路清晰、可行。 2. 研究方法选择组合运用得当，能解决问题。	1. 研究内容充实，思路清晰、可行。 2. 研究方法运用得当，规范。	1. 研究内容具体，思路可行。 2. 考虑研究方法，有资料积累分析。
	10. 研究成效	1. 研究成果对本学科教学改革、教学质量、提高教学水平有明显实效。 2. 研究成果能够有助于教研组形成品牌项目，产生校内效益。 3. 研究成果达到公开发表水平，产生校际效益。	1. 研究成果对本学科教学改革、教学质量、提高教学水平有明显实效。 2. 研究成果能够有助于教研组形成品牌项目，产生校内效益。	研究成果对本学科教学改革、教学质量、提高教学水平有明显实效。
四、教研文化	11. 凝聚力	1. 教研组成员有归属感和荣誉感，能主动参与教研组的各项活动和关心教研组发展。 2. 教研组全体成员有共同发展愿望和共同的目标追求，合作密切。 3. 组员能用教研组的文化理念有意识的衡量和指导自己的行为。	1. 教研组成员有归属感和荣誉感，能主动参与教研组的各项活动和关心教研组的发展。 2. 教研组全体成员有共同发展愿望和共同的目标追求，合作密切。	教研组成员有归属感和荣誉感，能主动参与教研组的各项活动和关心教研组的发展。
	12. 持续性	1. 富有活力的教研文化逐渐形成，不因某一老成员的缺席或新成员的加入而影响全体，具有内在持续力。 2. 教研文化渗透在日常教研活动中，推进教研组	1. 富有活力的教研文化逐渐形成，不因某一老成员的缺席或新成员的加入而影响全体，具有内在持续力。 2. 教研文化渗透	教研文化初步形成传统，且相对稳定，具有使新成员较快溶入的力量。

四、教研文化		发展的力量。 3. 教研文化特色鲜明，有创新性。	在日常教研活动中，推进教研组发展的力量。	
	13. 创新性	1. 教研组有一位或以上在校内有影响力的品牌教师。 2. 教研组至少有一位在新基础教育研究团体内有影响力的品牌教师。 3. 教研组建设经验有创意，在共同体内产生影响力。	1. 教研组有一位或以上在校内有影响力的品牌教师。 2. 教研组至少有一位在新基础教育研究团体内有影响力的品牌教师。	教研组有一位或以上在校内有影响力的品牌教师。
五、发展规划与发展实效	14. 发展规划	1. 对教研组和每位教师的发展优势和问题，有清晰认识并研究其形成原因。 2. 能基于教研组的现状、学校教学改革的要求和学科教学发展趋势，确定发展目标，合理规划步骤、有计划、落实措施。 3. 制定和完善与发展目标相一致的责任制度、评价制度、监督制度和奖惩制度，保证规划的实施。 4. 规划实施中，及时发现生长点，强化亮点；并能根据目标实施过程中的问题、状况，作出及时调整。	1. 对教研组和每位教师的发展优势和问题，有清晰认识并研究其形成原因。 2. 能基于教研组的现状、学校教学改革的要求和学科教学发展趋势，确定发展目标，合理规划步骤、有计划、落实措施。 3. 制定和完善与发展目标相一致的责任制度、评价制度、监督制度和奖惩制度，保证规划的实施。	1. 对教研组和每位教师的发展优势和问题，有清晰认识并研究其形成原因。 2. 能基于教研组的现状、学校教学改革的要求和学科教学发展趋势，确定发展目标，合理规划步骤、有计划、落实措施。

	15. 发展实效	1. 与参加基地校以前相比，教研组活动目标的清晰度、研讨活动的次数、人员的积极性、教研活动的层次以及教研组文化氛围等，有很大变化，具有明显的整体提升效应。 2. 与参加基地校以前相比教研组成员的基础性素养、对本学科教材解读能力、教学设计能力、教学实践能力以及教学研究能力等都有不同层次的进步。 3. 与参加基地校以前相比，在区级或区级以上有影响力的教师人数有所增加。	1. 与参加基地校以前相比，教研组活动目标的清晰度、研讨活动的次数、人员的积极性、教研活动的层次以及教研组文化氛围等，有相应变化。 2. 与参加基地校以前相比教研组成员的基础性素养、对本学科教材解读能力、教学设计能力、教学实践能力以及教学研究能力等都有不同层次的进步。	与参加基地校以前相比，教研组活动目标的清晰度、研讨活动的次数、人员的积极性、教研活动的层次以及教研组文化氛围等，都有提高，体现出整体面貌的变化。

表3 "新基础教育"课堂教学设计评价表

项目	指标	评分等级		
		等级一	等级二	等级三
教学目标 20分	教学目标与课程目标关系 10分	1. 教学目标表达全面、清晰、可测评。 2. 体现本学科各年级段要求的具体思考。 3. 有本学科总体要求下策划目标的意识。	1. 教学目标表达全面、清晰、可测评。 2. 体现本学科各年级段要求的具体思考。	目标具体，基本清晰，具有阶段差异的意识。
	学生状态解读 5分	1. 对学生状态总体有了解，有不同层次的差异分析。 2. 对学生已有经验和困难分析准确，所提目标有针对性。 3. 对学生的潜在分析估计准确，所提目标有发展性。	1. 对学生状态总体有了解，有不同层次的差异分析。 2. 对学生已有经验和困难分析准确，所提目标有针对性。	所提目标有针对性。
	教材文本解读 5分	1. 能把握教材的结构，确定重点和难点。 2. 能够将文本与社会生活、与学生的经验联系起来。 3. 对教材的育人价值有清晰把握。	1. 能把握教材的结构，确定重点和难点。 2. 能够将文本与社会生活、与学生的经验联系起来。	能把握教材的结构，确定重点和难点。

教学内容 40分	整体结构 20分	1. 体现在单元整体背景下的具体策划。 2. 教学内容组织体现"长程两段"的教学要求。 3. 内容结构具有逻辑合理性。	1. 体现在单元整体背景下的具体策划。 2. 教学内容组织体现"长程两段"的教学要求。	体现在单元整体背景下的具体策划。
	综合体现育人价值 20分	1. 对本学科教学育人价值的特殊性有总体的宏观认识。 2. 根据教学内容的需要,能够有意义地沟通书本与现实生活、与学生经验的联系,对学生有教育效应。 3. 内容设计能调动学生积极参与,能提高学生学习的内在兴趣和积极性。渗透有关培养学生学习意识、习惯和能力的内容。 4. 能拓展学生的知识面与提高思维品质,激发创造性。引起后续思考和主动活动。	1. 对本学科教学育人价值的特殊性有总体的宏观认识。 2. 根据教学内容的需要,能够有意义地沟通书本与现实生活、与学生经验的联系,对学生有教育效应。 3. 内容设计能调动学生积极参与,能提高学生学习的内在兴趣和积极性。渗透有关培养学生学习意识、习惯和能力的内容。	1. 对本学科教学育人价值的特殊性有总体的宏观认识。 2. 根据教学内容的需要,能够有意义地沟通书本与现实生活、与学生经验的联系,对学生有教育效应。

教学过程 40分	问题设计与应对策划 20分	1. 过程设计有师生同步活动。 2. 问题设计开放，既面向全体学生又关注学生差异。 3. 问题间有内在关联，有明显的层次递进。 4. 学生对问题思考的可能状态有一般的分析和把握，并备有相应的应对方案。	1. 过程设计有师生同步活动。 2. 问题设计开放，既面向全体学生又关注学生差异。 3. 问题间有内在关联，有明显的层次递进。	1. 过程设计有师生同步活动。 2. 问题设计开放，既面向全体学生又关注学生差异。
	策略选择 20分	1. 能按有效开展教学活动的要求，设计教学过程、组织形式和时空配备。 2. 设计体现师生积极有效互动的教学策略。 3. 设有动态生成的可能与时空。体现教学中放与收的内在关系，并具体阐明设计意图。	1. 能按有效开展教学活动的要求，设计教学过程、组织形式和时空配备。 2. 设计体现师生积极有效互动的教学策略。	能按有效开展教学活动的要求，设计教学过程、组织形式和时空配备。

表4 "新基础教育"课堂教学实施过程评价表

项目	指标	等级评分		
		等级一	等级二	等级三
常规活动 15分	内容选择 5分	1. 内容选择重点与教学有关联。 2. 内容能使全体学生参与。 3. 内容具有相关积累性。	1. 内容选择重点与教学有关联。 2. 内容能使全体学生参与。	内容选择重点与教学有关联。
	活动方式与效果 10分	1. 活动方式有趣，学生熟悉，节奏快，能够有效地调动学生积极性。 2. 组织形式合理，有灵活的点面结合。 3. 教师能根据活动状态及时调整，产生组织教学效应。	1. 活动方式有趣，学生熟悉，节奏快，能够有效地调动学生积极性。 2. 组织形式合理，有灵活的点面结合。	活动方式有趣，学生熟悉，节奏快，能够有效地调动学生积极性。
	合理开放 15分	1. 问题面向全体学生，不同层次的学生都能进入学习状态。 2. 问题内含从不同角度、不同水平回答的可能。 3. 问题基于学生已有知识与经验，又能促进学生进行多角度、多层次的独立思考。	1. 问题面向全体学生，不同层次的学生都能进入学习状态。 2. 问题内含不同角度、不同水平回答的可能。	问题能下放给全体学生，能调动学生进入学习状态。

开放式导入30分	教师应答15分	1. 能对学生不同回答作出反应、梳理和引导。为下一步学习作好资源准备。 2. 能促进学生生成丰富的基础性资源，并进一步把握学生进入相关学习的初始状态。 3. 能及时进行资源整合，根据必要调整后续活动。	1. 能对学生不同回答作出反应、梳理和引导。为下一步作好资源准备。 2. 能促进学生生成丰富的基础性资源，并进一步把握学生进入相关学习的初始状态。	能对学生不同回答作出反应、梳理和引导。为下一步作好资源准备。
	核心问题域的生成与展开10分	1. 教师能及时将新资源转化为启发学生举一反三的教学核心问题域。 2. 教学重心能够及时地再次下移，激发学生进行更为深入的与教学核心内容相关的多种形式的学习。 3. 能捕捉、收集学生产生的新问题、方法等过程性资源。	1. 教师能及时将新资源转化为启发学生举一反三的教学核心问题域。 2. 关注学生参与面和学习状态，作出相应回答。	教师能及时将新资源转化为启发学生举一反三的教学核心问题域，引导学生利用资源、围绕核心问题学习。

核心过程推进 40分	生生互动的量 10分	1. 生生互动建立在学生独立思考基础上。 2. 提供保证学生独立思考和合作学习的时间。 3. 学生之间分工明确、合作有效，注意培养学生倾听、评析和表达不同意见的能力。	1. 生生互动建立在学生独立思考基础上。 2. 提供保证学生独立思考和合作学习的时间。	有活动时间，学生之间有分工、合作。
	生生互动的质 10分	1. 学生能围绕主要问题进行讨论。 2. 学生之间能相互补充和质疑，有实质性的学习活动。 3. 学生对学习过程有理解和反思。	1. 学生能围绕主要问题进行讨论。 2. 学生之间能相互补充和质疑。	学生能围绕问题进行讨论。
	教师应答 10分	1. 能针对学生状态和问题进行调控、回应和组织补充性活动。 2. 根据课堂状态将教学不断向实现教学目标的方向推进（或调整教学目标），实现有效的教学。 3. 过程有生成，学生有新的认识、见解和新的创意形成，及时完成教学活动的阶段性质转换。	1. 能针对学生状态和问题进行调控、回应和组织补充性活动。 2. 根据课堂状态将教学不断向实现教学目标的方向推进（或调整教学目标），实现有效的教学。	能针对学生状态和问题进行调控、回应和组织补充性活动。

开放式延伸 15分	总结提升 5分	1. 对教学过程有重点和针对性的概括，突出本节课教学的新内容。 2. 注意提炼方法结构。 3. 能对学习过程作评价，突出学习中学生表现的主动性、创造性和好的思维品质。	1. 对教学过程有重点和针对性的概括，突出本节课教学的新内容。 2. 注意提炼方法结构。	对教学过程有重点和针对性的概括，突出本节课教学的新内容。
	内容延伸 5分	1. 能进行类比式延伸。 2. 能进行结构式延伸。 3. 能提出新问题。	1. 能进行类比性延伸。 2. 能进行结构式延伸。	能进行类比性延伸。
	作业创意 5分	1. 有贴切的不同方式的书面练习作业。 2. 明确作业要求，有组织交流或检查的安排。 3. 作业设计注意开放性、探究性，培养独立学习能力。	1. 有多种方式的书面练习作业。 2. 明确作业要求，有作业的交流或检查，鼓励学生课外主动探究。	明确作业要求，有不同方式的书面练习作业，鼓励学生课外拓展知识。

279

表5 "新基础教育"课堂教学反思评价表

项目	指标	等级评分		
		等级一	等级二	等级三
总体评价20分	总体评价的具体性 10分	1. 能发现教学中生成之处，也能发现教学中存在的问题，对教学效果的评价恰当。 2. 能清晰地说明自己发展变化的过程。 3. 能有意识地对自己成长的阶段特征，包括成长过程中的困难、障碍和节点进行反思。	1. 能发现教学中生成之处，也能发现教学中存在的问题，对教学效果的评价恰当。 2. 能清晰地说明自己发展变化的过程。	对教学中的问题诊断大致清楚。
	总体评价的深刻性 10分	1. 能联系自己的实践作理论分析，真实反映自己的感受，能涉及现象背后的问题。 2. 对学科的育人价值有进一步的认识。 3. 能结合具体的事件或案例，来说明自身在研究性实践中的成长和创造的快乐。	1. 能联系自己的实践作理论分析，真实反映自己的感受，能涉及现象背后的问题。 2. 对学科的育人价值有进一步的认识。	能联系自己的实践作理论分析，真实反映自己的感受，能涉及现象背后的问题。

问题反思 40分	原因分析的具体性 20分	1. 能具体、有条理地分析存在的问题，及其形成的原因。 2. 能从多种角度分析问题形成的原因。 3. 对自身教学行为背后的内在观念问题及行为惯性有具体认识。	1. 能具体分析存在的问题，及其形成的一般原因。 2. 能从多种角度分析问题形成的原因。	能看到问题的现象和作简单的归因分析。
	原因分析的深刻性 20分	1. 能将问题放到一个学科的单元里去分析。 2. 能将问题与学生的培养和发展联系起来去反思其原因。 3. 能将问题置于学科背景中进行分析和反思。	1. 能将问题放到一个学科的单元里去分析。 2. 能将问题与学生的培养和发展联系起来去反思其原因。	能将问题放到一个学科的单元里去分析。

教学重建 40分	自我反思后的改进设想 20分	1. 能提出切中问题要害的改进设想。 2. 能提出解决问题的多种具体和可行的措施及办法。 3. 提出的办法具有有效地解决问题的可能性。	1. 能提出有改进意义的设想。 2. 能提出解决问题的措施及一般办法。	提出的改进设想、措施及办法还处在一般层面。
	听取他人评议后的认识变化 20分	1. 能充分倾听他人的意见。 2. 能及时充分地吸收和转化他人的意见。 3. 认识有整体提高。	1. 能充分倾听他人的主要意见。 2. 能吸收和转化他人的主要意见。	能吸收他人部分的具有操作性的意见。

表6 "新基础教育"主题班队会评价表

项目	指标	等级一	等级二	等级三
主题设计	活动主题确定	1. 以观察研究学生为基础形成主题，能够吸引学生参与。 2. 主题设计能够反映出这一阶段学生的成长需要，能开发其潜能，拓展发展空间。 3. 主题活动能增强学生群体动力，提升学生群体性自主发展的能力。	1. 以观察研究学生为基础形成主题，能够吸引学生参与。 2. 主题设计能够反映出这一阶段学生的成长需要，能开发其潜能，拓展发展空间。	以观察研究学生为基础形成主题，能够吸引学生参与。
	过程设计	1. 能体现主题要求，形式多样，内容丰富真实，全体学生都能参与。 2. 呈现递进结构，体现学生在认识或者能力上逐步提高。 3. 具有开放性结构，能够为过程中新的生成留有空间。	1. 能体现主题要求，形式多样，内容丰富真实，全体学生都能参与。 2. 呈现递进结构，体现学生在认识或者能力上逐步提高。	能体现主题要求，形式多样，内容丰富真实，全体学生都能参与。

主题班会过程	教师指导	1. 在活动全程中，教师与学生有真实自然的沟通，并根据现场状态，以帮助学生积极有效参与活动为目的，给予恰当指导。 2. 班会能体现教师参与前期的策划与指导。 3. 教师的指导适合儿童的年龄特征，能够点拨、提升学生的认识与发展。	1. 在活动全程中，教师与学生有真实自然的沟通，并根据现场状态，以帮助学生积极有效参与活动为目的，给予恰当指导。 2. 班会能体现教师参与前期的策划与指导。	在活动全程中，教师与学生有真实自然的沟通。并根据现场状态，以帮助学生积极有效参与活动为目的，给予恰当指导。
	学生参与状态	1. 活动开展过程能够体现全体学生的积极参与，形成积极的互动，活动过程真实、生动、有效。 2. 活动过程动静结合，群体活动与个体活动的转换自然，具有关联性。 3. 活动过程有实质性的提升，或者问题得以解决，或者形成新的认识，或者情感升华。	1. 活动开展过程能够体现全体学生的积极参与，形成积极的互动，活动过程真实、生动、有效。 2. 活动过程动静结合，群体活动与个体活动的转换自然，具有关联性。	活动开展过程能够体现全体学生的积极参与，形成积极的互动，活动过程真实、生动、有效。

反思与重建	对班会全程的评价与反思	1. 能对主题班会目标完成情况和效果进行完整的评价。 2. 能准确把握班会活动过程中富有创意和教育价值的信息，以及呈现的问题。 3. 敏锐觉察班队活动的效果，并且能深入分析活动效果形成的原因。	1. 能对主题班会目标完成情况进行完整的评价。 2. 能准确把握班会活动过程中富有创意和教育价值的信息，以及呈现的问题。	能对主题班会目标完成情况进行完整的评价。
	活动方案重建与效果延伸	1. 能够设计后续活动形成进一步的推进或调整。 2. 能够根据本次活动过程状况，对班会课型和活动设计有进一步认识。 3. 能够根据本次活动过程状况，对不同类型学生成长和教育特点获得进一步认识。	1. 能够提出改进的措施，设计后续活动调整和推进教育效果。 2. 能够根据本次活动过程状况，对班会课型和活动设计有进一步认识。	能够提出改进的措施，设计后续活动调整和推进教育效果。

班队主题活动日常化	主题班队活动常规化	1. 教师不侵占班队活动的时间，并有活动主题的策划。 2. 每学期组织2~3个主题系列活动。	1. 教师不侵占班队活动的时间，并有活动主题的策划。 2. 每学期组织1~2个班队系列活动。	教师不侵占班队活动的时间，并有活动主题的策划。
	日常主题班会构建水平	1. 班主任基于对学生的观察分析，开设主题班会。班级学生参与主题班会的积极性不断提高。 2. 班主任具有调动学生参与系列活动，在活动中实现学生积极发展的意识与能力。 3. 班主任对学生的成长变化敏感，通过主题班队活动逐步建立评价机制，和形成富有活力的班级组织。	1. 班主任基于对学生的观察分析，开设主题班会。班级学生参与主题班会的积极性不断提高。 2. 班主任具有调动学生参与系列活动，在活动中实现学生积极发展的意识与能力。	班主任基于对学生的观察分析，开设主题班会。班级学生参与主题班会的积极性不断提高。
	日常主题班会影响	1. 学生喜欢主动参与或有能力策划主题班队活动。 2. 学生清楚了解主题班会的目标。 3. 老师和学生都能够强烈感受主题班会的促进发展作用。	1. 学生喜欢主动参与或有能力策划主题班队活动。 2. 学生清楚了解主题班会的目标。	学生喜欢主动参与或有能力策划主题班队活动。

表 7　"新基础教育"班级建设评估指标

项目	指标	一等	二等	三等
班级建设	岗位建设参与度和有效性	1. 全体（一年级上1/3～1/2）学生承担了岗位工作，学生主动参与岗位设置，并能在教师引导下做好岗位工作。 2. 根据学生成长状态，岗位设置和轮换形成了阶段性规则，有助于学生发展。 3. 岗位促进了班级组织的形成和学生发展，成为班级文化建设的主要内容。	1. 全体（一年级上1/3～1/2）学生承担了岗位工作，学生主动参与岗位设置，并能在教师引导下做好岗位工作。 2. 根据学生成长状态，岗位设置和轮换形成了阶段性规则，有助于学生发展。	全体（一年级上1/3～1/2）学生承担了岗位工作，学生主动参与岗位设置，岗位成为培养学生作为群体一员，积极参与班级建设的主动性。
	班级干部轮换与培养	1. 班级干部岗位设置合理，职责分明，全班学生熟悉并认同干部选举和轮换制度。 2. 班干部轮换成为引导激励全班大多数学生发展的过程。 3. 班级干部工作使承担干部工作的学生在组织能力、合作协调能力以及关心集体、认真负责等方面得到明显提升。	1. 班级干部岗位设置合理，职责分明，全班学生熟悉并认同干部选举和轮换制度。 2. 班干部选举和轮换成为引导激励全班大多数学生发展的过程。	班级干部岗位设置合理，职责分明，全班学生熟悉并认同干部选举和轮换制度。

班级文化	班级环境文化建设	1. 班级板报1周左右换一期，栏目不少于三个，按制度轮流承担，由相关岗位或组群参与，内容反映班级生活，生动活泼。 2. 班级有优良的文化氛围，有经过讨论形成的班级目标、口号、标志等反映班级文化特色的象征性标志。 3. 班级环境建设体现了学生的自主性和创造性，为全体学生所欢迎。	1. 班级板报1周左右换一期，栏目不少于三个，按制度轮流承担，由相关岗位或组群参与，内容反映班级生活，生动活泼。 2. 班级有优良的文化氛围，有经过讨论形成的班级目标、口号、标志等反映班级文化特色的象征性标志。	班级板报1周左右换一期，栏目不少于三个，按制度轮流承担，由相关岗位或组群参与，内容反映班级生活，生动活泼。
	班级的整体发展氛围	1. 学生具有班级认同感，喜欢集体活动。个体心情舒畅，精力与能力能在集体活动中得到发挥和施展。 2. 学生能够感受到班级的温暖，能够感受到老师的关心和鼓励。 3. 班级工作有序开展，班级同学之间善于合作，具有群体的创造性。	1. 学生具有班级认同感，喜欢集体活动。个体心情舒畅，精力与能力能在集体活动中得到发挥和施展。 2. 学生能够感受到班级的温暖，能够感受到老师的关心和鼓励。	学生具有班级认同感，喜欢集体活动。个体心情舒畅，精力与能力能在集体活动中得到发挥和施展。

	班级建设向学科教学的辐射作用	1. 班级文化建设与学科学习能相互渗透与相互促进。 2. 班主任、班干部和科代表能够与各科教师协调沟通，取得各科教师对学生活动的支持。 3. 学生群体水平发展，有效提升学生主动学习的动力，形成同伴互助有效学习的机制。	1. 班级文化建设与学科学习能相互渗透与相互促进。 2. 班主任、班干部和科代表能够与各科教师协调沟通，取得各科教师对学生活动的支持。	班级文化建设与学科学习能相互渗透与相互促进。
	班级对学校文化建设的贡献	1. 全班学生积极参与学校组织的大型校园文化活动。积极承担分工的任务。 2. 班级为强化校园层面活动的教育效果进行交流和评价。 3. 大多数学生主动参与校园管理和辅导活动，能够出谋划策，产生创意活动。	1. 全班学生积极参与学校组织的大型校园文化活动。积极承担分工的任务。 2. 班级为强化校园层面活动的教育效果进行交流和评价。	全班学生积极参与学校组织的大型校园文化活动。积极承担分工的任务。

表8 "新基础教育"学生发展工作学校整体状况评价指标

项目	指标	一等	二等	三等
学生发展工作制度建设和专题研究	学生发展工作负责人的作用	1. 学校学生发展工作负责人的问题意识强，对过去和现在的状态有清晰的反思。 2. 学校学生发展工作负责人主持策划具有学校特色的学生发展目标和整体工作。 3. 学生发展工作负责人能够开发多种资源，整合有关力量，创造性地推进学生发展工作，在区县或更大范围内产生明显的影响。	1. 学校学生发展工作负责人的问题意识强，对过去和现在的状态有清晰的反思。 2. 学校学生发展工作负责人主持策划具有学校特色的学生发展目标和整体工作。	学生发展工作负责人的问题意识强，对过去和现在的状态有清晰的反思。
	学生发展工作机制建设	1. 学校聚集力量于学生发展工作的组织管理，建立理论学习制度，更新班主任教育理念，关注班级日常生活的改造。 2. 学校形成了基于日常教育实践的系列学习、交流制度，研究逐步日常化。	1. 学校聚集力量于学生发展工作的组织管理，建立理论学习制度，更新班主任教育理念，关注班级日常生活的改造。 2. 学校形成了基于日常教育实践的系列学习、交流制度，研究逐步日常化。	学校聚集力量于学生发展工作的组织管理，建立理论学习制度，更新班主任教育理念，关注班级日常生活的改造。

		3.学校学生发展工作机构形成自主发展、多元互动的工作机制,形成学生发展工作的研究机制。		
	学生发展工作研究	1.学校基于学生发展工作实践而确立研究课题,研究内容充实,思路清晰、可行。 2.组织教师投入研究,能采取多种方法进行研究,能解决问题;将研究成果转化为年级或学校学生工作的具体思路,产生校内效益。 3.课题具有发展性,可逐渐形成具有系列性或延伸性的后续研究;研究成果达到公开发表水平,产生校际效益。	1.学校基于学生发展需要而确立研究课题,组织教师投入研究,研究内容充实,思路清晰、可行。 2.组织教师投入研究,能采取多种方法进行研究,能解决问题;将研究成果转化为年级或学校学生工作的具体思路,产生校内效益。	学校基于学生发展需要而确立研究课题,组织教师投入研究,研究内容充实,思路清晰、可行。

班主任队伍建设	骨干班主任培养	1. 校内培养出若干位能够引领本校班主任发展的骨干班主任。 2. 校内骨干班主任在"新基础教育"研究共同体内或在全区有一定知名度和引领作用。 3. 骨干班主任的研究意识强,研究工作日常化。	1. 校内培养出若干位能够引领本校班主任发展的骨干班主任。 2. 校内骨干班主任在"新基础教育"研究共同体内或在全区有一定知名度和引领作用。	校内培养出若干位能够引领本校班主任发展的骨干班主任。
	班主任梯队建设	1. 学校对不同发展梯队的班主任的发展问题有清晰、合理的认识。 2. 学校积极促进不同发展梯队的班主任之间的交流与合作;组织有针对性的学习、研究;创造条件发挥骨干班主任的引领作用。 3. 不同梯队的班主任发展动力强,有活力,不同梯队班主任都在各自基础上探讨学生工作,整体发展势头好。	1. 学校对不同发展梯队的班主任的发展问题有清晰、合理的认识。 2. 学校积极促进不同发展梯队的班主任之间的交流与合作;组织有针对性的学习、研究;创造条件发挥骨干班主任的引领作用。	学校对不同发展梯队的班主任的发展问题有清晰、合理的认识。

年级组建设	年级组长的作用	1. 年级组长带头做好日常的学生管理与研究工作，工作踏实、有效。 2. 年级组长积极调动年级组班主任参与到本年级学生发展工作之中。 3. 年级组长工作富有创意，促进班主任的发展和本年级学生的健康成长，学校年级组工作制度逐步完善。	1. 年级组长带头做好日常的学生管理与研究工作，工作踏实、有效。 2. 年级组长积极调动年级组班主任参与到本年级学生发展工作之中。	年级组长带头做好日常的学生管理与研究工作，工作踏实、有效。
	年级组内的活动组织	1. 年级组内活动分工明确，各班主任之间团结协作，相互学习，形成年级组合力。 2. 年级组善于与学校、家庭、社区沟通与合作，组织推进学生发展工作。 3. 年级组内形成多元互动状态，不断有新质生成。	1. 年级组内活动分工明确，各班主任之间团结协作，相互学习，形成年级组合力。 2. 年级组善于与学校、家庭、社区沟通与合作，组织推进学生发展工作。	年级组内活动分工明确，各班主任之间团结协作，相互学习，形成年级组合力。

校级学生活动	校级学生活动状态	1. 校级学生活动丰富多彩。 2. 校级学生活动实现系列化。 3. 校级学生活动能够有效促进各阶段学生主动健康成长，形成了具有学校特色的品牌项目。	1. 校级学生活动丰富多彩。 2. 校级学生活动实现系列化。	校级学生活动丰富多彩。
	活动负责人指导作用发挥	1. 活动负责人清晰意识活动的指导思想，能调动年级组和班主任的智慧策划校级学生活动，努力使全体学生积极参与、主动发展。 2. 活动负责人注意调动和整合班主任与各科教师的指导力量，积极参与活动，提供学生以恰当及时的引导和帮助。 3. 活动过程不断探讨，注意捕捉问题和资源，适当调整，生成新的、有效促进学生发展的举措，形成新思考。	1. 活动负责人清晰意识活动的指导思想，能调动年级组和班主任的智慧策划校级学生活动，努力使全体学生积极参与、主动发展。 2. 活动负责人注意调动和整合班主任与各科教师的指导力量，积极参与活动，提供学生以恰当及时的引导和帮助。	活动负责人清晰意识活动的指导思想，能调动年级组和班主任的智慧策划校级学生活动，努力使全体学生积极参与、主动发展。

主要参考文献

一、"新基础教育"阶段性研究报告（三个阶段共 13 本）

（一）探索性研究成果（共 3 本）

1. 叶澜."新基础教育"探索性研究报告集［R］. 上海：上海三联书店，1999.

2. 叶澜."新基础教育"推广性研究教师指导用书（小学部分）［C］. 上海：上海三联书店，1999.

3. 叶澜."新基础教育"推广性研究教师指导用书（中学部分）［C］. 上海：上海三联书店，2000.

（二）发展性研究丛书（共 3 本）

4. 叶澜."新基础教育"发展性研究报告集［R］. 北京：中国轻工业出版社，2004.

5. 杨小微、李家成."新基础教育"发展性研究专题论文、案例集（上）——学校管理·班级建设［C］. 北京：中国轻工业出版社，2004.

6. 吴亚萍、吴玉如."新基础教育"发展性研究专题论文、案例集（下）——教师发展·学科教学［C］. 北京：中国轻工业出版社，2004.

（三）成型性研究丛书（共 7 本）

7. 叶澜."新基础教育"成型性研究报告集［R］. 桂林：广西师范大学出版社，2009.

8. 李政涛、吴玉如."新基础教育"语文教学改革指导纲要［M］. 桂林：广西师范大学出版社，2009.

9. 吴亚萍."新基础教育"数学教学改革指导纲要［M］. 桂林：广西师范大学出版社，2009.

10. 卜玉华."新基础教育"外语教学改革指导纲要［M］. 桂林：广西

师范大学出版社，2009.

11. 李家成、王晓丽、李晓文. "新基础教育"学生工作与教育指导纲要 [M]. 桂林：广西师范大学出版社，2009.

12. 吴黛舒. "新基础教育"教师发展指导纲要 [M]. 桂林：广西师范大学出版社，2009.

13. 杨小微、李伟胜、徐冬青. "新基础教育"学校领导与管理改革指导纲要 [M]. 桂林：广西师范大学出版社，2009.

二、论著系列

（一）"生命·实践"教育学论著系列二："当代中国基础教育学校变革研究"丛书（该系列共8本，主要参考其中2本）

14. 吴亚萍. 中小学数学教学课型研究 [M]. 福州：福建教育出版社，2014.

15. 吴玉如. 中小学生语文能力培养与实践 [M]. 福州：福建教育出版社，2014.

（二）"生命·实践"教育学论著系列三："合作校变革史"丛书（该系列共10本，主要参考其中8本）

16. 常州市第二实验小学. 越而胜己：源于坚持日常实践变革之伟力 [M]. 福州：福建教育出版社，2014.

17. 常州市局前街小学. 整体化成：始于理念成于生存方式 [M]. 福州：福建教育出版社，2014.

18. 上海市闵行区华坪小学. 一坪绿色：在新世纪阳光下呈亮 [M]. 福州：福建教育出版社，2014.

19. 上海市闵行区汽轮小学. 校无贵贱：是花朵就会绽放 [M]. 福州：福建教育出版社，2014.

20. 上海市闵行区实验小学. 根深叶茂：老校在变革中焕发活力 [M]. 福州：福建教育出版社，2014.

21. 上海市闵行区第四中学. 自育自强：滋养生命之林蓬勃生长 [M]. 福州：福建教育出版社，2014.

22. 上海市普陀区洵阳路小学. 寻阳之路：从选择探索到扎根内生 [M]. 福州：福建教育出版社，2014.

23. 上海市七宝明强小学. 生命自觉：新型教育者的成长之路 [M]. 福州：福建教育出版社，2014.

（三）"'生命·实践'教育学论丛"（共4本）

24. 叶澜. 回望 [C]. 桂林：广西师范大学出版社，2007.

25. 叶澜. 立场 [C]. 桂林：广西师范大学出版社，2008.

26. 叶澜. 基因 [C]. 桂林：广西师范大学出版社，2009.

27. 叶澜. 命脉 [C]. 桂林：广西师范大学出版社，2009.

三、其他专著

28. 李晓文. 学生自我发展之心理学探究 [M]. 北京：教育科学出版社，2001.

29. 王建军. 学校转型中的教师发展 [M]. 北京：教育科学出版社，2008.

30. 叶澜、白益民等. 教师角色与教师发展新探 [M]. 北京：教育科学出版社，2001.

31. 叶澜、李政涛等. "新基础教育"研究史 [C]. 北京：教育科学出版社，2010.

32. 叶澜. "新基础教育"论——关于当代中国学校变革的探究与认识 [M]. 北京：教育科学出版社，2006.

33. 叶澜. 教育概论 [M]. 北京：人民教育出版社，1991. 2006.

四、重要论文

34. 叶澜、吴亚萍. 改革课堂教学与课堂教学评价改革 [J]. 教育研究，2003，(8)：42—49.

35. 叶澜、吴亚萍、李政涛. 学校转型性变革中的评价改革——基于"新基础教育"成型性研究中期评估的探究 [J]. 教育发展研究，2007，(4A)：1—10.

36. 叶澜. 个人思想笔记式的十五年研究回望 [A]. 叶澜、李政涛等.

"新基础教育"研究史[C].北京:教育科学出版社,2010:143—204.

37. 叶澜.新世纪教师专业素养初探[J].教育研究与实验,1998,(1):41—46.

38. 叶澜.扎实充实丰实平实真实——什么样的课算一堂好课[J].基础教育,2004,(7):13—16.

39. 叶澜."面向21世纪新基础教育"探索性研究理论纲要[A].叶澜."新基础教育"探索性研究报告集[R].上海:上海三联书店,1999.

40. 叶澜.更新教育观念,创造面向21世纪的新基础教育[J].中国教育学刊,1998,(2):6—11.

41. 叶澜.教育创新呼唤"具体个人"意识[J].中国社会科学,2003,(1).

42. 叶澜.课堂教学过程再认识:功夫重在论外[J].课程·教材·教法,2013,(5):3—13.

43. 叶澜.论教师职业的内在尊严与欢乐[J].思想·理论·教育,2000,(5).

44. 叶澜.论影响人发展的诸因素及其与发展主体的动态关系[J].中国社会科学,1986,(3):83—98.

45. 叶澜.让课堂焕发出生命活力——论中小学教学改革的深化[J].教育研究,1997,(9):3—8.

46. 叶澜.时代精神与新教育理想的构建——关于我国基础教育改革的跨世纪思考[J].教育研究,1994,(10):3—8.

47. 叶澜.实现转型:世纪初中国学校变革的走向[J].探索与争鸣,2002,(7):7—14.

48. 叶澜.世纪初中国基础教育学校"转型性变革"的理论与实践[A].叶澜."新基础教育"发展性研究报告集[R].北京:中国轻工业出版社,2004:24.

49. 叶澜.世纪之交中国学校的文化使命[J].教育改革,1996,(5):1—7.该文辑录于叶澜."新基础教育"探索性研究报告集[R].上海:上海三联书店，1999.

50. 叶澜. 试析我国当代道德教育内容的基础性构成［J］. 教育研究，2001，(9)：3—8.

51. 叶澜. 在现实中走出建设新型学校的创业之路［A］. 叶澜、李政涛等.《新基础教育》研究史［C］. 北京：教育科学出版社，2010：1—142.

52. 叶澜. 在学校改革实践中造就新型教师——面向21世纪"新基础教育"探索性研究提供的启示和经验［J］. 中国教育学刊，2000，（4）：58—62.

53. 叶澜. 重建课堂教学过程观——"新基础教育"课堂教学改革的理论与实践探究之二［J］. 教育研究，2002，(10)：24—30，50.

54. 叶澜. 重建课堂教学价值观［J］. 教育研究，2002，(5)：3—16.

五、内部资料

55. 常州市第二实验小学校内研修材料。

56. 常州市第二实验小学中期评估专题总结报告"确立儿童立场，促进学生主动健康发展"。

57. 上海市闵行花园学校数学组"新基础教育"共生体第五次会议上的交流材料。

58. 上海市闵行区华坪小学王叶婷校长在"新基础教育"小学校长研修班上的发言。

59. 上海市闵行区七宝明强小学校长吴国丽的发言。

60. 上海市闵行实验小学"新基础教育"研究中期评估报告，2006年。

61. 上海市普陀区洵阳路小学"新基础教育"成型性研究后阶段修订规划（2007年3月——2009年10月）。

62. 上海市普陀区洵阳路小学"新基础教育"研究中期评估自评报告，2006年。

63. 叶澜2012年11月15日在淮阴师范学院举行的淮安"新基础教育"研究共生体学校发展规划论证会上的发言。

64. 叶澜2014年1月3日在上海市闵行区11所中小学中期评估反馈交流

会上的发言。

65. 叶澜与"生命·实践"教育学合作校、"新基础教育"基地校校长和老师等关于"什么是新基础教育理想好课"的微信讨论小结，2014年6月18日。

后　记

　　《"新基础教育"研究手册》是为希望了解和开展"新基础教育"研究的学校和老师写的。我们期望通过本书，让更多教育工作者与"新基础"相识、携手，共同走在 21 世纪新型学校创建的道路上。

　　全书共五章，结构上分为三部分：

　　第一部分由第一章组成，内容是对华东师范大学新基础教育研究中心与相关研究合作学校 20 年研究历程和核心主题的简要概述，意在让读者了解，这项研究并非是几个大学里的学者拍脑袋而生，也不是由几本书和几篇文章构成，而是实实在在、一步一个脚印地用创造性的改革研究做出来的。

　　第二部分由第二章组成，内容是对一所学校如果要开展"新基础教育"研究，需要经历哪些阶段，每个阶段主要需完成哪些研究的提要式介绍，意在让读者，尤其是学校领导，清晰怎样以校为本地开展这项研究。

　　第三部分由第三、四、五章组成，内容是对"新基础教育"研究两个层面、三大领域的分别的、相对更具体的、研究为何和如何开展的论述，包括要避免的问题和必须努力实现的方面。

　　三部分的关系是从整体性认识"新基础教育"研究始，进入到学校如何开展研究的全程综合介绍，再深化到局部中各方面开展研究的指导。环环相扣，层层、步步深化、细化。我们的愿望是尽量把我们在研究中的体验、经验、信心、艰难传递给大家，使有心研究的读者可以在研究的路上走得更快、更远，有更多的创造。

本书名称中用了"研究手册"，而非"操作手册"，也非"经验汇编"，因为是为了研究，为了促使研究型的校长和教师成长的手册。所以重要的是说清楚：这是一项怎样的研究，为何要做这样的研究，我们可以怎样去开展研究。本书希望给大家带来的是启发，而不是框框，不是操作的条条。即使是书中提出的我们已形成的研究路线、基本内容与方法等，都不是硬性的规定。我们坚信：只有读懂了"新基础教育"这项研究的独特品性和气质，才会出自内心的意愿去开展这项研究，并在研究中真正读明白，转化为自己的教育追求和影响今后的教育人生。

全书由张向众担纲，三易其稿，新基础教育研究中心主要成员两次全体讨论，应叶澜邀请，李家成作了"学生工作"一章的部分修改，庞庆举作第四稿修订，最后由叶澜对全书作修改、定稿。从初稿完成到定稿，前后花了三个月时间。可见，虽然作者署名为张向众、叶澜，但实际上是新基础教育研究中心全体成员的共同创作，是我们又一次为共同事业的合作付出。书中还引用了好几所合作学校的经验和案例。借此，对所有为"新基础教育"研究作出贡献的学校、老师、同仁，再次表示深切感谢。

叶澜　张向众

2014 年 7 月 9 日

图书在版编目（CIP）数据

"新基础教育"研究手册/张向众著. —福州：福建教育出版社，2015.1（2023.11重印）
（"生命·实践"教育学论著系列/叶澜主编. 第2辑，当代中国基础教育学校变革研究）
ISBN 978-7-5334-6656-5

Ⅰ.①新… Ⅱ.①张… Ⅲ.①基础教育－教学研究－中国 Ⅳ.①G632.0

中国版本图书馆CIP数据核字（2014）第235704号

"生命·实践"教育学论著系列二——当代中国基础教育学校变革研究丛书
丛书主编：叶 澜

"Xin Jichu Jiaoyu" Yanjiu Shouce

"新基础教育"研究手册

张向众　叶澜　著

出版发行	福建教育出版社
	（福州市梦山路27号　邮编：350025　网址：www.fep.com.cn）
	编辑部电话：0591-83779615　83727542
	发行部电话：0591-83721876　87115073　010-62024258）
出 版 人	江金辉
印　　刷	福建省地质印刷厂
	（福州市金山工业区　邮编：350011）
开　　本	710毫米×1000毫米　1/16
印　　张	19.5
字　　数	288千字
插　　页	1
版　　次	2015年1月第1版　2023年11月第12次印刷
书　　号	ISBN 978-7-5334-6656-5
定　　价	39.00元

如发现本书印装质量问题，请向本社出版科（电话：0591-83726019）调换。